# FÉMINISMES ET MUSIQUES

## LA POP DE MADONNA À NOS JOURS

MORGANE GIULIANI

# FÉMINISMES ET MUSIQUES

## LA POP DE MADONNA À NOS JOURS

LE MOT ET LE RESTE
2023

*À ma mère,*
*et à Baptiste*

# INTRODUCTION

Le 22 mai 2017, un attentat à la bombe fait 22 morts et plus de 800 blessés à l'issue d'un concert d'Ariana Grande à la Manchester Arena, en Angleterre. Les victimes reflètent le public de la pop star états-unienne : fillettes, adolescents, jeunes adultes, parents venus accompagner leurs enfants, personnes LGBTQ+. Le média progressiste *Self* s'indigne que de nombreux internautes commencent leur hommage en précisant qu'ils ne sont pas fans d'Ariana Grande, comme pour préserver leur intégrité culturelle. Certains plaisantent même qu'il est dommage que la chanteuse ne fasse pas partie des victimes. Un journaliste états-unien écrit : « Moi aussi j'ai failli mourir la dernière fois que j'ai écouté Ariana Grande », avant de présenter de pataudes excuses[1]. Même quand il s'agit de vie ou de mort, le besoin de dénigrer les pop stars femmes, et leur public, majoritairement jeune, féminin et/ou LGBTQ+, peut donc s'avérer impérieux. Il n'y a rien d'autre à y voir qu'une misogynie poussée, insidieuse et mortifère. « Parce que nous dévaluons les jeunes filles et leur culture, il est d'une certaine manière acceptable que des gens sur Twitter s'assurent de faire comprendre qu'ils ne se retrouveraient jamais à mourir à un concert de Grande,

---

1. Tom Powell, « Manchester attack: american reporter David Leavitt slammed for "arrogant, stupid" joke after 22 killed in concert terror attack », *Evening Standard*, 23 mai 2017.

avant même de montrer de l'empathie envers les victimes de cette tragédie, résume la journaliste Nina Bahadur. Comme si aimer la musique pop et porter des oreilles de chat était un crime méritant de finir explosé en morceaux[1]. »

La misogynie est une composante majeure de la musique. Elle vise aussi bien les chanteuses, musiciennes, techniciennes, productrices, compositrices, parolières, réalisatrices, que les salariées de maisons de disques, mais aussi, les fans et journalistes musicales. Cette misogynie reflète celle de la société dans son ensemble.

L'histoire montre que des femmes de toutes origines sociales se battent pour leurs droits et opportunités depuis des millénaires. Cependant, les sociologues et historiens ne distinguent à ce jour que trois, voire quatre vagues de féminisme. La première concerne notamment les suffragettes, qui ont obtenu pour les femmes le droit de vote, du milieu du XIXe siècle au milieu du XXe siècle. De cette vague, on retient par exemple la Française Hubertine Auclert, mais aussi les militantes noires qui comme Ida B. Wells aux États-Unis.

La deuxième vague du féminisme prend place durant les années soixante et soixante-dix, et concerne cette fois les combats autour de l'autonomie du corps des femmes. D'abord aux États-Unis, puis dans d'autres pays occidentaux, l'idée que « le personnel est politique » émerge parmi les féministes. La légalisation de l'IVG et de la contraception en sont les composantes majeures. Elles permettent aux femmes de prétendre à la même liberté sexuelle que les

1. Nina Bahadur, « Ariana Grande concert bombing reactions show lack of respect for girls », *Self*, 23 mai 2017.

hommes et à pouvoir plus facilement faire carrière. En France, la deuxième vague se base notamment sur l'énoncé « On ne naît pas femme, on le devient » de Simone de Beauvoir (*Le Deuxième Sexe*, 1949), selon lequel être une femme est un conditionnement historique, sociologique et culturel, pas une donnée biologique. Cela permet de remettre en cause l'idée que femmes et hommes forment des groupes homogènes et distincts dès la naissance. Beauvoir est l'une des premières à ouvrir la voie du genre : être une femme s'apprend, et peut donc se désapprendre, se réinventer. La deuxième vague du féminisme en France est aussi marquée par la criminalisation du viol en 1980 (grâce notamment au travail de l'avocate Gisèle Halimi), jusqu'alors considéré comme un simple délit depuis 1791. Enfin, cette deuxième vague voit apparaître des remous internes de la part de femmes issues d'une ou plusieurs minorités, raciales, sexuelles, de genre, sociales ou professionnelles. Elles dénoncent l'homogénéité du mouvement féministe, surtout porté par des femmes blanches, bourgeoises et hétérosexuelles. Certaines créent leurs propres associations ou collectifs, car elles ne se sentent pas représentées au sein des grandes instances du féminisme.

La deuxième vague est suivie d'une période de *backlash*, c'est-à-dire, de « retour en arrière » ou de « retour de bâton », analysée par Susan Faludi dans *Backlash, La guerre froide contre les femmes* (1993). Alors qu'il ne faisait déjà pas l'unanimité, le féminisme est vu comme inutile et dépassé à partir des années quatre-vingt, puisque les femmes sont les égales des hommes dans la loi.

La troisième vague du féminisme débute dans les années quatre-vingt-dix, et reprend les dissensions soulevées durant la deuxième vague. Des autrices lesbiennes comme Monique Wittig et Judith Butler apportent une vision nouvelle. Pour Butler (*Trouble dans le genre*, 1990), les femmes ne forment pas un groupe homogène, mais sont traversées d'identités multiples. Elle est la première à introduire l'idée de « performativité du genre », selon laquelle le genre est une construction sociale, politique et historique. Pour Wittig (*La Pensée straight*, 1992), l'hétérosexualité est un régime politique qui définit, enferme et soumet les femmes aux hommes. Pour Wittig, les lesbiennes ne sont donc pas des femmes, car elles échappent à l'hétérosexualité. Naomi Wolf est quant à elle la première à consacrer un livre (*The Beauty Myth*, 1990) aux effets néfastes des standards de beauté créés par l'industrie des cosmétiques et de la mode, qui ont réussi à prospérer malgré les première et deuxième vagues du féminisme. L'universitaire noire-américaine Kimberlé Williams Crenshaw invente au même moment le concept primordial « d'intersectionnalité », qui permet de désigner des situations particulières où plusieurs types d'oppressions se cumulent, par exemple dans le cas de femmes noires, qui affrontent sexisme, racisme et souvent aussi, classisme (la discrimination à cause de sa classe sociale). L'intersectionnalité débouche sur l'idée de « féminisme intersectionnel », qui croise plusieurs combats progressistes aux luttes féministes (sur la base d'enjeux de race, d'identité de genre, d'origines sociales, de validisme, etc.). Pendant ce temps, la culture mainstream tente de se donner des airs féministes à travers le girl power, un mouvement socio-culturel né des Riot Grrrls. Ces artistes punk féminines américaines ne supportent plus le sexisme du milieu punk, mais ne se voient pas pour autant comme les héritières des féministes. La musique pop se réapproprie le girl power à travers les Spice Girls, qui marquent toute une génération et enragent les féministes malgré leurs engagements pour l'égalité femmes-hommes. Promouvant l'amitié féminine, la confiance en soi et la fierté d'être une fille, le girl power rejette le féminisme comme un artefact ringard et ennuyeux, et lui préfère des objets culturels accessibles, girly et amusants. De leur côté, les intellectuelles féministes rejettent en masse le girl power, qu'elles voient comme un retour en arrière. C'est aussi à cette époque que le combat pour la parité politique et économique devient prépondérant, le féminisme se dote d'une logique néolibérale et occulte de nombreuses autres luttes féministes jusqu'aux années deux mille.

Le féminisme des années deux mille dix opère une bascule, que certains identifient comme la continuité de la troisième vague, tandis que d'autres décèlent une quatrième vague. En tout cas, les années deux mille dix se distinguent par la montée d'un féminisme dit « populaire », aussi surnommé « féminisme pop ». C'est un féminisme accessible, pluriel, souvent fun mais pas que, qui parle aux masses (au-delà des milieux universitaires et militants) à travers Internet, les réseaux sociaux, des médias dédiés (revues, podcasts comptes Instagram) et la pop culture (séries TV, films, romans, vêtements à slogans, collages féministes dans la rue ou encore mèmes féministes en ligne). C'est un féminisme qui se veut pluriel, inclusif et solidaire, souvent intersectionnel. Dès lors, les combats du féminisme pop sont très nombreux: lutter contre la culture du viol (l'ensemble des à prioris et opinions minimisant la gravité des violences sexuelles et rejetant la faute sur les victimes), les standards de beauté nocifs, le sexisme ordinaire, l'hétéronormativité (le fait de voir l'hétérosexualité comme la norme), la cisnormativité (le fait de voir comme la norme le cisgenrisme, le fait de se sentir en accord avec le genre qu'on nous a assigné à la naissance). Le féminisme pop s'inscrit aussi dans la lignée du *choice feminism,* le « féminisme du choix », qui estime que chaque femme est la mieux placée pour choisir ce qu'il lui convient, qu'il s'agisse de se marier, travailler, avoir des enfants, avorter, porter le voile, s'épiler, se maquiller, etc.

Pour Sandrine Galand (*Le Féminisme pop*, 2021), les féministes pop « seraient à la fois pop (issues des industries culturelles), populaires (aimées) et populaires ("du peuple" ou "à la manière du peuple") ». En effet le féminisme pop se distingue aussi par le fait que de nombreuses stars se revendiquent féministes à partir des années deux mille dix, comme Beyoncé, Lena Dunham, Emma Watson, Jennifer Lawrence, Miley Cyrus ou Taylor Swift. La sociologie parle même de « celebrity feminism », le « féminisme de célébrités », qui a grandement favorisé la popularisation toute récente du féminisme, en le rendant « cool ». Le celebrity feminism est souvent pro-sexe, pro-égalité, revendique une puissance innée chez les femmes, et fait de l'argent une quête infinie d'indépendance et d'accomplissement de soi qui justifie (presque) tout. Face à cette prolifération de stars se disant féministes, les féministes plus « classiques » se méfient, et dissèquent leurs messages. C'est notamment le cas des universitaires états-uniennes noires bell hooks et Roxane Gay. En 2014, cette dernière s'inquiète que le public se contente des propos des célébrités sur le féminisme, et appelle à ne les voir que comme une porte d'entrée vers ce combat[1]. Elle publie aussi *Bad Feminist*, essai fondamental

1. Roxane Gay, « Emma Watson? Jennifer Lawrence? These aren't the feminists you're looking for », *The Guardian*, 10 octobre 2014.

de ce féminisme moderne, où elle revendique le droit à la contradiction en tant que féministe.

Tout comme cela avait pu être le cas avec le girl power des années quatre-vingt-dix, le féminisme pop voit les luttes féministes être récupérées par le marketing et le commerce : montre-moi ton mug en forme de poitrine, ou ton T-shirt à slogan féministe, et je saurai que tu es féministe. De nombreuses dérives ont lieu, dénoncées comme du « féminisme washing », des entreprises ou institutions s'appropriant les luttes féministes pour se donner une bonne image, alors qu'ils n'en font pas une priorité, voire, ont des conséquences néfastes sur leurs employées ou les femmes en général.

Alors, sommes-nous, les stars comprises, désormais tous féministes ? Bien sûr que non. Le backlash de plus en plus fort que nous connaissons cinq ans après #MeToo le montre. Et tout dépend ce que l'on entend par « féminisme ». La grande majorité des célébrités femmes se revendiquant désormais du féminisme disent avoir longtemps ignoré que le féminisme désigne « le combat pour l'égalité de droits et d'opportunités entre femmes et hommes », et pas le fait de « détester les hommes ». Mais l'égalité femmes-hommes est-elle le seul combat du féminisme ? Non. La lutte contre les féminicides, les violences sexistes et sexuelles, le harcèlement de rue, la misogynoir[1], le racisme, les violences policières, les LGBTophobies, le fondamentalisme religieux, le validisme[2], l'âgisme[3], l'exploitation capitaliste, les disparités

1. Concept définit par la journaliste noire-américaine Moya Bailey qui désigne une forme de sexisme spécifique subit par les femmes racisées.

2. Oppression vécue par les personnes vivant en situation de handicap physique ou mental.

3. Discrimination basée sur l'âge.

dans l'accès à la santé physique et mentale, par exemple, sont autant de combats qui peuvent aussi être portés par les féministes, dans une perspective intersectionnelle. L'écoféminisme estime par exemple que les luttes environnementales, féministes et anticapitalistes, entre autres, vont de pair. Les féministes ne sont d'ailleurs pas d'accord entre elles sur de nombreuses questions comme le voile, la prostitution, la pornographie ou le sexe hétéro, pour ne citer que quelques sujets encore débattus. Et une partie des féministes actuelles se revendiquent d'une misandrie plus ou moins forte (Pauline Harmange, *Moi les hommes, je les déteste*, 2020). Il est donc frustrant de constater que les stars se contentent souvent d'une approche très limitée, finalement consensuelle, du féminisme, qui ne risque pas de déranger plus que ça l'ordre patriarcal et capitaliste. Mais certaines osent ouvrir le champ des réflexions, luttes et revendications, comme nous le verrons.

Dans cet ouvrage, il est donc question de féminismes et de musiques, les deux voulus au pluriel. « Féminismes » parce que nous partons du principe qu'il n'existe pas un seul féminisme, mais des féminismes propres à différentes situations d'oppression. « Musiques » parce que nous divisons la musique populaire en trois grands courants : pop, hip-hop et rock. S'ils ont bien sûr des dénominateurs communs (notamment une misogynie insidieuse poussant les femmes à se détester entre elles, la recherche de la validation masculine et une appétence sans fin pour la richesse), ces trois courants présentent chacun des enjeux et difficultés spécifiques pour les femmes qui y évoluent, amenant des discours et stratégies spécifiques. La pop est une musique largement méprisée, car elle est surtout féminine depuis Madonna. Elle offre une vision assez homogène de la condition des femmes, de l'amour et du sexe, tournée vers l'hétérosexualité et l'hypersexualisation. Ce discours évolue depuis la profession de foi féministe de Beyoncé aux MTV VMA 2014, qui inaugure l'ère du « féminisme pop ». Ce discours se politise mais se frotte aussi à des incohérences, car le sens donné au féminisme par les pop stars est parfois dissolu. De nouvelles artistes LGBTQ+ permettent en tout cas à la pop de sortir de ses carcans.

Dans le rap, les femmes, surtout racisées, ont dû s'imposer face à un sexisme non dissimulé. Elles ont repris à leur compte des codes hyper-virils, comme Missy Elliott, ou une sexualité qui leur était d'autant plus interdite en raison de leur couleur de peau, à l'image de Lil' Kim ou Nicki Minaj. Les violences sexistes et sexuelles sont d'autant plus taboues dans le rap, car les femmes racisées ont peur de se voir reprocher de « trahir » leur communauté dans un monde raciste considérant les hommes racisés comme dangereux. Vu comme inadapté aux problématiques des femmes racisées, le féminisme « mainstream » a encore du mal à atteindre le rap, où les rôles genrés demeurent forts.

Dans le rock, les revendications des Riot Grrrls ont laissé place à des figures « garçons manquées » comme Avril Lavigne ou Pink, rejetant ce qui a attrait au féminin, quitte à basculer dans un discours misogyne pour mieux se faire accepter dans un milieu très masculin. Mais une nouvelle scène, notamment dans l'indie rock avec Phoebe Bridgers par exemple, renoue avec la sororité et le féminisme. Ces nouvelles figures remettent aussi en cause une vision hétérocentrée et ciscentrée du monde.

Face à ces spécificités conséquentes, nous avons donc décidé de consacrer un ouvrage à chacun de ces trois grands courants musicaux. À chaque fois, nous partons des artistes majeures des années quatre-vingt/quatre-vingt-dix, pour arriver à nos contemporaines de la fin des années deux mille dix et du début des années deux mille vingt. Pourquoi ne pas remonter plus haut ? Parce que nous souhaitons nous inscrire dans une perspective contemporaine, car les enjeux actuels sont nombreux et spécifiques, d'autant plus depuis #MeToo. Nous nous intéresserons à ce qu'elles racontent de la condition féminine, des hommes, du féminisme, et à ce que les féministes ont pu dire d'elles. En somme : en quoi leurs discours reflètent les combats féministes et la vision des femmes de leur époque. Nous nous intéresserons aussi à la manière dont ces chanteuses sont perçues par les intellectuelles féministes.

Il est important de s'intéresser aux messages portés par les célébrités, parce qu'elles sont parfois plus écoutées et influentes, que les politiques ou les chercheurs. Il faut s'intéresser à ce que les célébrités disent et font parce que nous leur octroyons du temps, de l'attention et de l'argent en fonction de ce qu'elles proposent ou dégagent. C'est nous qui décidons de leur donner du succès et donc, du pouvoir. L'idée de ce livre n'est donc pas d'enchaîner des portraits à la gloire de célébrités féministes. Il s'agit de comprendre leur positionnement en le recontextualisant dans leur parcours et sur le plan socio-politique, mais aussi, de confronter leurs paroles à leurs actes. Dans certains cas, il s'agira ainsi de comprendre pourquoi une star est vue comme féministe, alors qu'elle ne s'en est jamais revendiquée, voire l'a carrément rejeté, comme ce fut le cas des Spice Girls.

Rien qu'avec la figure de Beyoncé, on constate qu'il est très difficile de critiquer une pop star que son public voit comme une quasi divinité sans défaut. Lorsqu'elle a empoché 24 millions de dollars pour inaugurer un énième hôtel de luxe à Dubaï au Qatar, un pays ouvertement sexiste et homophobe, de nombreux fans ont été déçus, mais de nombreux autres l'ont défendue mordicus, l'estimant intouchable. Mais n'est-ce pas juste, et sain, de se questionner sur les contradictions des célébrités, surtout quand elles assurent soutenir des causes sociétales et politiques ? Après tout, les stars ne reflètent-elles pas nos propres hésitations, contradictions, omissions, mensonges et erreurs de parcours ? Il est important de critiquer les célébrités parce qu'elles ne sont pas parfaites, même si elles s'évertuent à nous faire croire l'inverse. Aucune, ou presque, n'est à l'abri du faux pas, propos problématique, partenariat déconcertant, voire d'une hostilité affichée. Ne pas être un spectateur passif et naïf ne retire en rien leur talent aux stars, et il serait plus constructif d'y voir une forme d'engagement citoyen, qu'une trahison envers son idole.

S'il fut très difficile de choisir sur quelles chanteuses s'attarder plutôt que d'autres, ce n'est pas parce que certaines ne sont pas mentionnées qu'elles ne nous paraissaient pas légitimes de l'être. Nous nous sommes concentrés sur ce qui paraît le plus important et révélateur des débats de fond primordiaux. Cette sélection résulte forcément d'une subjectivité mais nous espérons offrir un panel suffisamment représentatif d'une réalité complexe.

## LA MONTÉE IRRÉSISTIBLE DES FÉMINISMES DANS LA POP

Notre aventure commence au début des années quatre-vingt. La pop bat son plein, bardée de synthétiseurs tantôt joyeux, tantôt tristes. En 1983, Cyndi Lauper devient une star en réclamant que les femmes jouissent de la même insouciance que les hommes, avec son tube « Girls Just Wanna Have Fun », issu de son premier album solo, *She's So Unusual* :

*Some boys take a beautiful girl*
*And hide her away from the rest of the world*
*I wanna be the one to walk in the sun*
*Oh, girls, they wanna have fun*
*Oh, girls just wanna have*
*That's all they really want*
*Is some fun*
*When the working day is done*
*Oh, girls, they wanna have fun*
*Oh, girls just wanna have fun*

Certains garçons trouvent une fille magnifique
Et la cachent du reste du monde
Mais moi, je veux être celle qui marche en plein soleil
Oh, les filles, elles veulent juste s'amuser
Oh, les filles, elles veulent
C'est tout ce qu'elles veulent vraiment
S'amuser
Quand la journée de travail est finie
Oh, les filles, elles veulent s'amuser
Oh, les filles veulent juste s'amuser

Le titre lui est proposé par Robert Hazard, qui l'a écrit d'un point de vue masculin en 1979. La New-Yorkaise exige de pouvoir en modifier les paroles, pour le rendre plus positif et lui faire adopter un point de vue féminin. Numéro 1 des ventes dans 10 pays, numéro 2 aux États-Unis, « Girls Just Wanna Have Fun » devient « un hymne à la solidarité entre femmes » et une « forte déclaration féministe[1] ». Cyndi Lauper n'a d'ailleurs aucun mal à se revendiquer féministe, qui a pourtant mauvaise presse. *Ms.*, l'un des seuls grands magazines féministes de l'époque, voit dans son single « une joie nouvelle et rebelle, et une célébration de [la force des femmes] ». Cyndi Lauper inaugure une période fondamentale où la pop réclame la même liberté pour les femmes que pour les hommes, notamment en ce qui concerne la sexualité. Mais c'est une autre star, émergée au même moment, qui en devient le symbole ultime en réussissant à s'inscrire dans la durée : Madonna. Lors de l'émergence du féminisme pop, dans les années deux mille dix, « Girls Just Wanna Have Fun » sera retravaillé par les féministes pour devenir le slogan « *girls just wanna have fundamental rights* », (les femmes veulent juste des droits fondamentaux). En 2022, Cyndi Lauper en fait le nom d'un fonds qu'elle crée pour aider les femmes à avoir accès à l'avortement, face au renversement de Roe v. Wade. L'heure n'est plus à la joie.

1. Gillian G. Gaar, *She's a Rebel: The History of Women in Rock & Roll*, Seal Press, deuxième édition, 2002.

# CHAPITRE I
# MADONNA :
# L'ÉMANCIPATION PAR L'HYPER-SEXUALITÉ

Madonna Louise Ciccone a été l'une des premières à intégrer des éléments du féminisme dans la musique pop, souvent malgré elle. Avec plus de 335 millions d'albums vendus dans le monde, douze hits n° 1 des ventes, une fortune estimée à 850 millions de dollars, elle a été la première artiste femme à gagner plus de 100 millions de dollars par an, et elle détient le record de longévité en tant que chanteuse la mieux payée au monde. Elle marque un tournant : après elle, les pop stars seront surtout des femmes.

Il est donc impossible de commencer un livre sur la montée des féminismes au sein des musiques populaires contemporaines sans Madonna. Elle fut la première star à voir un champ académique lui être consacré de son vivant, avec les « Madonna studies ». Bien sûr, elle-même est apparue grâce à des pionnières emblématiques, Janis Joplin, Billie Holiday, Aretha Franklin, Cher, Diana Ross, Patti Smith, Dolly Parton, Ma Rainey ou Ella Fitzgerald, pour ne citer qu'elles. Mais c'est elle que l'histoire a retenue plus qu'une autre. Peut-être parce que son immense communauté de fans est d'une fidélité peu égalée, et sans doute aussi, parce que son statut de femme blanche lui a facilité la tâche par rapport à des prédécesseures ou contemporaines noires comme Aretha Franklin, Tina Turner ou Whitney Houston. Le constat est sans appel : sans Madonna, pas de Britney Spears, Christina Aguilera, Spice Girls, Lady Gaga, Destiny's Child, Beyoncé, Taylor Swift et autres Ariana Grande ou Cardi B.

Si Madonna est vue comme une icône féministe, son attachement au féminisme a été tardif, reflétant le backlash féministe après les avancées des années soixante-soixante-dix. C'est, sans doute aussi, le résultat des critiques acerbes que les grands noms du mouvement lui ont réservé à cause de son hyper-sexualisation. Accusée d'abreuver le patriarcat, Madonna se voyait au contraire comme une frondeuse qui aidait la cause des femmes. Élevée dans une modeste famille catholique, elle n'a eu de cesse de dénoncer les interdits imposés aux femmes, issus de la religion. Elle a poussé ses détracteurs à se demander pourquoi son hyper-sexualité les mettait mal à l'aise, et leur a tendu un miroir déformant. Alliée LGBTQ+ dévouée, elle a aussi éclairé la société sur les préjugés et discriminations dont sont victimes ces communautés.

À plus de 60 ans, Madonna se distingue par une longévité exceptionnelle pour une pop star, à l'instar de Kylie Minogue. Elle sort encore de nouveaux albums et se produit toujours sur scène. Si elle s'est réinventée de nombreuses fois, elle semble à présent figée dans son rôle de provocatrice sulfureuse, ce qui lui vaut critiques et brimades, tout comme ses recours à la chirurgie esthétique. Elle symbolise à nouveau les désaccords féministes de son époque : est-on réellement émancipée quand on cherche à tout prix à rester sexy et jeune ? Quelle que soit la réponse, Madonna est l'une des premières pop stars féminines à vieillir sous nos yeux.

## FAUSSE « MATERIAL GIRL », VRAIE REBELLE

Née dans le Michigan en 1958, Madonna grandit dans une famille italo-canadienne nombreuse. Elle perd sa mère d'un cancer à l'âge de 5 ans, et vit mal le second mariage de son père. Adolescente, elle est vue comme « repoussante » parce qu'elle ne s'épile pas les jambes et les aisselles. Ses idoles ? Debbie Harry, chanteuse de Blondie et l'une des premières rebelles de l'écosystème pop, et la peintre Tamara de Lempicka, dont les portraits de femmes plantureuses la fascinent. Madonna s'installe à New York en 1978 à l'âge de 20 ans, voulant devenir danseuse. Batteuse puis guitariste, elle se tourne vers la chanson avec son premier album, *Madonna* (1983). Le single « Holiday » est un succès, et le disque se vend à plus de 15 millions d'exemplaires.

Son deuxième album, *Like A Virgin* (1984), produit par Nile Rodgers, transforme l'essai. Le single éponyme annonce les thèmes principaux de sa discographie : la sexualité, et une revendication farouche de liberté. C'est un raz-de-marée. Le Vatican tremble face à ces paroles écrites par deux hommes, Billy Steinberg et Tom Kelly :

> *You make me feel shiny and new*
> *Like a virgin*
> *Touched for the very first time*
> *Like a virgin*
> *With your heartbeat next to mine*

Tu me donnes l'impression d'être toute neuve
Comme une vierge
Touchée pour la première fois
Comme une vierge
Avec le battement de ton cœur près du mien

Le clip de « Like A Virgin » se déroule dans une Venise romantique, où Madonna détonne avec ses ceintures cloutées et ses rosaires rock. Elle a alors 26 ans. La même année, elle interprète son single à la première édition des MTV Video Music Awards (MTV VMA). Habillée en mariée punk, elle apparaît au sommet d'une pièce montée géante. Elle descend du piédestal, laissant le marié dans l'ombre. Elle retire son voile et libère ses cheveux bouclés. Elle danse, fait tourner ses colliers et sa ceinture ciglée « Toy Boy » (jouet à garçon), qui désespère les féministes. Elle s'agenouille et frotte son bassin contre son voile de mariée. En se roulant par terre, elle dévoile par accident des porte-jarretelles blancs, et sa culotte. Médusée, l'assemblée applaudit poliment. Jamais une artiste ne s'est affichée de manière aussi sexualisée lors d'une cérémonie destinée au grand public, qui rassemble les pontes de l'industrie musicale. En coulisses, le manager de Madonna la prévient : « Ta carrière est finie. » Mais c'est l'inverse qui se produit : sa prestation catapulte sa renommée, ainsi que celle de MTV. La chanteuse et la jeune chaîne musicale lient leurs destins. « Like A Virgin » devient son premier hit n° 1 des ventes. L'album homonyme se vend quant à lui à plus de 21 millions d'exemplaires.

Deux ans plus tard, c'est cette fois son single « Papa Don't Preach », issu de *True Blue* (1986), qui sème le trouble. Madonna se met dans la peau d'une jeune femme qui tombe enceinte et décide de garder l'enfant, malgré l'opposition de son père, dont elle est très proche. La chanson divise: des féministes y voient un message anti-avortement, d'autres pensent que Madonna veut pousser les jeunes femmes à avoir des rapports sexuels non-protégés. La chanteuse balaie ses détracteurs, affirmant que c'est avant tout la chanson d'une jeune femme faisant ses propres choix. En étant chantée par une figure aussi libérée que Madonna, qui ne l'a cependant pas écrite, « Papa Don't Preach » incarne trente ans à l'avance les désaccords profonds qui divisent désormais les féministes. Émergé dans le post-féminisme des années quatre-vingt-dix/deux mille, le « *choice feminism* » (féminisme du choix) affirme que tout choix réalisé par une femme est forcément le bon, puisqu'elle l'a décidé, et que ce choix ne la concerne qu'elle. C'est un féminisme qui se veut plus ouvert et tolérant, mais qui est critiqué comme individualiste et dépolitisé.

## LA GRAMMAIRE SEXUELLE DE MADONNA

Dans « Like A Prayer » (1989), premier single issu de son quatrième album homonyme, Madonna croise cette fois sexualité et religion:

*When you call my name*
*It's like a little prayer*
*I'm down on my knees*
*I wanna take you there*
*In the midnight hour*
*I can feel your power*
*Just like a prayer*
*You know I'll take you there*

Quand tu appelles mon nom
C'est comme une petite prière
Je suis à genoux
Je veux t'emmener là-bas
Dans la nuit
Je ressens ton pouvoir
Comme une prière
Tu sais que je t'emmènerai là-bas

Madonna se rapproche-t-elle de Dieu, ou de l'orgasme ? Ce double sens est appuyé par une chorale gospel, donnant des airs de messe. Le clip fait scandale, parce qu'il met en scène un homme noir dans la peau de Jésus, et aussi, parce que Madonna a une relation charnelle avec un Saint. La chanteuse au nom rappelant la Vierge Marie suscite aussi l'effroi en chantant devant des croix en feu. Le clip montre également un homme noir accusé à tort du meurtre d'une femme blanche. La vidéo ajoute donc un message antiraciste à un morceau déjà très subversif pour son époque. Le Vatican dénonce un clip blasphématoire, insultant et immoral. Face au scandale, la marque de sodas Pepsi renonce à sponsoriser la tournée mondiale Blond Ambition Tour. Une erreur, puisqu'elle deviendra la deuxième tournée la plus lucrative de l'histoire, avec près de 63 millions de dollars de bénéfices.

Fin 1990, Madonna enfonce le clou avec « Justify My Love », titre inédit écrit pour son premier best-of. Dans cette chanson produite par Lenny Kravitz, et qu'elle a coécrite, elle se met dans la peau d'une femme qui pousse son amant à se dévoiler. « *I don't want to be your mother/I don't want to be your sister either/I just want to be your lover* »

[Je ne veux pas être ta mère/Je ne veux pas être ta sœur non plus/Je veux juste être ton amante] susurre-t-elle. Dans le clip, tourné par le photographe de mode Jean-Baptiste Modiano, Madonna explore son désir dans des chambres d'hôtel où se rencontrent des personnes aux diverses identités de genre et sexualités, dans une esthétique érotique et BDSM. Une fluidité alors rare, encore plus de la part d'une artiste féminine. MTV refuse de diffuser le clip, Madonna décide donc de le vendre en vidéo-single, une première dans l'industrie musicale. Environ un million d'exemplaires s'arrachent. Un record. Le présentateur de l'émission Nightlive sur ABCNews lui demande ce qui, pour elle, ne doit pas être montré à la télévision : « la violence et l'humiliation », répond-elle. « Et je ne pense pas que ces problèmes soient montrés dans mon clip. »

En 1992, Madonna pousse le curseur de la provocation encore plus loin. Elle clôture un défilé caritatif de Jean-Paul Gaultier au profit de la lutte contre le VIH, dans une robe corset dévoilant sa poitrine nue. Une tenue annonciatrice de la sortie de *Erotica*, album concept sur la sexualité et l'amour. Elle publie aussi un livre de photos érotiques d'elle, réalisées par Steven Meisel et Fabien Baron, intitulé *S.E.X.* Elle y dévoile son attrait pour le BDSM : « Il y a quelque chose de réconfortant dans le fait de se faire attacher. C'est comme quand vous étiez un bébé et que votre mère vous attachait dans le siège pour enfants. » Quelques acteurs pornos y participent, comme Joey Stefano, ou encore, la top model Naomi Campbell. Le but de *S.E.X.* est de « libérer l'Amérique », et dénoncer la nocivité des tabous autour de la sexualité, qui favorisent pratiques dangereuses et violences sexuelles. L'ouvrage, mis sous blister, se vend à plus de 1,5 million d'exemplaires. Du jamais-vu pour un livre de photos.

*S.E.X.* est dénoncé comme la provocation de trop. Un journaliste de 60 Minutes dit à Madonna qu'il a trouvé « horrible » une photo où elle se masturbe au-dessus d'un miroir. « La manière dont réagissent les gens face à certaines choses du livre est avant tout un reflet d'eux-mêmes, plutôt que de moi », lui répond calmement la Ciccone. « Qu'est-ce que ça veut dire ? Que vous avez peur d'une femme qui est capable de s'exciter toute seule ? Qui n'a pas peur de regarder son appareil génital dans un miroir ? » Le journaliste reconnaît que oui, « un peu », mais qu'il ne sait pas pourquoi. Le succès de *S.E.X.* éclipse le disque *Erotica*, au regret de la chanteuse. Ce sont les premières productions de sa société de divertissement, Maverick, qu'elle a créée pour reprendre la main sur les aspects créatifs de sa carrière. À côté, elle négocie même 20 % de royalties avec Warner, un taux énorme alors seulement détenu par Michael Jackson. En 1994, elle répond au scandale suscité par *S.E.X.* dans la chanson « Human Nature », tirée de l'album *Bedtime Stories* :

> *Did I say something wrong?*
> *Oops, I didn't know I couldn't talk about sex*
> *(I must've been crazy)*
> *Did I stay too long?*
> *Oops, I didn't know I couldn't speak my mind*
> *(What was I thinking?)*
> *And I'm not sorry*
> *It's human nature*

> Est-ce que j'ai dit quelque chose de mal ?
> Oups, je ne savais pas que je n'avais pas le droit de parler de sexe

(J'ai dû perdre la tête)
Est-ce que je suis restée trop longtemps ?
Oups, je ne savais pas que je ne pouvais pas dire ce que je pense
(Qu'est-ce qui m'a pris ?)
Et je ne suis pas désolée
C'est la nature humaine

Son mot d'ordre ? « *Deal with it* » (débrouillez-vous). En somme, habituez-vous à ce que Madonna vous dérange.

## ALLIÉE LGBTQ+ ET MILITANTE ANTI-VIH AVANT L'HEURE

L'amour entre Madonna et les communautés *queer*[1] a été très vite réciproque. Dès ses débuts, sa transgressivité en fait une idole pour les communautés LGBTQ+, heureuses de trouver des hymnes pro-affirmation de soi et pro-sexe en pleine épidémie de VIH. C'est Christopher Flynn, son professeur de danse, gay, qui est le premier à l'encourager à devenir artiste. Madonna n'a alors que 14 ans, se sent mal dans sa peau et trouve son quotidien monotone. Flynn prend son éducation culturelle en main, et l'emmène en boîte gay : « Pour la première fois, je voyais des hommes s'embrasser, des filles habillées comme des garçons, des hommes porter des pantalons sexy, des danses incroyables et folles, le genre de liberté et de joie que je n'avais jamais vues auparavant. J'ai enfin ressenti que je n'étais pas seule, qu'être différent, ne pas être comme tout le monde, n'était pas un problème. », raconte Madonna en 2019, alors que l'association GLAAD lui accorde un titre honorifique

1. Dont la sexualité, l'orientation sexuelle ou l'identité de genre ne correspond pas aux modèles dominants.

saluant une vie d'engagement envers les communautés LGBTQ+.

Dès son arrivée à New York, à la fin des années soixante-dix, Madonna est témoin de l'épidémie de VIH. Elle dira que le virus « lui a pris tous [ses] amis d'un claquement de doigts ». C'est le cas de son meilleur ami et colocataire, Martin Burgoyne, en 1986, de l'artiste contemporain Keith Haring et de son mentor Christopher Flynn en 1990. Des morts qu'elle évoque dans le titre « In This Life » (*Erotica*, 1992). Le tabou entourant le VIH participe à une homophobie latente. Les conservateurs parlent d'un « cancer gay » faisant office de punition divine envers les homosexuels. Ces préjugés se conjuguent à une inaction dévastatrice du président Ronald Reagan. Les pouvoirs locaux sont dépassés par ce virus très contagieux, qui entraîne alors la mort dans 98 % des cas. Heurtée, Madonna est l'une des premières célébrités à s'engager dans la lutte contre le VIH et la stigmatisation des malades. Elle participe à de nombreux événements caritatifs, fait des dons, visite des hôpitaux, ramène illégalement des médicaments du Mexique. Le livret de l'album *Like A Prayer* offre de la documentation à propos du virus et des conseils pour avoir des pratiques sexuelles sans danger. En 1987, l'écrivain Larry Kramer crée l'association Act-Up, qui dénonce l'inaction politique par des coups d'éclat remarqués. Washington ne démarre sa première campagne nationale de sensibilisation au VIH que fin 1988. Quand Reagan quitte la Maison blanche l'année suivante, plus de 89 000 malades sont morts.

Le lien entre Madonna et les communautés LGBTQ+ est célébré avec « Vogue » (1990), un titre house-disco pop joyeux, qu'elle coécrit et coproduit. La New-Yorkaise rend hommage au vogueing, un style de danse inspiré des poses de top models et des hiéroglyphes de l'Égypte ancienne. Émergé dans les années quatre-vingt, le vogueing est issu des scènes ballroom de Harlem dans les années soixante, qui rassemblaient des communautés LGBTQ+ noires et latinos, divisées en « Houses », des familles choisies offrant refuge et solidarité. Avec « Vogue », Madonna appelle à l'unité sur le dancefloor : « *It makes no difference if you're black or white/If you're a boy or a girl/If the music's pumping it will give you new life/You're a superstar* » [Peu importe que tu sois noir ou blanc/Un garçon ou une fille/Si la musique pulse, elle te donnera une nouvelle vie/Tu es une super star]. La chanson mentionne plusieurs piliers de la période dorée de Hollywood et icônes LGBTQ+, comme Marilyn Monroe, Marlene Dietrich, James Dean ou Jean Harlow. C'est d'ailleurs l'époque où Madonna troque son look de lolita punk pour le glamour hollywoodien androgyne des années trente. Avec plus de 6 millions d'exemplaires écoulés, « Vogue » est son single le plus vendu, et fait du vogueing une danse très populaire. Madonna l'a apprise auprès de Jose Gutierez et Luis Camacho, membres de la House of Xtravaganza, qui élaborent la chorégraphie du clip et de la tournée qui débute en 1990.

Du Japon aux États-Unis en passant par l'Europe, le Blond Amibition Tour marque un tournant majeur dans sa carrière, et révolutionne la musique pop. Pourquoi ? Car c'est le show pop le plus ambitieux alors jamais imaginé, avec une troupe de danseurs, des décors faramineux, des entrées et sorties spectaculaires. Sans parler des tenues imaginées par Jean-Paul Gaultier, les corsets coniques et costumes d'homme, devenus inséparables de la figure de Madonna. Le corset conique est inspiré des soutiens-gorge pointus des années quarante/cinquante, dits « bullet bra », apparus pour compenser les pénuries de tissu. En résulte un « pointy look » (look pointu) à la fois très féminin et osé. En combinant corset et « bullet bra », Jean-Paul Gaultier offre à Madonna une armure émancipatrice, à la fois féminine et masculine, menaçante et sexy. Le Blond Ambition Tour fait scandale, notamment parce que Madonna mime la masturbation pendant « Like A Virgin ». Ce qui lui vaut des menaces d'arrestation de la part de la police de Toronto. Le Pape Jean-Paul II s'étrangle face à ce qu'il décrit comme « l'un des spectacles les plus sataniques de l'histoire de l'humanité ». Il appelle à boycotter le concert de la chanteuse en Italie. Elle lui répond à travers la presse, revendiquant son droit à la liberté d'expression.

La star a par ailleurs la bonne idée de faire documenter la tournée par Alek Keshishian. Cela donne le film-documentaire *Madonna: Truth or Dare*, parfois intitulé *In Bed with Madonna*. Présenté au Festival de Cannes en 1991, engendrant plus de 29 millions de dollars au box-office, il dévoile l'entourage queer de la star. C'est une révolution : les publics LGBTQ+ se reconnaissent dans cet entourage *out*[1] filmé avec bienveillance. « Quand j'ai fait le film *Truth or Dare*, je n'avais aucune idée que j'allais inspirer tant d'hommes gays à simplement avoir le courage de faire leur coming out, d'être libres et de déclarer “Je suis ce que je suis, que vous l'aimiez ou non, OK ?” », se souvient Madonna lors des GLAAD Awards 2019.

1. Personne qui a publiquement affirmé sa ou ses préférences sexuelles et identités de genres.

## MADONNA LA MATRIARCHE

Pour comprendre la façon dont Madonna se perçoit en tant que femme, il faut aussi parler de ses six enfants, dont elle est très proche : Lourdes, née en 1996 de sa relation avec le coach sportif Carlos Leon ; Rocco, né en 2000 de son second mariage, avec le réalisateur britannique Guy Ritchie ; David Banda, Mercy James, et les jumelles Esther et Stella, adoptés au Malawi entre 2006 et 2017. Ils la décrivent comme très stricte, juste et inspirante. En public et sur les réseaux sociaux, Madonna s'affiche en priorité avec ses enfants depuis une dizaine d'années. Elle reconnaît qu'elle « galère encore à comprendre comment être mère et faire son travail » de chanteuse, assimile la maternité à un métier qui demande beaucoup de temps et n'offre pas de repos.

Madonna aborde la maternité à partir de *Ray Of Light* (1998), disque doux et introspectif. Dans le titre « Drowned World / Substitute For Love », elle raconte que la spiritualité et l'amour maternel ont supplanté son envie de réussite et de célébrité, qui n'étaient que des « substituts à l'amour » :

*I traded fame for love*
*Without a second thought*
*[...] I traveled 'round the world*
*Looking for a home*
*I found myself in crowded rooms*
*Feeling so alone*
*I had so many lovers*
*Who settled for the thrills*
*Of basking in my spotlight*
*I never felt so happy*

J'ai échangé la célébrité contre l'amour
Sans hésitation
[...] J'ai voyagé autour du monde
À la recherche d'une maison
Je me suis retrouvée dans des pièces encombrées
Et me sentais si seule
J'ai eu tant d'amants
Qui s'arrêtaient pour le frisson
De se baigner dans ma lumière
Je ne me suis jamais sentie aussi heureuse

Le titre « Nothing Really Matters » raconte en quoi la naissance de Lourdes a changé ses priorités :

*When I was young*
*Nothing really mattered to me*
*But making myself happy*
*I was the only one*
*Now that I am grown*
*Everything's changed*
*I'll never be the same*
*Because of you*

Quand j'étais très jeune
Rien n'avait d'importance à mes yeux
À part me rendre heureuse
J'étais la seule qui comptait
Désormais, j'ai grandi
Et tout a changé
Je ne serai plus jamais la même
À cause de toi

Avec *Ray Of Light*, Madonna se glisse dans le moule conventionnel de la maternité comme lieu véritable de l'accomplissement d'une femme. Ses fans sont fidèles et le disque s'écoule à plus de 20 millions d'exemplaires, et remporte trois Grammy Awards, dont celui de Meilleur Album pop, le seul de sa carrière.

La lutte contre le VIH restant sa grande cause, en 2006, elle co-fonde Raising Malawi, une association caritative venant en aide aux plus d'un million d'orphelins du sida et enfants défavorisés du Malawi, un petit pays du sud de l'Afrique très touché par l'épidémie. Dès sa première visite dans ce pays très pauvre d'Afrique australe, Madonna promet d'investir son propre argent pour améliorer les infrastructures, construire écoles, orphelinats et hôpitaux. Mais le fait que ses déplacements humanitaires se doublent de démarches d'adoption choque. En 2006, alors qu'ils effectuent un voyage humanitaire suivi par la presse, Madonna et Guy Ritchie ramènent à Londres le petit David Banda, 13 mois. Une coalition de 67 associations locales de défense des droits de l'Homme, le Human Rights Consultative Committee, réclame l'intervention de la Cour suprême du pays. Pourquoi ? Parce que le Malawi conditionne d'ordinaire les adoptions internationales à un séjour de 18 mois dans le pays. Guy Ritchie et Madonna affirment ne pas bénéficier d'un traitement de faveur. La chanteuse dira avoir très mal vécu les accusations de kidnapping, et ne pas comprendre pourquoi elle était critiquée, alors qu'elle était « en train de sauver une vie[1] ». En 2008, elle présente à Cannes le documentaire *I Am Because We Are*, qui raconte ses actions au Malawi, et l'adoption de David. Pour

1. Jeff Nelson, « Madonna opens up about life with 6 kids and her emotional adoption journey », *People*, 6 septembre 2017.

l'universitaire Kerry Bystrom[1], ce film fait de l'adoption internationale une forme « d'adoption humanitaire », qui renforce le fantasme du « sauveur blanc » face à une Afrique montrée comme perpétuellement en difficultés. Une perspective post-colonialiste et post-impériale, note Kerry Bystrom.

En 2009, Madonna adopte seule une petite fille, Mercy James. Elle doit cette fois aller jusqu'à obtenir l'autorisation de la Cour suprême du Malawi, qui lui accorde l'adoption en se basant sur le bien-fondé de ses actions humanitaires dans le pays. Des associations de défense des enfants, dont Save The Children, reprochent à la star de participer à créer une mode néfaste. Madonna « [s'offrirait] un orphelin africain comme un sac à main ou une paire de chaussures[2] », résume *Libération*. De son côté, Madonna affirme qu'on a voulu l'empêcher d'adopter Mercy James parce qu'elle avait divorcé de Guy Ritchie et était mère célibataire. Elle justifie sa détermination à adopter la petite fille en citant son féminisme, son « combat pour la liberté » et son « cœur rebelle[3] ». En 2017, la justice malawite la laisse cette fois à adopter les jumelles Stella et Esther, âgées de 4 ans. « Madonna donne l'impression que le Malawi a un marché d'enfants pauvres prêts à être adoptés », s'indigne le Réseau africain pour la protection et la prévention des abus sur les enfants[4].

---

1. Elle l'analyse pour le deuxième volume de *Humanity: an International Journal of Human Rights, Humanitarianism and Development*, publié en 2011 par l'Université de Pennsylvanie.
2. Christophe Ayad, « Madonna, une adoption et une polémique », *Libération*, 31 octobre 2006.
3. Jeff Nelson et Karen Mizoguchi, « Madonna recalls emotional fight to adopt daughter Mercy James: "I never gave up" », *People*, 12 juillet 2017.
4. Vignikpo Akpéné, « Malawi: mécontentements autour de l'adoption de jumelles par Madonna », *afriquinfos*, 9 février 2017.

L'association de Madonna, Raising Malawi, fait aussi l'objet de scandales. Déjà, à cause de son co-créateur : Michael Berg, co-président du Centre de la Kabbale, et fils du fondateur de ce mouvement. Spirituality for Kids, le programme de la Kabbale destiné aux enfants, est enseigné au Malawi à travers Raising Malawi. Madonna est donc pointée comme « l'émissaire people[1] » de la Kabbale au Malawi, mais elle assure que son association en est indépendante. La Kabbale sera pourtant au cœur d'un fiasco concernant le plus gros projet humanitaire de la star : la construction d'une académie d'excellence pour jeunes filles en difficulté est abandonnée, car le Centre de la Kabbale en aurait détourné une grosse partie du budget[2].

Madonna est retournée plusieurs fois au Malawi avec ses enfants, parfois accompagnée de la presse : *People* y consacre même un dossier exclusif en 2017[3]. Très proche de David, ils partagent le goût de la provocation : en 2022, mère et fils font sensation lorsque David s'affiche dans une longue robe rouge Adidas fendue sur le côté, inspirée d'une robe portée par la chanteuse en 1993.

---

1. Antonin Grégoire, « Au Malawi, Madonna émissaire people du Centre de la Kabbale », *L'Obs*, 8 novembre 2016.
2. Wayne Barrett, « Madonna's kabbalah disaster in Malawi », *Newsweek*, 3 avril 2011.
3. Jeff Nelson, « Madonna opens up about life with 6 kids and her emotional adoption journey : "It's complicated — but so worth it" », *People*, 6 septembre 2017.

## ICÔNE FÉMINISTE CONTRAINTE ET CONTESTÉE

En jouant de sensualité et de confiance en soi, en mettant en scène le plaisir sexuel féminin, en se montrant en femme d'affaires accomplie, en jouant avec les stéréotypes, en restant sexy même en étant mère, Madonna a été malgré elle la première méga pop star à faire sortir le féminisme des cercles élitistes. Tout au long de sa carrière, elle fait beaucoup pour les femmes à travers sa musique, par deux biais principaux : chanter une approche libérée de la sexualité, et dénoncer les doubles standards sexistes. En plus des morceaux déjà évoqués, il faut citer « What It Feels Like For A Girl », tiré de *Music* (2000). Il débute par un monologue de Charlotte Gainsbourg dans le film *The Cement Garden* (1993), où elle dénonce la dévalorisation de la féminité : « Une fille peut ressembler à un garçon, mais pas l'inverse. [...] Parce que tu penses que ressembler à une fille est dégradant. » Dans le reste de la chanson, Madonna explicite cependant peu sa vision de la condition féminine. Dans le pre-chorus, elle dit simplement qu'on pousse les filles à paraître faibles : « *Strong inside, but you don't know it / Good little girls, they never show it / When you open up your mouth to speak / Could you be a little weak?* » [Forte à l'intérieur, mais tu n'en sais rien / Les gentilles petites filles, elles ne le montrent jamais / Quand tu ouvres ta bouche pour parler / Pourrais-tu être un peu faible ?]. Le clip, censuré par MTV, la montre dans une virée meurtrière au volant d'une voiture de course jaune aux rayures noires. De quoi évoquer *Kill Bill*, trois ans avant sa sortie. Plus tard, « American Life » (2003) revient sur les doubles standards sexistes auxquels la Ciccone a été confrontée :

*I tried to be a boy*
*Tried to be a girl*
*Tried to be a mess*
*Tried to be the best*
*Tried to find a friend*
*Tried to stay ahead*
*Tried to stay on top*
*Fuck it*

J'ai essayé d'être un garçon
J'ai essayé d'être une fille
J'ai essayé d'être une ratée
J'ai essayé d'être la meilleure
J'ai essayé de me trouver un ami
J'ai essayé de garder une longueur d'avance
J'ai essayé de rester au sommet
Et merde

Sur ce morceau folktronica, Madonna partage son ras-le-bol d'une industrie musicale sexiste et impossible à satisfaire. Avec « Girl Gone Wild », tiré de *MDNA* (2012), elle tire cependant une grande fierté de ses décennies de provocatrice. Le clip figure des danseurs hommes portant des talons hauts, et montre la chanteuse en tenue BDSM.

Preuve de sa mythologie instantanée, Madonna elle est l'une des premières stars à faire l'objet d'un champ d'études universitaires féministes dédié, au grand dam d'une partie de la profession. Les « Madonna studies » émergent vers 1986 dans des universités comme Harvard ou Princeton, trois ans à peine après la sortie de son premier single. L'ouvrage *The Madonna Connection*, publié en 1992, compile une partie de ces réflexions. L'une des premières à se lancer est la professeure E. Ann Kaplan. Pour elle, Madonna représente une « menace » pour les hommes parce qu'elle gagne bien sa vie, et fait preuve d'une sexualité assumée. Alors que cela était autorisé à des prédécesseurs masculins comme Elvis Presley ou Michael Jackson, cela dérange parce que Madonna est une femme. Pour Kaplan, la chanteuse a aussi le mérite d'être un « *role model* utile » pour les jeunes femmes, « par son autonomie, son indépendance, et par sa créativité déterminée ». De son côté, Cathy Schwichtenberg, éditrice de *The Madonna Connection*, se réjouit que la star montre que la féminité est avant tout une construction sociale et une performance. Madonna prouve à son public qu'être une femme n'est pas inné, et n'a pas de définition limitée. En 1992, Kate Tentler, féministe et journaliste à *The Village Voice*, écrit que Madonna « a les couilles pour être la sainte-patronne du nouveau féminisme ».

Si Madonna fascine certaines féministes, elle en exaspère beaucoup d'autres. L'hyper-sexualité montrée dans les clips de « Justify My Love » et « Express Yourself » sèment les graines de la discorde. Pourquoi ? Car les intellectuelles féministes se déchirent depuis la fin des années soixante-dix sur divers sujets liés au genre et à la sexualité, notamment, l'influence du patriarcat sur la sexualité hétérosexuelle, le travail du sexe ou les pratiques BDSM. C'est ce que l'on nomme les « Sex Wars », les « guerres sexuelles féministes ». Ce débat rejoint souvent celui sur le travail du sexe. « Faisait-elle partie du problème ou de la solution ? Était-elle une femme compétitrice, qui voulait juste s'attirer l'attention des hommes, ou avait-elle réellement quelque chose d'intéressant à dire ? », résume Lucy O'Brien dans *Madonna: Like an Icon* (2007). La parution de *S.E.X* et d'*Erotica*, puis la sortie du thriller érotique *Body Of Evidence* (1993), aggravent ces tensions. Georges-Claude Guilbert, dont la thèse consacrée à Madonna est une référence[1], estime ainsi que la star symbolise la scission entre féministes et post-féministes. Les premières estiment que l'esthétique érotique et pornographique est indissociable de la misogynie et du machisme, alors que les post-féministes pensent qu'elle peut, au contraire, en être dissociée.

Un désaccord que l'on retrouve par exemple entre Camille Paglia et Sheila Jeffreys. Dans le *New York Times*, Paglia, universitaire féministe très controversée, décrit Madonna comme « la vraie féministe » et voit en elle le « futur du féminisme ». Elle la félicite d'exposer le « puritanisme et l'idéologie suffocante du féminisme américain ». Selon elle, la star montre aux femmes qu'elles peuvent avoir de multiples facettes, séduisantes, drôles, ou agressives. Treize ans plus tard, Paglia se félicite dans *Bust Magazine* que Madonna « a changé la face du féminisme », « exactement comme [elle l'avait] prédit ». En convoquant un imaginaire sexuel, Madonna se serait mise dans une position de pouvoir par rapport aux hommes, estime Paglia. Car pour l'essayiste, la figure de la prostituée « régit les hommes » depuis toujours. Georges-Claude Guilbert, qui se décrit comme féministe, soutient de son côté que Madonna s'adresse avant tout aux femmes avec son livre *S.E.X.*, et leur montre qu'elles ont autant le droit de consommer des images érotico-pornographiques que les hommes.

---

1. Georges-Claude Guilbert, *Madonna as Postmodern Myth: How One Star's Self-Construction Rewrites Sex, Gender, Hollywood and the American Dream*, McFarland & Company, 28 octobre 2002.

Sheila Jeffreys, professeure de sciences sociales et politiques et spécialiste de l'histoire de la sexualité, n'a pas une lecture aussi optimiste. Dans son ouvrage *Beauty and Misogyny: Harmful Cultural Practices in the West* (2005), l'essayiste lesbienne écrit que Madonna a contribué à créer « un nouveau féminisme sexualisé » empruntant aux codes du travail du sexe. Or, Jeffreys est justement opposée au travail du sexe, qu'elle voit comme un système d'exploitation des femmes au service des fantasmes masculins. Elle estime que Madonna donne une image faussée du travail du sexe, et qu'elle aurait même « contribué de manière significative à normaliser la prostitution » et la pornographie, en participant à créer de nouveaux standards de beauté inspirés par les travailleuses du sexe Madonna aurait ainsi empiré l'aliénation sexuelle des femmes, même chez les plus jeunes, dans ce que Sheila Jeffreys nomme la culture « malestream », la culture mainstream pensée pour les hommes hétéros et cisgenre[1]. Par ailleurs, Sheila Jeffreys défend qu'en se mariant et en devenant mère, Madonna soit devenue « non-révolutionnaire », et a déçu ses soutiens de la première heure.

La grande critique féministe radicale, noire et queer bell hooks, a elle aussi longuement analysé le travail de Madonna. Dans *Outlaw Culture* (1994), elle explique avoir été d'abord séduite par la chanteuse, qu'elle voyait comme féministe parce qu'elle « osait transgresser les barrières sexistes ». Mais elle change d'avis lorsque Madonna se grime en fillette sexy des années soixante pour promouvoir *S.E.X.* dans *Vanity Fair*, en 1992[2]. Pour l'essayiste, la chanteuse a renié

1. Personne dont l'identité de genre est en concordance avec le genre qui lui a été assigné à la naissance.
2. Maureen Orth, « Madonna in wonderland », *Vanity Fair*, octobre 1992.

ses bases radicales, et est devenue le symbole de la difficulté à vieillir en tant que femme transgressive dans une société patriarcale. « La Madonna canon qui osait remettre en cause le statu quo a disparu », écrit bell hooks. Pour elle, *S.E.X.* relève d'un « exhibitionnisme superficiel » et de voyeurisme nourrissant l'ordre phallocentrique dominant, au lieu de le renverser. Elle reproche même au livre d'exploiter l'homoérotisme à des fins marketing. « J'ai beaucoup de fantasmes sexuels avec des femmes, mais je suis surtout satisfaite avec un homme », dira d'ailleurs Madonna à *Vanity Fair.*

Vénérée ou sévèrement critiquée, Madonna a été la première pop star à fasciner et diviser les féministes. Et elle n'hésitait pas à leur répondre. Lorsque des féministes s'étranglent en la voyant enchaînée nue à un lit dans le clip de « Express Yourself » (1989), Madge rétorque: « Tout ce que je fais est de mon plein gré. Je suis en contrôle, d'accord? L'humiliation, c'est quand quelqu'un vous oblige à faire quelque chose contre votre volonté », dans une interview accordée à ABC. Pour la Ciccone, tout est affaire de consentement libre et éclairé. Dès lors, elle estime que les féministes « passent à côté de certaines choses »: « Je m'habille peut-être comme la bimbo de base, mais c'est moi qui suis en contrôle. [...] Est-ce que ce n'est pas ça le but du féminisme? L'égalité entre hommes et femmes? », demande-t-elle encore. La polémique autour de *S.E.X.* allie féministes et conservateurs, qui reprochent à Madonna d'avoir franchi les limites de la décence. Pour la star, c'est un double standard sexiste: on la « punit » parce qu'elle est une femme célibataire riche et puissante, qui raconte ce qu'elle veut. « Personne ne parle de la vie sexuelle de Prince, ni de toutes les femmes avec lesquelles il a couché », remarque Madonna dans une interview au *Los Angeles Times* en 1994. Pendant longtemps, la chanteuse range féministes et conservateurs dans le même sac : des censeurs qui veulent la museler. Comme le résume Andi Zeisler, autrice de *Feminism and Pop Culture* (2008), Madonna est une « icône logique, frustrante et complexe », car elle a toujours refusé d'expliciter « qui » elle représente, et ce qu'elle représente, à une époque de backlash où le féminisme avait désespérément besoin de nouvelles idoles assumées. Mais vu les nombreuses attaques féministes dont elle fait l'objet depuis toujours, il n'est pas étonnant que Madonna s'en soit longtemps méfiée. En 2003, elle dit ainsi ne pas être féministe, mais « humaniste ». Une nuance classique chez les femmes rebutées par le mouvement.

Près de vingt ans plus tard, Madonna porte un tout autre regard sa condition de femme et d'artiste. Désormais, elle revendique être féministe. Le 21 janvier 2017, elle fait ainsi partie des dizaines d'artistes se joignant aux millions de manifestantes protestant contre l'élection de Donald Trump. Elle est vêtue d'un pull affichant une définition du mot « féministe » : « l'opinion radicale voulant que les femmes soient des êtres humains ». La chanteuse se dit « en colère », mais délivre un discours critiqué pour sa mollesse. Madonna marque surtout par son discours féministe aux Billboard Music Awards en 2016, qui l'a désignée Femme de l'année, à l'âge de 58 ans. Elle remercie ses inspirations Debbie Harry, Chrissie Hynde et Aretha Franklin, mais surtout, David Bowie : « Il incarnait l'esprit féminin et masculin et cela me convenait tout à fait. Il m'a fait croire qu'il n'y avait pas de règles. Mais j'avais tort. Il n'y a pas de règles si vous êtes un garçon. Il y a des règles si vous êtes une fille. » Ces doubles standards sexistes, Madonna dit en avoir pris conscience lorsqu'elle a divorcé de Sean Penn, avant la sortie de *Erotica* et *S.E.X.* : « Tout ce que je lisais sur moi était terrible. On disait que j'étais une pute et une sorcière. » Au même moment, Prince est libre de jouer avec les normes de genre : « C'est la première fois que j'ai réellement compris que les femmes n'ont pas la même liberté que les hommes », dit Madonna. Elle déroule : « Si vous êtes une fille, il faut jouer le jeu. Vous avez le droit d'être jolie, mignonne et sexy. Mais n'ayez pas trop l'air intelligente. N'ayez pas une opinion qui sort du statu quo. Vous avez le droit d'être objectifiée par les hommes et de vous habiller comme une salope, mais vous ne pouvez pas assumer ce côté salope. Et avant tout, ne partagez pas vos fantasmes sexuels avec le monde. Soyez ce que les hommes veulent que vous soyez, mais surtout, soyez ce qui rend les femmes à l'aise lorsque vous êtes entourée d'hommes. Et enfin, ne vieillissez pas. Parce que vieillir est un péché. On vous critiquera, on vous vilipendera et on ne diffusera certainement pas vos chansons à la radio. » Elle conclut son discours en encourageant les femmes à s'émanciper de l'approbation des hommes : « Cherchez des femmes fortes avec qui vous lier d'amitié, vous aligner, dont vous pouvez apprendre, collaborer, trouver inspiration, soutien. » Dans le clip de « God Control » (2019), Madonna affiche des portraits de Simone de Beauvoir, Frida Kahlo et Angela Davis. À 61 ans, c'est la première fois qu'elle montre des figures féministes dans un clip. Si la chanteuse les voit comme des idoles, elle dit ne pas se reconnaître tout à fait en elles pour autant, car elles n'ont jamais été mères.

# QUEEN OF POP ET MENTOR

Madonna ne s'est jamais arrêtée. Début 2023, elle annonce une tournée événement pour fêter ses 40 ans de carrière, intitulée The Celebration Tour. Sa capacité à se métamorphoser, a contredit les mauvaises langues. Elle incarne l'essence de la pop star obligée de se renouveler pour rester dans la course. Madonna est élusive, mais son essence demeure la même : bousculer. Sa période plus sage avec *Ray Of Light* (1998) et *Music* (2000) ne dure ainsi pas. Elle renoue avec son hypersexualité, et ne regardera plus en arrière.

Dans les années deux mille, une nouvelle génération de chanteuses se réclamant de Madonna apparaît, comme Britney Spears, Christina Aguilera ou Beyoncé. Une des scènes les plus marquantes de la pop culture de l'époque est bien sûr le baiser que Madonna échange avec Britney Spears, puis Christina Aguilera, sur la scène des MTV VMA en 2003. En fin d'année, Britney Spears invite cette fois Madonna en duo sur le tube « Me Against The Music », où son aînée l'encourage à « perdre le contrôle ». Se sentant très « maternelle » envers Britney et se reconnaissant en elle, Madonna devient sa mentor, même lors des éprouvantes années 2007-2008. Elle est l'une des premières à soutenir Britney dans son combat pour faire lever sa tutelle (voir chapitre IV) : « Il faut mettre fin à ce patriarcat cupide qui fait subir ce genre de traitement aux femmes depuis des siècles. C'est une violation des droits de l'homme ! » Regrettant de ne pas avoir été soutenue par d'autres femmes dans sa jeunesse, Madonna refuse l'idée de rivalité féminine ou générationnelle. Lorsqu'une certaine Stefani Germanotta, elle aussi italo-américaine avec un goût prononcé pour la provocation, démarre sa carrière en tant que Lady Gaga à la fin des années deux mille, les deux femmes sont mises dos à dos par les médias. Elles s'en moquent dans un sketch de l'émission satirique Saturday Night Live, où elles se crêpent littéralement le chignon. Même si elle vend moins qu'avant, la Ciccone demeure la Queen of Pop. Bienveillante, Madonna n'en est pas moins fière. En 2015, elle réaffirme sa domination avec « Bitch I'm Madonna », un titre électro/EDM en duo avec Nicki Minaj. Dans le clip, plusieurs stars comme Katy Perry, Diplo, Miley Cyrus, Alexander Wang et même Beyoncé, scandent à la caméra « *Bitch I'm Madonna* » [Hey salope, je suis Madonna]. Elle reste au sommet de la pyramide. Alors que l'hyper-sexualité est devenue banale dans la pop, des centaines de commentaires postés sur sa chaîne YouTube rappellent sans cesse que Madonna en a été la pionnière, de peur que cela tombe aux oubliettes. Fin 2022, Madonna célèbre les 30 ans de *Erotica* et *S.E.X.* à la foire internationale Art Basel, à Miami. Le livre de photos est désormais vu comme une œuvre avant-gardiste qui a participé à la libération sexuelle des femmes, et à visibiliser les relations queer. « J'ai passé les années suivantes à être interviewée par des gens fermés d'esprit qui ont essayé de me pousser à avoir honte de moi parce que j'ai voulu gagner en puissance en tant que femme. On m'a traitée de salope, de sorcière, d'hérétique, et de démon », se souvient la star dans une story Instagram. Elle ajoute : « À présent, Cardi B peut chanter sur sa WAP[1], Kim Kardashian peut gracier la couverture de n'importe quel magazine avec son cul nu, et Miley Cyrus peut débarquer tel un boulet de démolition[2].

---

1. Du titre éponyme, un acronyme signifiant « Wet Ass Pussy », soit « chatte extrêmement mouillée ».
2. En référence à son tube « Wrecking Ball ».

De rien, les salopes. » Cardi B se sent attaquée, et affirme à Madonna qu'elle lui a plusieurs fois rendu hommage. Les deux artistes se rabibochent.

## UN HÉRITAGE QUESTIONNÉ

Quel héritage va laisser Madonna ? Il y a plus de quinze ans, elle se le demandait déjà dans « How High », où elle dévoile une peur de l'après (*Confessions On A Dance Floor*, 2005) :

*I spent my whole life wanting to be talked about*
*I did it*
*Just about everything to see my name in lights*
*Was it all worth it?*
*And how did I earn it?*
*Nobody's perfect*
*I guess I deserve this*

J'ai passé toute ma vie à vouloir qu'on parle de moi
Je l'ai fait
J'ai tout fait pour voir mon nom illuminé
Est-ce que tout ça en valait la peine ?
Et comment y suis-je parvenue ?
Personne n'est parfait
J'imagine que je l'ai mérité

Tout au long de sa carrière, et encore très récemment, la star s'est singularisée en faisant référence à d'autres cultures que la sienne. Une méthode désormais questionnée. Si certains célèbrent son plus grand succès, « Vogue », comme un hommage à la scène « ballroom » et une visibilisation de communautés queer racisées, d'autres y voient une appropriation culturelle, car Madonna est une femme blanche cisgenre et, du moins officiellement, hétérosexuelle. En devenant une icône du vogueing, Madonna aurait participé à le réduire à une simple mode et faire oublier les racines marginalisées et politiques de cette danse identitaire de la contre-culture queer. Dès 1994, bell hooks lui reprochait d'agir comme une « impérialiste colonialiste blanche », qui picore dans la culture noire et dans les sous-cultures gays[1]. En 1991, Madonna déclare que « tout le monde est bisexuel par nature[2] ». Si on lui prête plusieurs relations avec des femmes[3], elle ne les a jamais confirmées. En 2022, elle sous-entend sur TikTok qu'elle serait gay, déclenchant des réactions mitigées[4].

Dans les années quatre-vingt-dix et deux mille, l'intérêt de stars blanches pour d'autres cultures est perçu comme une preuve de leur ouverture sur le monde. Madonna y participe. En 1998, elle introduit sa prestation aux MTV VMA par un mantra en langue sanskrite, incluse sur son album *Ray Of Light* (1998) , entourée de danseurs originaires d'Asie du sud-est. Son front est paré de poudres colorées, nommées tilak, des marques porte-bonheur hindoues, tandis que ses mains sont couvertes d'un motif en dentelle réalisé au henné, une pratique présente dans les pays maghrébins et orientaux. Deux associations hindoues s'indignent, car ils trouvent

1. Dans son livre *Outlaw Culture*, éditions Rootledge, 1er décembre 1994.
2. Don Shewey, « Madonna's x-rated advocate cover story », *Advocate*, 7 mai 1991.
3. « Are we forgetting Madonna's string of same-sex romances? », afterellen.com, 15 novembre 2022.
4. Abby Monteil, « Watch Madonna come out as gay on TikTok – kind of? », *Them*, 10 octobre 2022.

la prestation de Madonna immorale, et en contradiction avec sa tenue. Elle leur reproche d'être fermés d'esprit, et justifie sa tenue en disant que *Ray Of Light* raconte sa quête spirituelle. À cette époque, elle rejoint la Kabbale, comme de nombreuses célébrités en mal de spiritualité. Mais dans les années deux mille dix, l'émergence du concept d'appropriation culturelle change la donne. Croisant des problématiques antiracistes, anticapitalistes et féministes, il dénonce le fait que des personnes s'approprient des éléments matériels ou immatériels d'une culture différente de la leur, et en retirent les significations historiques, politiques et culturelles. Il ne s'agit pas d'hommage, mais de spoliation à visée esthétique. Par exemple, des festivals américains finissent par interdire le port de coiffes amérindiennes, devenues un accessoire tendance alors que ces objets lourds de signification ont mené à la persécution de nombreux Amérindiens. En 2014, Madonna présente ses excuses après avoir posté des images d'icônes noires comme Martin Luther King et Nelson Mandela avec le visage encordé, pour promouvoir son disque *Rebel Heart*. « Il n'y a rien de neuf dans l'appropriation qu'elle et d'autres pratiquent. C'est juste qu'on le remarque plus qu'avant », note la journaliste soudanaise Nesrine Malik pour le *Guardian*. Madonna ne voit pas le problème. « Ils peuvent aller se faire foutre », lance-t-elle[1]. « Je n'approprie rien du tout. Je m'inspire et me réfère à d'autres cultures. C'est mon droit en tant qu'artiste. » Madonna est persuadée d'être dans son bon droit, et se sent persécutée. Pour elle, il s'agit du même puritanisme, de la même censure qu'elle a subi à ses débuts. Elle persiste et signe en se rendant aux MTV VMA 2018 avec une couronne

---

1. Mattew Jacobs, « From "Hell" and back, Madonna lives to tell », huffpost.com, 6 décembre 2017.

ornée de piquants, référence aux guerrières de la culture nord-africaine Amazigh. La poétesse noire Alisha Acquaye dénonce « une forme de post-racialisme[1] ».

Début 2023, Madonna déclare sur la scène des Grammy Awards : « Voilà ce que j'ai appris en quatre décennies dans la musique : si on vous qualifie de choquant, fauteur de troubles, problématique, provocant ou dangereux, vous avez mis le doigt sur quelque chose. » Avec ces propos fourre-tout, Madonna montre qu'elle ne comprend pas les enjeux actuels, et flirte avec la frange réactionnaire gémissant qu'on « ne peut plus rien dire ».

## QUE FAIRE DE MADONNA QUI VIEILLIT ?

La musique pop sera toujours liée à l'idée de jeunesse, puisqu'elle exige la nouveauté. Dans sa quarantaine, Madonna prouve pourtant que les chanteuses pop quadragénaires ont toute leur place, avec ses albums *Ray Of Light* (1998), *Music* (2000), *American Life* (2003) et *Confessions On A Dance Floor* (2005), où elle fait preuve d'une introspection généreuse et passionnante. Elle s'autorise même à jeter un regard perçant sur la vanité de l'industrie pop (« American Life », « Hollywood », sa reprise de « American Pie »). Madonna dévoile une vulnérabilité inédite, une sagesse permise par l'expérience.

Mais dès l'album *Hard Candy* (2008), la Ciccone rebascule dans une imagerie sexy et mégalo. Un retour aux sources

1. Alisha Acquaye, « White people need to learn how to appreciate a different culture without appropriating it », *TeenVogue*, 23 août 2018.

sans doute motivé par la peur de vieillir et qu'on la laisse sur le bas-côté. Ses disques *MDNA* (2012), *Rebel Heart* (2015) et *Madame X* (2019) sont moins inspirés, essayant d'attraper au vol l'air du temps en collaborant avec les producteurs à la mode (Diplo, Timbaland…). Certes, son physique athlétique et son charisme intact impressionnent, mais elle paraît figée. Madonna préfère faire semblant que le temps ne passe plus. Elle ne chante plus le monde tel qu'elle le vit, mais tel qu'elle voudrait qu'on l'y voie : une *entertainer* sans âge, éternellement sexy et sulfureuse. Elle offre un sursaut avec « God Control » et « I Rise », deux titres de son quatorzième album, *Madame X* (2019), où elle demande une meilleure régulation des armes à feu aux États-Unis.

Les mères ont encore moins le droit à la sexualité que les autres femmes. Madonna, elle, n'y a jamais renoncé, et y voit une réussite féministe. À plus de soixante ans, la star s'affiche sur les réseaux sociaux, et en public, dans des tenues sexy, prend des poses suggestives, parfois armée de martinet ou menottes. Le sexe est son « plaisir coupable » favori, et son « obsession ». Cependant, elle affirme ne plus vouloir d'homme dans sa vie (même si elle fréquente des hommes beaucoup plus jeunes qu'elle), et que ses deux mariages n'ont pas été « sa meilleure idée ». Plus Madonna vieillit, plus elle pousse sa recherche de liberté totale. À chaque photo dénudée, c'est le même double choc : comment peut-elle se *permettre* d'être sexy alors qu'elle est *mère* ? Et surtout, *pourquoi* se le permet-elle encore à *son* âge ? Peu de choses sont plus transgressives qu'une femme « d'un certain âge » sexy, aimant le sexe et qui ne s'en cache pas.

Que faire de Madonna qui vieillit ? C'est un dilemme compliqué. Elle est l'une des premières pop stars féminines de notre époque à vieillir sous nos yeux, avec Cher, Janet Jackson ou Kylie Minogue. Madonna a décidé de ne pas vieillir comme la société l'attendait d'elle, en rangeant ses corsets coniques au placard. D'ailleurs, elle déteste être ramenée à son âge. Elle estime qu'on la « punit » et qu'on essaie de la faire taire, parce qu'elle a dépassé les 60 ans. Rappeler son âge revient à la limiter, sous-entendre qu'elle n'est plus « pertinente », explique-t-elle à l'autrice féministe Naomi Wolf en 2011[1]. Pour Madonna, être jeune revient à être provocatrice, rebelle. Elle remarque que l'âgisme est exercé seulement envers les femmes, parce que « nous vivons toujours dans une société très sexiste », dit-elle à *Rolling Stone* en 2015. Mais elle ajoute aussi que l'âgisme est la seule discrimination « permise », contrairement au racisme et à l'homophobie. Ces propos montrent à nouveau qu'elle a du mal à percevoir les privilèges dont elle jouit et met sur le même plan des choses qui n'ont rien à voir.

On pourrait regretter que Madonna se conforme à cette injonction sexiste à la lutte acharnée contre le vieillissement, à coups de chirurgie esthétique ou filtres lissant la peau. Certains se désolent de la trouver méconnaissable. En effet, les médias et le public laissent la grande majorité des hommes célèbres vieillir en paix, comme Mick Jagger, Bruce Springsteen ou Prince, qu'ils fassent de la chirurgie esthétique ou « vieillissent naturellement ». Dans le clip de « Hollywood » (2003), la star dénonçait pourtant le culte

1. Naomi Wolf, « Madonna : the director's cut », *Harper's Bazaar*, 9 novembre 2011.

de l'apparence en faisant semblant de recevoir des injections dans le visage. Mais pour les tenantes du « féminisme du choix », il n'y a rien de contradictoire à être engagée et passer sous le bistouri. L'essayiste Jessica Valenti n'est pas d'accord. Pour elle, le risque du « choice feminism » est de pousser les femmes à se voir comme des individus isolés, et leur faire oublier qu'elles évoluent dans le cadre d'une « oppression systémique ». « Être féministe ne fait pas disparaître le sexisme entourant [nos] choix », résume l'autrice[1].

Cependant, Madonna n'est pas à elle seule responsable du sexisme ni des injonctions envers les corps des femmes. Elle-même en est victime depuis toujours. Déjà en 1993, alors qu'elle n'a que 34 ans et moins de dix ans de carrière, le magazine *Smash Hits* la qualifie de « grand-mère ». Plus tard, les tabloïds s'amusent à zoomer sur les veines de ses bras musclés, ses mains qui « trahissent » son âge. En 2015, lorsqu'elle tombe en arrière pendant sa prestation aux Brit Awards, à cause d'une cape trop serrée que ses danseurs ne réussissent pas à lui enlever, le misogyne Piers Morgan se gausse : « C'est le signe de Dieu que vous êtes trop vieille pour cavaler comme une prostituée. » En 2022, elle reproche au rappeur 50 Cent d'être « misogyne, sexiste et âgiste », parce qu'il s'est moqué d'une photo d'elle dénudée sur un lit, à 63 ans. En 2023, les internautes se moquent de son visage boursouflé aux Grammy Awards. Deux semaines plus tard, Madonna déclare avec humour être « beaucoup plus mignonne maintenant que son visage a dégonflé après la chirurgie ». C'est la première fois qu'elle évoque son

---

1. Jessica Valenti « The return of "Choice feminism" », jessica.substack.com, 18 novembre 2021.

recours à la chirurgie esthétique. Pour *Vogue*, ce qui gêne ses détracteurs n'est pas tant son recours au bistouri, que le fait qu'il soit visible[1]. Ce scandale montre que les femmes sont censées trouver le moyen de rajeunir en douce. À ce sujet, un ras-le-bol monte chez les célébrités de plus de 40 ans comme Naomi Watts ou Andie MacDowell, qui témoignent avec bienveillance de leur expérience du vieillissement. Madonna n'est pas des leurs. Ne comptez pas sur elle pour parler ménopause, fuites urinaires, rides et autres bouffées de chaleur. Elle préfère citer la poète Yrsa Daley-Ward : « Je vieillis seulement de l'intérieur. Je reste à jamais sexy », et dit vouloir faciliter la vie des femmes plus jeunes lorsqu'elles auront 60 ans à leur tour. Si le patriarcat se maintient, c'est parce qu'il ne laisse jamais gagner les femmes. Le cas de Madonna l'illustre à merveille. Qu'elle se « laisse vieillir » ou qu'elle essaie de « rester jeune », elle sera jugée.

---

1. Claire Cohen, « You're not offended that Madonna's had plastic surgery. You're offended that you can tell », *British Vogue*, 10 février 2023.

# CHAPITRE II
# LES SPICE GIRLS : LE GIRL POWER DÉPOLITISÉ

Pendant que Madonna fait exploser pour de bon tous les carcans de la pop, traçant une voie royale pour ses héritières, un petit mouvement bouillonnant émerge dans l'État de Washington, aux États-Unis : Riot Grrrl, scène punk féministe underground développée en réponse à la domination masculine dans le milieu punk. Le mouvement Riot Grrrl se retrouve associé à la notion de « girl power » lorsque Kathleen Hanna et Tobi Vail, chanteuse et batteuse de Bikini Kill, inventent ce terme dans le deuxième numéro de leur fanzine. Elles voulaient créer un euphémisme en associant « fille » et « pouvoir », deux mots qui paraissent contradictoires dans un monde sexiste.

En 1996, le girl power devient l'étendard d'une tout autre formation : le girls band britannique Spice Girls, créé deux ans plus tôt. Très édulcoré, leur girl power séduit les masses. Leur premier album, *Spice* (1996) devient le disque d'un groupe féminin le plus vendu au monde avec 23 millions d'exemplaires écoulés, dont 19 en une seule année. Il se hisse à la première place des ventes aux États-Unis, du jamais-vu pour un girls band britannique. Leur deuxième album, *Spiceworld* (1997) se vend quant à lui à 14 millions d'exemplaires. Si leur carrière est courte, elles changent à jamais le visage de la musique pop, et inaugurent un croisement entre pop et féminisme. Malgré elles.

## UN GIRLS BAND ÉGALITAIRE

Les Spice Girls sont composées de cinq jeunes femmes. Chacune arbore son propre look, sa propre personnalité et un surnom : Geri Halliwell, dite Ginger Spice (« l'épice rousse »), Victoria Adams dite Posh Spice (« l'épice snob »), Emma Bunton dite Baby Spice (« le bébé épice »), Melanie Chisholm, « Mel C » dite Sporty Spice (« l'épice sportive ») et Melanie Brown dite « Mel B » dite Scary Spice (« l'épice effrayante »). Des surnoms attribués par Jennifer Cawthron, journaliste au magazine *Top Of The Pops*, et instantanément adoptés. Ces cinq dénominations représentent des archétypes, que la chanteuse Annie Lennox les encourage à accentuer. On peut d'emblée regretter ceux de Scary Spice, et Baby Spice. La première, métisse, est habillée avec des motifs animaliers. Pourquoi était-elle décrite comme « effrayante » alors que les cinq filles avaient toutes un fort caractère ? Difficile de ne pas y voir une forme de racisme. Baby Spice, avec ses minijupes, longues couettes blondes et mimiques enfantines, fait figure de poupée à la fois candide et sexualisée.

Les Spice Girls sont formées par le duo père-fils Robert et Chris Herbert, à la tête de Heart Management. En mars 1994, ils diffusent une annonce dans le magazine *The Stage*, avec l'envie de monter un équivalent féminin au boys band Take That. Leurs critères : « être débrouillarde, extravertie, ambitieuse, savoir chanter et danser ». Mais ce qu'ils recherchent avant tout, ce sont des personnalités. Ils retiennent Victoria, Mel C, Mel B, Geri et une certaine Michelle Stephenson. Certaines se connaissent déjà. Âgées entre 18 et 21 ans, elles baignent depuis l'enfance dans la musique ou le théâtre, à l'exception de Geri. Pendant des mois, elles sont logées dans une maison de la banlieue londonienne, suivent des cours de chant, danse, d'écriture de chansons, et reçoivent un salaire hebdomadaire de 60 livres sterling. But de l'opération : façonner le parfait girls band et leur dénicher un contrat dans une maison de disques. Un processus qui précède les révolutionnaires Popstars et Pop Idol, télé-crochets créées au Royaume-Uni en 2001 et déclinés dans le monde entier. Les Spice Girls travaillent d'arrache-pied et nouent des liens très forts, motivées par la même envie de succès. Michelle Stephenson ne trouve pas sa place, et est remplacée par Emma Bunton au bout de six mois. Les cinq élèves s'impatientent. Alors, un jour de mars 1995, Geri, Mel B et Mel C subtilisent les master recordings de leurs premiers enregistrements, tandis que Victoria et Emma récupèrent leurs affaires. Elles toquent à la porte de Simon Fuller, un jeune manager très en vue. Bob et Chris Herbert voient une belle fortune leur passer sous le nez.

Le format du girls band existe depuis les années vingt, et a connu un premier apogée des années cinquante aux années soixante-dix avec des formations comme The Supremes ou The Chordettes. La singularité des Spice Girls est qu'elles refusent la configuration classique, avec une leadeuse et des choristes. À la place, les couplets sont répartis de manière équitable entre les cinq chanteuses. Leur premier single, « Wannabe », sorti en juillet 1996, atteste de leur sororité :

*If you wanna be my lover*
*You gotta get with my friends*
*Make it last forever, friendship never ends*
*If you wanna be my lover, you have to give*
*Taking is too easy, but that's the way it is*

Si tu veux être mon amant
Il faut que tu t'entendes bien avec mes amies
Fais en sorte que ça dure, l'amitié est éternelle
Si tu veux être mon amant, tu dois donner
C'est trop facile de prendre, c'est comme ça

Principalement écrit par Mel B, « Wannabe » est n° 1 des ventes dans 37 pays. Pour les Spice Girls, les hommes ne sont pas la priorité, mais bien l'amitié entre filles, lieu d'affirmation de soi et de solidarité dans un monde dominé par les garçons. Elles le défendront jusqu'au bout, avec leur tout dernier single, la ballade « Headlines (Friendship Never Ends) » (2007), qui forme une jolie boucle avec « Wannabe » :

*Let's make the headlines loud and clear*
*(All that I have I give to you, my friend)*
*The best things suddenly happen when you are here*
*(Just remember, friendship never ends)*
*If I lost my way you'd carry me home*
*Take me all the way to heaven*
*Never leave me alone*

Que les gros titres soient clairs
(Tout ce que j'ai, je te le donne, mon amie)
Les meilleures choses surviennent quand tu es là
(S'il te plaît, souviens-toi que l'amitié est éternelle)

Si je me perds, tu me ramèneras à la maison
Emmène-moi jusqu'au paradis
Ne me laisse jamais seule

Le succès des Spice Girls engendre un mouvement musical. En 1999, une vingtaine de girls bands sont créés, jusqu'à 35 en 2000, note la revue professionnelle *Music Week*. Trois sortent du lot : Girls Aloud, Atomic Kitten et Sugababes. Créé en 2002 à l'issue de Popstars: The Rivals, Girls Aloud se distingue avec un son dance rock et electro pop. Quatre de leurs singles se classent en tête des ventes, et le groupe écoule plus de 4 millions d'albums. Mais Girls Aloud s'arrête en 2013, et seule l'une d'elles, Cheryl Cole, arrive à sortir son épingle du jeu. De son côté, le trio Atomic Kitten offre une pop très lisse, mais qui fonctionne. Créé en 1998 par deux membres d'Orchestral Manoeuvres in the Dark, le girls band atteint plusieurs fois le sommet des charts. Elles offrent un tableau étonnant pour le clip de « The Tide Is High (Get The Feeling) », où l'une d'elles, Natasha Hamilton, danse en étant enceinte. Une vision très rare pour un girls band, où la maternité peut entacher la proximité au très jeune public. Sugababes est quant à lui l'un des seuls girls bands des années quatre-vingt-dix à être encore actif, avec All Saints. Créé en 1998, le trio d'adolescentes se fait connaître avec de nombreux tubes entre pop, R&B et soul, comme « Round Round » (2002), « Too Lost In You » en 2003 (une reprise de « Quand j'ai peur de tout » de Patricia Kaas), « Push The Button » (2005), ou « About You Now » (2007). D'abord peu revendicatives, leur single « Ugly » (2005) offre une ode à l'amour de soi en dépit des critiques sur le physique. Kisha Buchanan a témoigné du racisme de l'industrie musicale, et Siobhán Donaghy, avoir souffert de dépression clinique.

Leur retour est officialisé en 2022, suivi d'une tournée passée par Glastonbury.

En France, le girls band L5 est quant à lui formé en 2001, à l'issue de la première édition française de Popstars (M6). Elles sont propulsées par leur premier single, « Toutes les femmes de ta vie », vendu à plus de 1,6 million d'exemplaires et adapté de « I Like What You're Doing » de Johan Aberg et Sigurd Rössnes. Leur premier disque, *L5* (2001), s'écoule à 1,2 million d'exemplaires. Produit par Maxim Nucci (Yodelice), il est surtout constitué de reprises. Dans le titre « Où sont passés les hommes », elles dressent leur portrait de l'homme idéal : « Donnez-nous des torses huilés/Et des bombes body buildées », et citent en exemples « Batman et Flash Gordon », « Steve McQueen et Magnum ». Leur deuxième disque, *Retiens-moi* (2002), s'écoule à 500 000 exemplaires. Leur troisième disque est un échec, et signe la fin des L5 originelles. Après plusieurs reconfigurations, le groupe existe sous le nom New L5 depuis 2016.

## LE GIRL POWER, OU LA FIERTÉ D'ÊTRE DES FILLES

Mel B définit ainsi l'approche du girl power des Spice Girls : « Apporter un esprit positif, défendre les filles, s'amuser. Le but n'est pas de choper des mecs. Nous n'avons pas besoin que des mecs contrôlent nos vies, c'est nous qui les contrôlons[1]. » Elles ne s'empêtrent pas de théories compliquées, ni de slogans féministes remettant en cause l'ordre établi.

1. « Spice Girls explain girl power » disponible sur YouTube.

Comment les Spice Girls ont-elles croisé la route du girl power ? Pas du côté des Riot Grrrls, qu'elles disent ne pas connaître. À la place, elles citent comme inspiration le groupe Shampoo, duo féminin britannique pop-rock. Leur premier album, *We Are Shampoo* (1994), s'écoule à plus d'un million d'exemplaires. Dans leur tube « Girl Power » (1996), elles scandent « Nous avons le girl power », en brandissant un doigt d'honneur : *« I don't wanna be a boy, I wanna be a girl/I wanna do things that'll make your hair curl/I wanna play with knives, I wanna play with guns/I wanna smash up a place up just for fun »*, « Je ne veux pas être un garçon, je veux être une fille/Je veux juste faire des choses qui vont te défriser les cheveux/Je veux jouer avec des couteaux, je veux jouer avec des flingues/Je veux retourner une pièce juste pour m'amuser ». Ici, pas d'appel à la productivité pour montrer ce dont les femmes sont capables, mais l'envie de s'approprier une virilité violente et oisive. Oui, être une fille peut être aussi cool que d'être un garçon, voire plus. Lâchées par leur label, elles sortent un dernier disque par leurs propres moyens, *Absolute Shampoo* (2000).

Si les Spice Girls sortent du lot, c'est aussi parce qu'elles ont conscience de débarquer en pleine époque « lads », mot d'argot britannique signifiant « mecs ». Outre-Manche, la scène musicale est alors dominée par des groupes de garçons venus des classes populaires, comme Oasis, Blur, Pulp ou The Verve. Des boys bands comme Take That, Boyzone, Blue ou Westlife ont quant à eux mis le grappin sur les adolescentes. « Faites gaffe les garçons, les filles sont là ! », prévient Mel C dans un spot publicitaire pour le premier album des Spice Girls. « Qu'est-ce que tu regardes, garçon ? Le girl power va s'en prendre à toi », annonce Geri. Avec leur pop joyeusement revendicative, féminine et solidaire, les Spice Girls captent l'attention des adolescentes. Sur la jaquette de leur premier disque, *Spice* (1996), un bandeau mentionne : « *The future is female* » (l'avenir est féminin). Un slogan inventé en 1975 par la première librairie féministe et lesbienne new-yorkaise Labyris Books. Il est ensuite rendu populaire par la chanteuse folk saphique Alix Dobkin. Dans les années deux mille dix, ce slogan devient à la mode, sous l'égide des stars et du féminisme pop.

Parmi les cinq Spice Girls, les fans ont l'embarras du choix. « N'importe qui peut être une Spice Girl ! », disent les intéressées. Leurs origines populaires les rendent accessibles et elles en tirent leur force. Plusieurs d'entre elles ont l'accent du nord de l'Angleterre, qui a mauvaise réputation à cause de son chômage de masse dû à la désindustrialisation. Leurs interviews sont aussi chaotiques que réjouissantes : elles plaisantent, se charrient, coupent la parole. Elles n'agissent pas comme des « filles bien élevées » : elles prennent de la place, revendiquent leurs imperfections, et encouragent leurs fans à n'être « personne d'autre qu'elles-mêmes » (« Who Do You Think You Are? »). Dans un Royaume-Uni puritain et classiste, les Spice Girls détonnent. Elles s'érigent en modèles alternatifs pour des millions de petites filles et adolescentes à travers le monde, mais aussi, des publics LGBTQ+.

Cette célébration des femmes favorise, et reflète, une valorisation inédite de la « girl culture » (culture des filles), un ensemble de pratiques sociales et culturelles associées aux filles. La girl culture découle de la « teen culture » (culture adolescente), qui apparaît dans les années vingt. C'est à cette époque que les adolescents commencent à former un groupe social à part, quand l'éducation devient obligatoire jusqu'à 16 ans aux États-Unis, ce qui les détourne petit à petit du travail dans les usines. Les ados deviennent un nouveau groupe de consommateurs à part entière. La teen culture atteint des proportions inédites dans les années quatre-vingt, grâce aux Trente Glorieuses voyant exploser le nombre d'adolescents en bonne santé, et dont les parents ont de l'argent à dépenser. On voit par exemple émerger les premiers teen movies, avec *Seize Bougies pour Sam* (1984), *The Breakfast Club* (1985) ou *La Folle Journée de Ferris Bueller* (1986).

Mais que désigne la girl culture ? Dans les grandes lignes, les filles seraient tournées vers une vie intérieure, les discussions entre copines, les virées au centre commercial, le maquillage, etc., alors que les garçons mèneraient une vie d'aventure tournée vers l'extérieur, résume *Girl Culture: An Encyclopedia*[1]. La girl culture concerne les petites filles, jusqu'aux femmes entre 25 et 30 ans, qui se réapproprient des objets ou pratiques de leur enfance. Dans les années quatre-vingt-dix/deux mille, les adolescentes sont poussées à faire communauté à travers la girl culture, envahie par le girl power comme une réponse joyeuse et bruyante au machisme ambiant: séries (*Buffy contre les vampires, Charmed, Dawson, Ally McBeal, Hannah Montana, Lizzie McGuire, Phénomène Raven*...), films (*Charlie's Angels, Trente ans sinon rien, Princesse malgré elle, Freaky Friday, Dix bonnes raisons de te larguer, À nous quatre*...) en passant par des romans jeunesse (*Quatre Filles et un jean, Le journal intime de Georgia Nicolson, Le Club des baby-sitters*), et autres magazines pour ados. La girl culture des

1. De Claudia A. Mitchell et Jacqueline Reid-Walsh, Greenwood Press, 2008.

années quatre-vingt-dix se décline aussi sur des forums, blogs, jeux vidéo, et fait son entrée à l'université comme sujet d'étude. Certaines féministes y incluent les Riot Grrrls et leurs fanzines, puisqu'ils souhaitent aussi réhabiliter la figure de la fille dans une société sexiste[1]. Hilary Duff, Lindsay Lohan, Britney Spears, Mary-Kate et Ashley Olsen, Sarah Michelle Gellar, ou les Spice Girls, sont les visages de cette girl culture nourrie de girl power.

Si on la prend au pied de la lettre, la girl culture est bien sûr limitante: être une fille ne serait rien d'autre que l'antithèse d'être un garçon. Le risque est de renforcer les stéréotypes de genre, et offrir un boulevard aux récupérations marketing aggravant ces stéréotypes. Mais l'une des caractéristiques centrales de la girl culture est qu'elle est méprisée: « Traditionnellement, les pratiques littéraires des filles (lire des romans, et notamment des romances, tenir un journal intime ou des carnets d'autographes), les jeux de filles (comme les poupées), et les centres d'intérêt des filles (l'amitié, les relations domestiques) sont souvent vus comme peu sérieux ou inégaux aux activités des garçons », rappelle *Girl Culture: An Encyclopedia*. En conséquence, les garçons ne s'intéressent pas aux activités ou objets « de fille ». De leur côté, les filles ont, au contraire, un certain « pouvoir d'action »: loin d'être des consommatrices passives, elles développent leurs goûts et donnent parfois d'autres significations aux objets ou pratiques « de filles », comme utiliser des Barbie de manière queer.

---

1. Jennifer Baumgardner et Amy Richards, *Manifesta: Young Women, Feminism and The Future*, St. Martin's Press, 2000.

Un exemple criant des limites du croisement entre girl culture et girl power pop est le girls band britannico-hollandais Girl Thing, qui signifie « truc de fille ». Il est formé en 1998 par nul autre que Chris Herbert, cofondateur des Spice Girls, avec le directeur artistique Simon Cowell, et l'éditeur Gavin Reeve. Leur envie de rivaliser avec les Spice Girls est assumée. Ils appliquent d'ailleurs la même recette : un casting géant puis des jeunes femmes entraînées à devenir des stars. Leur premier single, « Last One Standing » (2000), est coécrit par Eliot Kennedy, coauteur de « Wannabe » et d'autres succès du groupe :

*People sayin that the world has changed*
*Cos the power to the girls*
*But the girls the same*
*We've got feminine touch in all the right places*
*Stars on our eyes and smiles on our faces*
*Round one is over, hear the bell ring*
*So move over while we do our thing*
*Don't get me wrong, we're not trying to front*
*But Cindy was right, girl just wanna have fun*

Les gens disent que le monde a changé
Parce que les filles ont le pouvoir
Mais les filles sont les mêmes
On a une touche féminine là où il faut
Des étoiles dans les yeux et des sourires sur nos visages
Le premier round est terminé, entendez la cloche sonner
Alors bougez-vous pendant qu'on fait notre truc
Mais ne vous méprenez pas, on n'essaie pas de se mettre à l'avant
Mais Cyndi [Lauper, na] avait raison, les filles veulent juste s'amuser

Ce morceau adresse un tacle aux Spice Girls, jugées dépassées, mais aussi, au slogan « Girls to the front » (les filles à l'avant), des Riot Grrrl. Girl Thing tente de surfer sur le girl power, tout en voulant le ridiculiser. Le groupe disparaît en 2001 après un seul album, qui se vautre. Preuve que les préadolescentes savent reconnaître les groupes prémâchés, et que les Spice Girls ne se résumaient pas à une recette infaillible et duplicable à l'infini, inventée par des hommes.

## LES SPICE GIRLS, UN GIRL POWER PRO-SEXE

Pour les Spice Girls, s'affirmer en tant que femmes passe par la sexualité. Elles ne sont bien sûr pas les premières artistes populaires à en parler (TLC ou Salt-N-Pepa, pour ne citer qu'elles), mais leur sens du marketing les rend particulièrement visibles. « Même si on porte une minijupe et qu'on a des seins, on a le droit de dire ce qu'on veut. Nous avons toujours beaucoup de force », résume Baby Spice en interview. Pour les Spice Girls, être sexy n'empêche pas d'avoir un cerveau, et elles voient leurs fans comme des « combattantes pour la liberté ».

Leur boussole est la recherche du plaisir. Elles réclament la même liberté sexuelle que les hommes : « *If you want my future/Forget my past* » [Si tu veux mon futur/Oublie mon passé] (« Wannabe »). En clair : les femmes ont le droit à avoir une vie sexuelle, cela ne les rend pas moins respectables. Elles revendiquent aussi d'être actives dans leur désir, plutôt que passives : « *Are you as good as I remember, baby?/Get it on, get it on/I need some love like I never needed love before/Wanna make love to ya, baby* » [Est-ce que tu es aussi doué que ce dont je me souviens, bébé ?/J'ai besoin d'un peu d'amour, comme si je n'avais eu besoin d'amour auparavant/Je veux te faire l'amour, bébé], disent-elles dans le single « 2 Become 1 », issu de *Spice* (1997). Pour un groupe de cette envergure, il est inédit de centrer son discours autour du plaisir.

Par ailleurs, ce sont elles qui imposent leurs conditions à la gent masculine, et non l'inverse. « *What part of "no" don't you understand? (understand, understand)/I want a man not a boy who thinks he can* » [Qu'est-ce que tu ne comprends pas quand je te dis "non" ?/Je veux un homme, pas un garçon qui pense pouvoir y arriver], prévient Mel C dans le titre lancinant « Too Much », issu de leur deuxième album, *Spiceworld* (1997). Non seulement les Spice Girls demandent aux hommes de respecter les femmes, mais elles exigent aussi qu'ils soient de bons amants, ce qui équivaut pour elles à être un « vrai » homme. La masculinité passe donc par une sexualité qui saura les satisfaire. Ainsi, elles poussent une génération à prendre en main ses désirs. Dans le titre « Holler » (*Forever*, 2000), elles ont encore les cartes en main :

*We can do anything*
*I'll take you all the places you wanna be*
*(I'll take you there, I'll take you there)*
*I'll be your fantasy*
*Everything you want you will find in me*
*If you play my game, yeah*
*I wanna make you holler*

On peut faire tout ce qu'on veut
Je t'emmènerai là où tu veux aller

(Je t'y emmènerai, je t'y emmènerai)
Je serai ton fantasme
Tout ce que tu veux, tu le trouveras en moi
Si tu joues mon jeu, oui
Je veux te faire brailler

Sans surprise, aux États-Unis, les fondamentalistes jugent leur musique pornographique.

## LES SPICE GIRLS, VICTIMES DE SEXISME

Les Spice Girls deviennent les célébrités les plus connues de leur époque. Elles s'affichent avec la reine Elizabeth II ou Nelson Mandela. Elles font scandale en embrassant le prince Charles sur la joue, et en lui pinçant les fesses. Même si elles font fi des conventions, elles s'imposent comme un pilier majeur de la culture pop britannique toute-puissante à la fin des années quatre-vingt-dix, une période surnommée « Cool Britannia ».

Ce succès commercial ne se double pas d'un succès d'estime. Dès leurs débuts, les critiques, notamment les hommes, se méfient. Puisqu'elles sont issues d'un casting et ne cachent pas leur ambition à devenir riches et célèbres, elles n'auraient aucune légitimité artistique. Ils ne mordent pas à l'hameçon de leur girl power. Des journalistes, parmi lesquels Matthew Wright (*The Daily Mirror*), multiplient les articles négatifs et sensationnalistes. Leur talent est mis en doute, leurs corps sont scrutés, un coup trop maigre, un coup trop gros. Elles sont moquées, montrées comme des idiotes, des divas qui ne s'entendent pas. Lorsque Mel B et Victoria deviennent mères et se marient, des journalistes prennent un malin plaisir à les voir « rentrer dans le rang », et jugent leur girl power malhonnête. Bref, les Spice Girls ont toujours tort. Trois mois après avoir accouché, Victoria est même contrainte de se peser sur le plateau d'une émission TV, le présentateur voulant « vérifier » si elle a perdu le poids de sa grossesse.

Des artistes masculins se joignent à cette cohorte sexiste, avec en tête les frères Liam et Noel Gallagher (Oasis). « Si je tombe sur les Spice Girls, je les frapperai », dit Liam en 1997, pour justifier son absence aux Brit Awards. Alors qu'elles acceptent le prix du Single de l'année pour « Wannabe », Mel C lance : « Liam, ramène-toi si tu penses que tu as une chance ! » Le producteur légendaire Phil Spector, qui a d'ailleurs formé des girls bands des décennies plus tôt, ajoute sa pierre à l'édifice en déclarant la même année : « Il y a une grosse différence entre les Spice Girls et un film porno. Un film porno a une meilleure musique. »

Même sur leurs propres plateaux de tournage, les Spice Girls sont victimes de sexisme. Alors qu'elles jouent dans une publicité pour une caméra Polaroïd à leur effigie, un membre de l'équipe réclame aux chanteuses de montrer leurs décolletés et le bas de leur ventre et lance : « C'est comme ça dans le showbiz. » Elles le sermonnent, le traitent de « porc machiste », et lui reprochent de donner un mauvais exemple. La scène, visible dans le documentaire *Spice Girls – Girl Power : Ces filles qui ont changé le monde*[1], est d'autant plus dérangeante que les chanteuses sont habillées en écolières, face à une équipe de tournage majoritairement masculine.

---

1. Réalisé par Vari Innes et Alice McMahon-Major, 14 septembre 2021.

L'autre facteur invoqué pour remettre en cause l'authenticité des Spice Girls et de leur girl power, sont les nombreux contrats publicitaires très juteux que leur manager Simon Fuller leur dégote. Jamais un groupe de musique n'avait été autant exploité commercialement. Elles deviennent égéries pour la boisson Pepsi, les chips Walker, le déodorant Impulse, les appareils photos Polaroïd, la console de jeux Playstation, ou encore, la marque de scooters Aprilia. Pepsi offre même un single exclusif du girls band contre l'achat d'un pack de canettes. Leur publicité pour les chips Walker est assez gênante : elles tentent de séduire un homme, par ailleurs à l'aspect très banal, mais à leur grand désarroi, il n'a d'yeux que pour un paquet de chips… Elles déposent aussi de nombreux copyrights pour contrôler l'utilisation de leur image, et en tirer profit. Elles se déclinent par exemple en poupées Barbie ou en planches de stickers Panini. Dans les années deux mille/deux mille dix, les Spice Girls seront cette fois égéries de la chaîne de supermarchés Tesco, et à nouveau pour les chips Walker, sans sous-texte malaisant cette fois. Cette frénésie marketing leur est reprochée : on voit trop les Spice Girls, et il serait indécent qu'elles gagnent autant d'argent *via* la publicité. En clair, elles ne seraient pas de vraies « artistes ». Des critiques balayées par les intéressées, dont la fortune est estimée entre 500 et 800 millions de dollars en 1998. Les Spice Girls n'ont pas inventé le merchandising dans la pop, qui s'est popularisé autour d'Elvis Presley ni inventé le marketing à destination des adolescentes, une pratique née dans les années vingt aux États-Unis, et qui explose après la Seconde Guerre Mondiale. Et il ne faut pas oublier que l'appétence des Spice Girls à se décliner en produit découle aussi du contexte dans lequel elles ont grandi : le Royaume-Uni ultra-libéral des années quatre-vingt. Elles ne voient aucune contradiction à promouvoir un soda et le girl power en même temps. Ce que vous achetez est la meilleure représentation de vous, et ce que vous voulez être peut s'acheter.

Après avoir fait faux bond à Heart Management à leurs tout débuts, les cinq comparses congédient à son tour Simon Fuller en 1998, au sommet de leur gloire. Elles optent pour l'autogestion, du jamais-vu pour un girls band de cette taille. Les médias les jugent ingrates envers Simon Fuller, présenté comme le génie à qui elles doivent tout. Depuis le départ, les Spice Girls ont pourtant eu une vision très claire de leur projet : elles participaient à l'écriture des chansons, et ont énormément travaillé pour atteindre leur but. Conscientes de leur valeur, elles ont tenu tête à des pontes de l'industrie musicale, ont fait relire leurs contrats par des avocats. Leur discours émancipateur rend leur succès d'autant plus insupportable. Les critiques s'acharnent, et font de Geri leur cible favorite. Ils révèlent des photos de charme qu'elle a faites avant les Spice Girls, espérant la mettre dans l'embarras. Le groupe fait front, mais en coulisses, Ginger dépérit. En mai 1998, elle quitte les Spice Girls, à quelques jours de leur première tournée aux États-Unis. Elle cite « des différends » avec ses coéquipières, et son épuisement. Les fans sont déboussolées. Ses ex-acolytes lui en voudront. En 2000, elles sortent leur troisième et ultime album, *Forever*, qui ne se vend qu'à 2 millions d'exemplaires. Toutes tenteront des carrières solo, et c'est Geri qui s'en sort le mieux. Sa reprise de « It's Raining Men » de The Weather Girls, montre à nouveau que son girl power s'inscrit dans une vision enthousiaste et conformiste de l'hétérosexualité. Mais aucune ne duplique les exploits des Spice Girls. Seule, il est aussi beaucoup plus difficile de faire face au sexisme de l'industrie musicale et des médias. Geri développe des troubles du comportement alimentaire, qu'elle avait déjà affrontés à l'adolescence. Elle perd beaucoup de poids, ce qui est documenté par la presse people. C'est aussi le cas de Victoria, dont le couple qu'elle forme avec David Beckham obsède à cause de rumeurs d'infidélité. En 2007-2008, les Spice Girls se reforment pour une tournée à succès. Geri fait son retour à la place de Victoria, qui se consacre à sa marque de mode et à l'empire Beckham. Leur dernière apparition à cinq remonte à la cérémonie de clôture des Jeux Olympiques de Londres, en 2012. Un événement regardé par 750 millions de téléspectateurs. En 2019, une nouvelle tournée à quatre rassemble 700 000 spectateurs. Fin 2022, les fans s'émeuvent face à des vidéos des 50 ans de Geri Halliwell, où Ginger, Baby, Posh et Sporty chantent, dansent, se prennent dans les bras, au son de leurs tubes.

## LES SPICE GIRLS, DES ANTI-FÉMINISTES

Au début de leur carrière, l'idole de Geri Halliwell et Victoria Adams n'est autre que l'ancienne Première ministre Margaret Thatcher, qu'elles décrivent comme « la première Spice Girl[1] ». Peu importe la politique ultra-conservatrice, répressive, misogyne et libérale de Thatcher. Peu importe qu'elle n'ait rien fait pour les femmes et détestait les féministes. Le fait que cette fille de maraîcher ait été la première femme à la tête du gouvernement britannique en fait à leurs yeux un modèle. À sa mort en 2013, Geri Halliwell poste un tweet d'hommage: « Je pense à notre première Dame

1. Simon Sebag Montefiore, « Spice Girls back sceptics on Europe », *The Spectator Archive*, 14 décembre 1996.

du girl power, Margaret Thatcher, une fille de primeur qui m'a appris que tout était possible. » Face aux réactions indignées, elle l'efface, puis le regrette. « Je me rends compte à présent que quand j'admire une femme, c'est parce qu'elle est femme avant tout, qu'elle ait raison ou tort, peu importe ses opinions... », écrit la chanteuse sur son blog. Quatre ans plus tard, Geri Halliwell maintient que Thatcher est un exemple de réussite féminine, mais consent que son cas est « épineux[1] ». En 2018, elle soutient la Première Ministre conservatrice Theresa May, en fâcheuse position après le Brexit: « On n'est pas obligés d'être d'accord sur le plan politique. On peut juste soutenir une femme qui fait de son mieux, et c'est tout[2]. »

Pro-girl power, fan de Thatcher et des suffragettes, les Spice Girls sont ambivalentes, mais une chose est sûre: elles sont répugnées par le féminisme. Dans leur livre *Girl Power*, paru en 1997, elles écrivent: « On rafraîchit le féminisme pour les années quatre-vingt-dix. Le féminisme est devenu un vilain mot. "Girl power", c'est juste manière de le dire façon années quatre-vingt-dix. Le féminisme a besoin d'un coup de pied au derrière! Les femmes peuvent être si puissantes quand elles se montrent solidaires. » C'est en 1993 que la journaliste Susan Faludi met un mot sur ce phénomène: « backlash », c'est-à-dire, retour de bâton. Elle explique que les féministes subissent un retour de bâton après les avancées des années soixante/soixante-dix[3]. Des experts s'alarment

1. Jenny Stevens, « How the Spice Girls ripped "Girl power" from its radical roots », *Vice*, 4 novembre 2016.
2. Dan Wootton, « Spice Girls back Theresa May and call on the country to come together to end Brexit divisiveness », *The Sun*, 12 novembre 2018.
3. Susan Faludi, *Backlash, la guerre froide contre les femmes*, édition des Femmes, 1993.

de la baisse de la natalité, de la hausse du célibat et de la dépression chez les « working girls ». Pas de doute : c'est la faute des féministes, qui les ont éloignées de leur rôle naturel d'épouses et de mères. L'essayiste démontre qu'il s'agit d'un discours politique construit de toutes pièces par les anti-féministes et conservateurs, repris sans ciller par les médias et industries culturelles. En atteste le succès du film *Liaison fatale* (1987), vu comme l'illustration du mal-être et de la dangerosité des femmes émancipées.

Les Spice Girls ont grandi avec l'idée que le féminisme est d'un autre temps. Elles disent le rejeter parce qu'il serait incompatible avec l'hétérosexualité et même, la galanterie. « J'aime qu'un homme m'ouvre la porte, m'emmène dîner dehors, m'achète des fleurs. J'aime les hommes qui traitent les femmes comme des femmes, et je pense que c'est le cas pour beaucoup de femmes », déclare Victoria Beckham à *Cosmopolitan* en 2002. En 2007, Geri Halliwell lâche même au *Guardian* que « le féminisme est un lesbianisme poussant à brûler son soutien-gorge[1] ». « Ce n'est vraiment pas glamour », déplore-t-elle. Elle plaide pour un « rebranding du féminisme », qui célébrerait la « féminité et [la] douceur » des femmes. Les Spice Girls dépolitisent le girl power, et cela trouve un écho conséquent auprès du grand public. « On soutient les filles, mais nous ne sommes pas féministes, nous ne détestons pas les hommes ou quoique ce soit », clarifie aussi le girls band Girls Aloud auprès de *l'Observer Magazine*.

1. Joanna Moorhead, « Girl power comes of age », *The Guardian*, 24 octobre 2007.

Malgré leur discours émancipateur, et leurs vécus de violences, les Spice Girls ne se sont jamais définies comme féministes. En 2017, Mel B demande le divorce et accuse son mari, le producteur états-unien Stephen Belafonte, de violences conjugales et sexuelles, qu'il nie. Elle abandonne les poursuites en échange d'un accord financier. En 2021, elle incarne une femme battue dans le clip de « Love Should Not Hurt », un morceau composé pour l'association Women's Aid, dont elle est marraine. En 2022, Mel C révèle quant à elle avoir subi une agression sexuelle de la part d'un masseur de l'hôtel où les Spice Girls logeaient, la veille de leur premier concert d'envergure, le 12 octobre 1997, à Istanbul. Cette agression est restée enfouie dans sa mémoire jusqu'à l'écriture de son autobiographie, provoquant « un immense sentiment de solitude et de honte ».

## BÊTES NOIRES DES FÉMINISTES

D'ailleurs, qu'inspirent les Spice Girls, et leur girl power, aux féministes des années quatre-vingt-dix/deux mille ? L'accueil est glacial. Leur girl power serait dépolitisé et inefficace, car il ne s'intéresse pas aux causes structurelles des inégalités femmes-hommes, ne remet pas en cause le consumérisme, et ne cherche pas de solution systémique, défend ainsi Andi Zeisler dans *Feminism and Pop Culture* (2008). En 1996, elle co-fonde le magazine *Bitch*, une « réponse féministe à la pop culture », au pic des Spice Girls. Même constat pour la sociologue états-unienne Kristen Schilt : « [Les Spice Girls] n'offrent que très peu de conseils aux petites filles voulant se diriger vers le girl power », pointe-t-elle en 2003 dans la revue universitaire *Popular Music and Society*. Schilt les accuse d'avoir réduit en objet de consommation le slogan des Riot Grrrls en lui ôtant sa colère et sa dimension politique. Les féministes n'adhèrent pas non plus au discours « pro-sexe » du girl power pop : « La machine à propagande qui vise désormais nos filles est plus puissante que n'importe quelle forme d'endoctrinement ayant précédemment existé… Nier à une femme sa sexualité est bien sûr une oppression, mais la réduire à un être sexuel est tout aussi oppressant », prévient Germaine Greer, féministe primordiale de la deuxième vague, dans *The Whole Woman* (1999). Mais l'autrice reconnaît aussi que plus on écoute les Spice Girls, plus elles s'avèrent intéressantes, et qu'elles ont des « attitudes complexes[1] ».

L'essayiste Imelda Whelehan estime que les Spice Girls jouent le jeu du patriarcat, et cultivent le cliché voulant que le féminisme pousse les femmes les unes contre les autres[2]. De son côté, Shirley Manson, chanteuse du groupe de rock alternatif Garbage, leur exprime une hostilité violente. « Mon vœu [pour la nouvelle année] est la destruction totale et complète des Spice Girls », dit-elle au magazine pour hommes *Details*, en 1997. « Je veux les voir fréquemment humiliées dans la rue. Je veux qu'on les goudronne et qu'on les couvre de plumes. Je ne supporte pas le fait qu'elles se soient raccrochées au drapeau du girl power alors qu'elles sont managées par des hommes, que des hommes écrivent leurs chansons, et qu'elles sont manipulées par des hommes. De ce que je vois, elles n'ont pas accompli la moindre chose pour le girl power ».

---

1. Neva Chonin et Chronicle Staff Writer, « Totally Germaine/Greer is angry all over again in follow-up to "Female eunuch" », sfgate.com, 10 juillet 1999.
2. Imelda Whelehan, *Overloaded, Popular Culture and the Future of Feminism*, Women's Studies, 2000.

Pour Jennifer Baumgardner et Amy Richards, autrices d'un manifeste féministe emblématique de la troisième vague[1], le slogan « Equal pay now » des Spice Girls ne mène à rien : il ne suffit pas de réclamer l'égalité salariale, il faut savoir comment y arriver. Mais comme l'explique la philosophe Rosalind Sibielski, le girl power pop ne vise pas à renverser la société patriarcale, ni lui proposer une alternative[2]. Il encourage les filles à avoir confiance en elles malgré les brimades, violences et discriminations sexistes. Le girl power pop l'affirme : s'épanouir au sein de ce monde sexiste est possible ! Pour cela, « il suffit de s'affirmer, croire en soi, se battre pour ses droits, et demander à être reconnues et respectées ». Une croyance typique du post-féminisme des années quatre-vingt-dix. Dans *Fire with Fire* (1993), l'essayiste Naomi Wolf proclame ainsi la fin des « *victim feminists* » (féministes victimes), et l'avènement des « *power feminists* » (féministes de pouvoir), qui montrent « de quoi les femmes sont capables ». Avec de la détermination, chacune peut se frayer un chemin à travers le *statu quo*. C'est le message des Spice Girls : « Réalisez vos rêves, contrez les attentes et créez vos propres opportunités ». Une vision du monde individualiste, qui efface les inégalités structurelles et tire un trait sur les luttes collectives. Le féminisme néo-libéral se réclame à son tour de cette vision dans les années deux mille/deux mille dix, en glorifiant la figure de la « girl boss », dont la carrière brillante est érigée en exemple de victoire contre le sexisme.

---

1. Jennifer Baumgardner et Amy Richards, *op cit*.
2. « What are little (empowered) girls made of? The discourse of girl power in contemporary US popular culture », mémoire réalisé en 2010 par la philosophe Rosalind Sibielski, pour son doctorat au Bowling Green State University Graduate College.

Accusées d'être des coquilles vides, les Spice Girls sont pourtant engagées. Dans une scène du film culte *Spice World* (1997), Geri se transforme en homme et crie : « On veut l'égalité salariale dès maintenant ! » Le film permet aussi de montrer leur volonté d'indépendance envers l'industrie musicale. En 1998, Geri est nommée ambassadrice de l'ONU pour lutter contre les maltraitantes faites aux femmes, promouvoir l'accès à l'avortement et la prévention du cancer du sein. Mais ses interventions sont jugées fades.

L'une des seules voix féministes dissonantes est celle de la poète et autrice punk Kathy Acker, qui dit avoir une bonne surprise lorsqu'elle rencontre les Spice Girls pour le *Guardian* en 1997[1]. Elle réclame aux féministes de se réveiller face à la vague girl power, qu'elle voit comme une demande de refonte des moyens de communication et des combats pour les droits des femmes. Pour Acker, les Spice Girls symbolisent une nouvelle ère du féminisme, tournée vers la sexualité et l'intime. Elle apprécie aussi qu'elles s'adressent aux femmes « du peuple », faisant sortir le féminisme du giron universitaire. De son côté, la critique, professeure d'études de communication et autrice féministe[2] états-unienne Susan J. Douglas estime qu'il faut leur accorder plus de crédit : « S'il est facile de prendre de haut un groupe comme les Spice Girls, il faut nous méfier quand la musique des préados est tournée en ridicule... Les Spice Girls leur enseignent que le

---

1. Hayley Campbell et Kathy Acker, « "The world is infested with evil!" When Kathy Acker met the Spice Girls », *The Guardian*, 28 février 2018.
2. Elle est notamment l'autrice de *Where the Girls Are: Growing Up Female With the Mass Media*, Times Books, 1994 et *Enlightened Sexism: The Seductive Message That Feminism's Work is Done*, Times Books, 2010.

féminisme est nécessaire et amusant [...] et c'est bel et bien un progrès », écrit-elle en 1997 dans la revue *Nation*.

Avec le recul, il ressort de certaines critiques envers les Spice Girls une forme d'intolérance, de dégoût sexiste et de *slut-shaming*[1], y compris chez des féministes. Même à ce jour, de nombreuses féministes des années quatre-vingt-dix n'en démordent pas : les Spice Girls ont gâché la cause en la rendant frivole, sexy et capitaliste. En 2007, la romancière et essayiste féministe britannique Fay Weldon estime que le girl power était « une farce ». Elle accuse les Spice Girls d'avoir « tué le féminisme », embarrassé le Royaume-Uni et poussé une génération à la dépravation[2]. La journaliste musical britannique Sylvia Patterson affirme : « Les années quatre-vingt-dix étaient la meilleure époque, jusqu'à ce que les Spice Girls gâchent tout[3]. » Encore en 2016 Andi Zeisler décrit les Spice Girls comme « un monstre de Frankenstein sorti du consumérisme sauce féministe », qui a inscrit le girl power dans un capitalisme de plus en plus genré[4]. Shirley Manson persiste : « J'ai toujours détesté le terme "girl power". À l'époque, je trouvais les Spice Girls abjectes. [...] Elles faisaient semblant de prendre le contrôle, mais aucune d'entre elles n'était en contrôle – elles n'écrivaient pas, ne produisaient pas, ne jouaient pas d'instrument... Pour moi, c'était une imposture[5]. »

1. Pratique consistant à dénigrer les femmes à l'égard de leur sexualité.
2. Fay Weldon, « How the Spice Girls have killed feminism, subverted morality and embarassed us all », mailonline.com, 7 décembre 2007.
3. Sylvia Patterson, « The 1990s were the best of times... until the Spice Girls ruined everything », *The Guardian*, 4 juillet 2016.
4. Dans son livre *We Were Feminists Once*, PublicAffairs, 2016.
5. Jenny Stevens, « How the Spice Girls ripped "Girl power" from its radical roots », *Vice*, 4 novembre 2016.

## UNE RÉÉCRITURE FÉMINISTE DE L'HÉRITAGE DES SPICE GIRLS

*A contrario*, les nouvelles voix féministes des années deux mille dix peignent un portrait flatteur du girl power pop, et placent les Spice Girls sur un piédestal. « Comment le girl power a revigoré le féminisme mainstream dans les années quatre-vingt-dix », titre ainsi *Billboard* en 2016. « Comment le "girl power" a fait de nous ce que nous sommes aujourd'hui » se demande le magazine *i-D* la même année. Cette réhabilitation du girl power ruisselle sur les Spice Girls, qui en sont devenues la référence incontournable. À l'automne 2021, la série-documentaire de Channel 4 intitulée *Spice Girls: How Girl Power Changed Britain*, crée l'événement en offrant un regard neuf sur l'histoire du groupe. Un nouveau consensus s'installe : au lieu d'impostures mercantiles, on les voit désormais comme incomprises et victimes du sexisme de leur époque. On les admire d'avoir profité du système patriarcal et capitaliste, autant qu'il a pu profiter d'elles. On leur impute même d'avoir ouvert la voie au féminisme moderne : « Soudain, des filles normales, bien loin des classes d'études de genre, avaient un aperçu de ce qui serait plus tard appelé dans certains cercles la troisième vague du féminisme », écrit *Billboard*. « Défendre le girl power aux masses mondiales dans les années quatre-vingt-dix n'était pas une mince affaire. C'était un message commercial, bien sûr, mais hélas, c'est le cas de n'importe quel message imprégnant la culture mainstream américaine, estime la journaliste, Jennifer Keishin Armstrong. Bien sûr, le message était délivré dans l'écrin vide d'une musique pop la moins originale qui soit, mais personne n'a jamais dit que les féministes devaient être des artistes géniales. »

Encore plus étonnant: les cinq Britanniques sont désormais labellisées féministes, alors qu'elles ont toujours rejeté le mouvement. « Comment les Spice Girls sont devenues des icônes féministes des années quatre-vingt-dix », titre le magazine de mode *Numéro* en 2020. « Vingt ans après "Wannabe", comment les Spice Girls ont fait basculer le féminisme dans la pop », se souvient *Stylist*. La version britannique du magazine *Grazia* a, en 2016, la meilleure formulation pour résumer le changement d'opinion envers le girls band: « Les Spice Girls étaient les icônes féministes les plus bordéliques qui soient, et j'en serai à jamais reconnaissante. [...] J'aspirais à avoir le même cran et la même volonté qui les a aidées à dépasser leurs nombreux défauts », écrit la journaliste. « Ces pipelettes se sont exténuées au travail pour occuper un espace qui leur était inaccessible, et plus elles ont été acceptées, moins elles s'y sont conformées. » De son côté, une journaliste de la version australienne de *Marie Claire* résume: « Les Spice Girls n'étaient pas Gloria Steinem ou Germaine Greer, et elles ne prétendaient pas l'être. Mais elles m'ont offert, et à des millions d'autres, un avant-goût du féminisme. »

Comment expliquer ce revirement de masse envers les Spice Girls, et le girl power ? Le facteur nostalgie joue évidemment: une nouvelle génération d'artistes à succès se revendique de leur héritage, comme Adele, Beyoncé, Charli XCX. Quelques girls bands émergent dans les années deux mille dix, et se réclament des Spice Girls. Deux écrasent la concurrence, à commencer par Little Mix, créé en 2011 à l'issue de la première édition britannique du télé-crochet The X Factor. Les cinq membres promeuvent une image forte et émancipée de la femme, dans la lignée du girl power (« Power »). Dans

« Woman Like Me », elles se revendiquent même « fouteuses de merde ». Dans le clip, elles se montrent désintéressées des injonctions envers les femmes, comme passer l'aspirateur ou se tenir bien droite. Mais au lieu de s'en féliciter, elles se demandent si un homme voudra quand même d'elles. Le patriarcat n'est pas questionné, même si elles se sont plusieurs fois exprimées contre le sexisme et le racisme de l'industrie musicale. La formule Little Mix fonctionne : elles ont vendu plus de 60 millions d'albums et leur chaîne YouTube dépasse les 7 milliards de vues. Leurs détracteurs, dont Mel C, leur reprochent d'être trop sexualisées. En 2021, elles font une pause indéterminée, et plusieurs membres lancent leur carrière solo. Aux États-Unis, c'est le girls band Fifth Harmony qui se distingue. Formé à l'issue de The X Factor en 2012, il est l'un des girls bands les plus vendeurs de l'histoire, avec plus de 33 millions de disques écoulés. Peu de girl power de leur côté, même si elles se réclament des Spice Girls et Destiny's Child. Le single pop-trap « Me & My Girls » est une ode à la « girl culture » qui célèbre les activités entre copines (pour elles, écouter ses chansons préférées, crier, danser, prendre des selfies en faisant une « duck face »). Dans le single beaucoup plus adulte « Work From Home », les cinq chanteuses se trémoussent en petite tenue dans un chantier. « *I know you're always on that night shift/But I can't stand these nights alone/And I don't need no explanation/'Cause, baby, you're the boss at home* » [Je sais que tu bosses toujours de nuit/Mais je ne supporte plus ces nuits passées seule/Et je n'ai pas besoin d'explication/Parce que bébé, c'est toi le boss à la maison]. On préfère retenir « Worth It », leur tube entêtant aux deux milliards de vues où elles clament leurs exigences à un prétendant. En 2018, elles prononcent un hiatus indéterminé pour se lancer en solo.

L'autre source de réhabilitation des Spice Girls est le changement d'époque: le féminisme pop a une acceptation beaucoup plus large du féminisme. Il peut ainsi s'emparer du girl power des Britanniques et le décréter féministe. Le féminisme pop exige aussi un examen de conscience, notamment envers le traitement médiatique affreux réservé aux femmes dans les années quatre-vingt-dix/deux mille. Ce mouvement de remise en question amène à une réhabilitation collective de ces stars maltraitées, comme les Spice Girls, Paris Hilton, Britney Spears, Lindsay Lohan ou Monica Lewinski.

Enfin, ce revirement s'explique par une campagne humanitaire d'ampleur, qui appose un sceau de légitimité en béton sur l'héritage féministe des Spice Girls. En juillet 2016, « Wannabe » fête ses 20 ans. L'organisme Project Everyone revisite le clip pour une campagne promouvant l'égalité femmes-hommes, intitulée #WhatIReallyReallyWant et organisée dans la lignée d'accords signés par les pays membres de l'ONU. La vidéo montre des jeunes filles ou femmes chantant en playback sur « Wannabe », dansant depuis l'Inde, le Nigéria, l'Afrique du Sud, les États-Unis, le Canada et le Royaume-Uni. Leurs demandes s'affichent comme des slogans: la fin des violences envers les filles, une éducation de qualité pour toutes, la fin des mariages d'enfants, un salaire égal pour un travail égal. « Le girl power a fait du chemin, emmenons-le plus loin », conclut la vidéo. « 20 ans plus tard, le girl power est utilisé pour émanciper une nouvelle génération », se félicite Victoria Beckham sur Twitter.

L'histoire des Spice Girls et du féminisme est celle d'un rendez-vous manqué, d'une incompréhension mutuelle: sans les féministes qui se sont battues pour l'autonomie corporelle des femmes, pas de Spice Girls revendiquant la même liberté sexuelle que les hommes. Et sans les Spice Girls, des millions de préadolescentes n'auraient pas été sensibilisées aux inégalités de genre, à l'importance de la sororité et du plaisir féminin. Vilipendées aussi bien par les sexistes que les féministes, dans quelle mesure les Spice Girls auraient-elles pu se revendiquer du féminisme ? Plutôt que leur reprocher leur girl power, il aurait été plus constructif de se demander pourquoi elles ne se sont jamais affiliées au féminisme, et ce qu'elles apportaient au public que le féminisme n'y parvenait pas. « Elles nous rendaient fières d'être des filles, au lieu de se sentir faibles », résume Stevie Mackenzie-Smith pour *i-D*. Sans pour autant réduire les femmes à une essence, célébrer le fait d'être une femme en dépit des violences et discriminations est bénéfique. Les Spice Girls offrent un sas de décompression. En 2011, le blog collaboratif féministe Rookie publie un papier « en défense des Spice Girls[1] » : « Nous pensions qu'elles étaient stupides, artificielles et mauvaises pour les femmes. Nous avions tort », regrette l'auteur, Jude Doyle, un homme trans qui détestait le girls band dans les années quatre-vingt-dix. Ici, il écrit avant sa transition de genre : « Les Spice Girls n'étaient pas destinées aux gens cyniques. Elles étaient destinées aux très jeunes filles. Et au moment où ces filles ont commencé à comprendre ce qu'être une fille voulait dire, elles pouvaient compter sur l'exemple de jeunes femmes qui s'amusaient ensemble, et se soutenaient les unes les autres », souligne-t-il. « Nous pensions qu'elles allaient rendre le féminisme trop mainstream et commercial. Eh bien, bonne nouvelle : le féminisme est totalement impopu-

1. Jude Doyle, « In defense of the Spice Girls », rookiemag.com, 11 octobre 2011.

laire désormais, super ! », ironise encore Doyle, qui attribue en partie la fin des Spice Girls aux attaques des féministes.

En 2018, le girls band troque cependant le girl power pour le « people power[1] » (le pouvoir du peuple) : « L'idée est de promouvoir l'égalité et rassembler les gens », résume Emma Bunton. « Chaque garçon, chaque fille, peu importe à quoi vous ressemblez, où vous êtes, tout le monde est le bienvenu... On sait bien que les Spice Girls défendent l'égalité pour tous, non ? », s'inquiète Geri. Un moyen d'embarquer tout le monde avec elles, mais qui n'est pas bien reçu par la presse et une partie des féministes. Le girl power serait-il mort et enterré ?

1. Dan Wootton, « Spice Girls back Theresa May and call on the country to come together to end Brexit divisiveness », *The Sun*, 12 novembre 2018.

# CHAPITRE III
# BEYONCÉ ET TAYLOR SWIFT : REINES CONTEMPORAINES DU FÉMINISME POP

En 2021, Victoria Beckham révèle que Beyoncé lui a confessé, quelques années plus tôt : « Ce sont les Spice Girls qui m'ont inspirée et m'ont poussée à faire ce que je voulais, qui m'ont rendue fière d'être une fille et de qui je suis. » Mais Beyoncé ira beaucoup plus loin que les Spice Girls, en se disant féministe. *Exit* le girl power quasi inoffensif : à partir des années deux mille dix, le féminisme commence à s'assumer dans la pop, quitte à voir son message un peu dilué. La pop se politise massivement sur les questions d'inégalités, discriminations et violences sexistes, LGBTphobies, racisme, ou violences policières.

Dans les années deux mille dix émerge alors le terme de « féminisme populaire », aussi dit « féminisme pop ». Ce féminisme se distingue notamment par le fait qu'il est porté par un nombre important et inédit de célébrités, au point qu'on parle de « celebrity feminism ». Son autre caractéristique est qu'il infuse dans la culture pop : musique, cinéma, séries TV, romans, essais, BDs, podcasts, vêtements, décoration, collages… le féminisme est partout. Il n'est plus cantonné aux milieux universitaires, ni militants, grâce aux réseaux sociaux qui permettent la large diffusion de son message en dehors des circuits traditionnels qui boudaient le féminisme. C'est un féminisme de masse. Le féminisme pop lutte non seulement pour l'égalité femmes-hommes, mais aussi contre les violences faites aux femmes, les stéréotypes de genre, la culture du viol, bref, toutes les variations du sexisme et de la misogynie. Mais c'est aussi un féminisme qui se rapproche de l'intersectionnalité en essayant de coupler les luttes féministes à d'autres combats, contre le racisme, la grossophobie, les LGBTophobies, le validisme, pour le climat, etc. Enfin, c'est un féminisme qui promeut la liberté de chacune à disposer de son corps et faire ses propres choix.

Deux chanteuses dominent le féminisme pop: Beyoncé et Taylor Swift, sans cesse montées l'une contre l'autre.

## BEYONCÉ VS TAYLOR SWIFT, UNE RIVALITÉ MONTÉE DE TOUTES PIÈCES

Pour le comprendre, il faut remonter au 13 septembre 2009. Ce soir-là, Taylor Swift monte sur la scène des MTV VMA, tout sourire. La jeune femme vient de remporter le prix du Meilleur Clip de l'Année pour une Artiste féminine, pour la vidéo de « You Belong With Me ». C'est la première fois qu'une artiste country gagne cette catégorie votée par le public. Mais alors que Swift commence ses remerciements, le rappeur superstar Kanye West l'interrompt: « Taylor, je suis très content pour toi. Je vais te laisser finir, mais Beyoncé a fait l'un des meilleurs clips de tous les temps. » Lunettes de soleil sur le nez, il pointe du doigt Beyoncé, qui était en lice pour le clip de « Single Ladies (Put A Ring On It) ». L'ancienne membre des Destiny's Child rit, avec une mine interloquée. Kanye West, rappeur incontournable de 31 ans, déclare devant l'industrie musicale que Taylor Swift, au succès pourtant déjà conséquent pour ses 19 ans, ne mérite pas son prix. Le rappeur lui rend le micro, et quitte la scène en trombe. Le visage de la gagnante s'assombrit. Elle baisse la tête, et s'en va en silence. Dans la salle, des huées retentissent. Dix ans plus tard, on apprendra que Taylor Swift, et Beyoncé, ont toutes deux pleuré en coulisses. La deuxième était énervée contre Kanye West, qui a aussi été sermonné par Pink pendant la pause publicité. MTV demande au rappeur de quitter la soirée.

Monter deux artistes l'un contre l'autre est un classique de la pop culture, pour faire parler de soi, et donc, vendre : Rolling Stones vs les Beatles, Blur vs Oasis, etc. Mais lorsqu'une rivalité est montée de toutes pièces entre deux artistes féminines, une vision sexiste du monde, et des relations entre femmes, est aussi à l'œuvre. Pour les féministes, cette rivalité est une expression de la misogynie internalisée des femmes : se détester, s'envier entre femmes, pour l'approbation des hommes. Les stars n'y échappent pas. « Avant d'être des musiciennes, des chanteuses, des productrices, les femmes sont avant tout… des femmes. Celles-ci sont donc souvent niées dans leur individualité et considérées comme interchangeables dans un milieu notoirement sexiste », explique Racha Belmehdi dans *Rivalité, nom féminin* (2022). Plus qu'une évidence biologique, la rivalité féminine a été encouragé par les normes sociales, montrée comme preuve de la méchanceté innée des femmes. La culture populaire en est pavée : Mary Stewart vs Elizabeth d'Angleterre, Joan Crawford vs Bette Davis, Romy Schneider vs Catherine Deneuve, Jennifer Aniston vs Angelina Jolie, Britney Spears vs Christina Aguilera, Kate Middleton vs Meghan Markle, etc. Le patriarcat divise pour mieux régner.

Lorsque Kanye West oppose Taylor Swift à Beyoncé, il met dos à dos deux femmes qui n'officient pourtant pas dans les mêmes genres musicaux, et ne parlent pas au même public. Bien sûr, l'élément racial joue. Trop peu d'artistes noirs sont récompensés et crédités à leur juste valeur, et c'est peut-être ce que le rappeur veut aussi dénoncer ce soir-là. Mais ce n'est pas ce qu'en déduit l'opinion publique, dont Swift s'attire une forte sympathie. L'incident fait scandale, le président nouvellement élu Barack Obama va même jusqu'à qualifier Kanye West « d'idiot ». Si Taylor Swift se dit ébranlée par la scène, elle ne s'étale pas, et en rit sur le plateau du Saturday Night Live quelques mois plus tard. Kanye West lui présente des excuses, qu'elle accepte. D'autres rebondissements auront lieu, sur lesquels nous reviendrons.

Concentrons-nous pour l'instant sur les conséquences immédiates, aux effets à long terme, de ce moment historique de la pop culture : en disant que Beyoncé méritait le prix plutôt que Taylor Swift, Kanye West les poses en rivales. Pas directement *entre elles*, puisque les deux chanteuses ont été embarrassées par son intervention et s'entendent très bien. Mais dans l'inconscient collectif, une compétition s'est créée entre Beyoncé et Taylor Swift, surtout à mesure que la seconde délaisse la country pour la pop à partir de son disque *1989* (2014). Cette opposition factice se construit aussi dans les médias, qui les comparent pour désigner une gagnante.

En 2015, le magazine *Esquire* les oppose, pour finalement les rabaisser : « Elles ont chacune une relation plus importante à la caméra qu'au micro[1]. » Imaginerait-on pareille conclusion pour des hommes, alors que tous les artistes sont obligés de se construire une image ? Les cérémonies de remises de prix favorisent ces réflexes rances. En amont des Grammy Awards 2010, l'agence de presse Reuters présente Beyoncé et Taylor Swift comme « rivales », le quotidien canadien *La Presse* parle d'un « duel féminin » (quid de « duels masculins » ?). L'agence de presse Associated Press évoque même une « bataille des blondes ». En 2019, Taylor Swift est accusée de plagier la parade de Beyoncé à Coachella pour les Billboard Music Awards. Alors que certains s'énervent sur les réseaux sociaux et dans les médias, les deux artistes gardent le silence. Une nouvelle polémique les mettant dos à dos se joue sans elles. En France, Swift met beaucoup plus de temps à avoir du succès que Beyoncé, à laquelle elle est sans cesse comparée. « Taylor Swift vs Beyoncé : qui est la vraie Queen américaine ? », se demande le site de la radio NRJ. Ses millions d'albums vendus Outre-Atlantique dès son plus jeune âge n'impressionnent pas. Face à une Beyoncé célébrant sa confiance en elle, et la force des femmes, Taylor Swift est vue comme fade, nombriliste, maniérée, enfantine. Alors que Beyoncé emprunte plus vite le chemin d'un féminisme pop, Taylor Swift apparaît à la traîne, l'incarnation d'une Amérique blanche, privilégiée et conservatrice, d'une féminité puritaine d'un autre temps. Beyoncé est une vraie femme émancipée, Taylor Swift, une fillette agaçante à ne pas prendre au sérieux.

---

1. Tom Junod, « How Beyoncé and Taylor Swift conquered the world with pop music », *Esquire*, 9 juin 2015.

L'opposition entre Beyoncé et Taylor Swift est infondée. Sur le plan personnel et artistique, tout diffère entre elles : leurs origines, leur trajectoire, leur couleur de peau, leur musique, leur écriture, leur manière de performer sur scène, de se marketer, leur rapport à la célébrité, à leur vie privée, aux médias, aux réseaux sociaux, leur relation au public.

Beyoncé Knowles, de son vrai nom, naît en 1981 à Houston (Texas), dans une famille de la classe moyenne, elle démarre sa carrière dès l'âge de 9 ans, poussée par un père déterminé à en faire une star. Elle se fait connaître au sein du trio Destiny's Child, puis lance une brillante carrière solo. La pop de Beyoncé est aux croisements du R&B et de la soul, avec des incursions rap et electro. Elle évoque un dédoublement de personnalité, *via* une *persona* nommée Sasha Fierce, « fierce » signifiant « féroce ». Avec un charisme sans pareil, une voix grave oscillant entre émotion, séduction et jeu, Beyoncé est aussi excellente chanteuse que danseuse, coautrice et coproductrice de ses morceaux. Peu friande d'interview, réservée, elle contrôle son image dans le moindre détail, et s'est taillé une aura de déesse hors de portée. Sur Instagram et dans ses clips, elle met en scène sa famille. Mais elle expose aussi en musique ses problèmes de couple avec son mari, le rappeur très connu Jay-Z, père de ses trois enfants. En tant que féministe noire, Beyoncé questionne la misogynoir, revendique une confiance en soi radicale qui passe par une réappropriation de la sexualité.

Taylor Swift, naît en 1989 dans une famille aisée. Elle pousse ses parents à déménager à Nashville, car elle rêve de devenir star de la country. Très vite, elle se distingue en écrivant des chansons d'amour ciselées. Elle s'attire la fascination des médias pour ses nombreuses et brèves relations avec des hommes connus, immortalisées en chanson. Entre ses débuts dans des petits bars, puis son passage à des stades à guichets fermés, il ne se passe que quelques années. Taylor Swift est bien sûr elle-même une pro du storytelling : elle anticipe toujours la prochaine étape de sa carrière des années à l'avance, et fait en sorte de paraître très atteignable à ses fans. De la country à la pop, Swift explore aussi l'indie folk.

De nombreux points cruciaux réunissent Beyoncé et Taylor Swift : une carrière commencée très jeune, leur succès incroyable, leur capacité à s'imposer dans un milieu violent et sexiste (voir chapitre IV), leur travail acharné pour rester dans la course de cette industrie ultra-compétitive et âgiste, leur capacité à se renouveler, leur professionnalisme, leur vision de la richesse comme ultime vecteur d'émancipation féminine, leur éveil progressif aux enjeux féministes et autres problématiques sociétales. Leur influence, majeure, est inégalée pour leur génération.

Les médias et fans nourrissant leur pseudo-rivalité ont la mémoire courte. Ils oublient que ce fameux 13 septembre 2009, Beyoncé a invité Taylor Swift sur scène pour qu'elle puisse terminer son discours interrompu par Kanye West. Les deux artistes sont amies, et s'admirent. En 2014, Swift pleure face à la prestation de Beyoncé pendant les MTV VMA, où celle-ci reçoit un prix saluant l'impact de sa carrière sur la pop culture. En 2021, les deux chanteuses marquent l'histoire des Grammys : Taylor Swift devient la première artiste femme à remporter pour la troisième fois le Grammy du Meilleur album de l'année, et Beyoncé devient l'artiste femme la plus récompensée des Grammys, avec 28 statuettes en tout. Quelques jours plus tard, elle fait parvenir à Taylor Swift un bouquet de fleurs, accompagné d'une note écrite à la main : « Merci de me soutenir toujours autant. Je t'envoie tout mon amour, ainsi qu'à ta famille. » Swift salue une « reine de grâce et de génie ».

Au printemps 2023, chacune démarre une tournée événement, qui engendrent des centaines de millions de dollars de recettes. Médias[1] et fans s'évertuent encore à les comparer, et compter les points. Alors qu'un paparazzi l'interroge à ce sujet, Tina Knowles, la mère de Beyoncé, rétorque : « Elles devraient être célébrées toutes les deux. On ne devrait pas les comparer, les gens savent très bien qu'ils ne devraient pas le faire[2]. »

## BEYONCÉ, UN POP-FÉMINISME NOIR ET « SEX-POSITIVE », TRÈS CRITIQUÉ

Alors qu'elle n'a que neuf ans, Beyoncé est inscrite par son père, Mathew Knowles, à un concours visant à former un groupe de jeunes filles. C'est là qu'elle rencontre LaTavia Robertson, qui deviendra membre des Destiny's Child. Les deux fillettes et Kelly Rowland, la cousine de Beyoncé, se produisent autour de Houston au sein du groupe Girl's Tyme. Mathew Knowles quitte son emploi pour être leur manager à temps plein. Il change les membres du groupe,

---

1. Jamie Burton « Is Taylor Swift Bigger Than Beyoncé? What the Stats Reveal », *Newsweek*, 7 juillet 2023.
2. Kiara Washington, « "Don't Play with My Daughter": Tina Knowles-Lawson Shuts Down Critics », atlantablackstar.com, 15 août 2023.

leur trouve des représentations sur des scènes locales, et leur crée un camp d'entraînement au chant et à la danse pendant les vacances scolaires. Il parvient à les faire signer avec Columbia en 1997, sous le nom Destiny's Child.

## REVENDIQUER SON INDÉPENDANCE

La formation féminine défend plusieurs titres girl power, comme les fameux « Bills, Bills, Bills », ou « Say My Name », extraits de leur deuxième album, *The Writing's On The Wall* (1999). Beyoncé, Kelly Rowland et Michelle Williams, les trois membres définitives du groupe, promeuvent l'indépendance financière des femmes, et le fait d'être exigeante envers son compagnon. Il doit être mature, dynamique, gagner de l'argent et faire de vous sa priorité. Dans le clip très drôle de « Bills, Bills, Bills », des hommes sont enfermés derrière des vitres, avec leur défaut inscrit sur une pancarte : « fauché », « fatigué », « bon à rien ». Les trois chanteuses ont conscience de leur valeur, et invitent leurs fans à faire de même. Dans la même lignée, « Independent Women, Pt. 1 » exhorte les femmes à l'indépendance matérielle, gage de réussite, et de force de caractère : « *Depend on no one else to give you what you want* » [Ne dépendez de personne pour vous offrir ce que vous voulez]. Les cousines Kelly Rowland et Beyoncé s'imposent comme les grandes sœurs cool et affirmées de toute une génération. À seulement 20 ans, elles participent à l'écriture et la production de la majorité des titres de *The Writing's On The Wall*, vendu à plus de 15 millions d'exemplaires. Fin 2000, les Destiny's Child annoncent leur intention de voguer en solo. Kelly Rowland (avec son disque *Heart To Yours* en 2002) et Beyoncé (avec

*Dangerously In Love* en 2003) sont les premières à se lancer. La seconde rencontre beaucoup de succès avec « Crazy In Love », « Naughty Girl » et « Baby Boy ». Les Destiny's Child se séparent en 2003, mais se produiront plusieurs fois ensemble par la suite.

Vingt ans plus tard, Beyoncé s'est imposée comme l'une des artistes emblématiques du début du XXIe siècle. Elle gagne le surnom « Queen B », jeu de mots avec « *queen bee* », signifiant « reine des abeilles ». De *Dangerously In Love* (2003) à *RENAISSANCE* (2022), ses albums solo se hissent tous à la première place des ventes aux États-Unis, où elle écoule plus de 171 millions de disques. Avec 32 trophées, elle est la femme la plus récompensée de l'histoire des Grammy Awards. Ses idoles : Josephine Baker, Nina Simone, Eartha Kitt, Aretha Franklin, Tina Turner, Diana Ross (qu'elle interprète d'ailleurs dans le film *Dreamgirls*, sorti en 2006), Whitney Houston, et bien d'autres. Entre pop, R&B, soul et rap, explorations acoustiques et électroniques, elle offre une évolution musicale passionnante, et une endurance digne des plus grandes athlètes. Ne s'interdisant rien, Beyoncé se façonne une image pleine d'ambiguïtés et de contradictions. En 2011, elle se montre maîtresse de son destin en congédiant son père de son rôle de manager, soupçonné d'avoir volé 1,5 million de dollars des bénéfices d'une tournée. Il l'a toujours nié et choquera en proposant plus tard un cours pour réussir à percer dans l'industrie du divertissement.

## INSTIGATRICE DU FÉMINISME POP

Non contente de produire des tubes à la pelle et offrir des prestations incroyables, Beyoncé participe à changer l'image du féminisme auprès du grand public. La bascule débute en 2008, avec « Single Ladies (Put A Ring On It) ». Ce titre issu de l'album *I Am... Sasha Fierce*, s'impose en cri de ralliement pour les femmes célibataires. Mais il ne s'agit pas tant de célébrer le fait qu'une femme célibataire se suffit à elle-même, que de reprocher à son ex de n'avoir jamais fait sa demande en mariage.

Le tube « Run The World (Girls) », issu de son album *4* (2011) est son premier hymne pour les femmes du monde entier. « Qui fait tourner le monde ? Les femmes ! », assure Beyoncé dans ce morceau qu'elle coproduit et coécrit. Si le titre est exaltant et très efficace, on peut néanmoins regretter sa simplicité, résultat d'un girl power aseptisé. Certaines, comme le site féministe Jezebel[1], y voient un post-féminisme teinté de girl power aseptisé. *Ms. Magazine*[2] dénonce de son côté une caricature sexualisée de la bataille des sexes. Aussi enthousiasmant soit-il, « Run The World (Girls) » donne une vision fausse du monde, et participe à l'idée que les femmes n'ont plus de combats à mener. Il n'y a rien de plus faux que penser que les femmes dirigent le monde : elles sont encore très rares à la tête des plus grandes entreprises, et des États. Par ailleurs, elles sont encore les principales victimes de violences physiques, sexuelles, verbales[3],

1. Dodai Stewart, « Beyoncé's girl power rings hollow », jezebel.com, 24 mai 2011.
2. Janell Hobson, « Beyonce: girls run the world (cue the apocalypse!) », *Ms. Magazine*, 20 mai 2011.
3. « Examinez les faits : La violence à l'égard des femmes », unwomen.org.

demeurent en moyenne payées 25 % de moins que les hommes, et se heurtent à un plafond de verre tenace. Dans la sphère domestique, par contre, ce sont bien les femmes qui s'occupent encore en majorité des enfants, et des tâches domestiques mais ce n'est pas un constat réjouissant. La pandémie de Covid-19 a aussi rappelé que les femmes sont majoritaires dans les métiers de « première nécessité » (caissières, institutrices...) et du « care » (infirmières, nourrices, ...). Sans elles, la société ne peut pas fonctionner, conclut l'Insee. Pas de quoi se réjouir là non plus puisque ces métiers sont précaires, pénibles et dévalorisés, car il est vu comme « naturel » que les femmes fassent le ménage et s'occupent d'autrui. À cela s'ajoute un élément racial : la libération des femmes blanches a été possible en déléguant le domestique aux femmes racisées pauvres[1].

C'est en 2013 que Beyoncé passe aux choses sérieuses lorsqu'elle choisit d'inclure dans son titre « ***Flawless » (*Beyoncé*) un extrait d'un TedX de l'écrivaine féministe noire-américaine Chimamanda Ngozi Adichie donné en 2012 et intitulé *We Should All Be Feminists* (*Nous sommes tous des féministes*). Adapté en livre, le discours a été vendu à plus d'un million d'exemplaires dans le monde. Au moment de la sortie de « ***Flawless », l'autrice de *L'Autre Moitié du soleil* (2006) et *Americanah* (2013), deux romans sur l'immigration et le fait de grandir entre deux cultures, est déjà traduite dans une vingtaine de langues. Voici l'extrait de son discours choisi par Beyoncé : « Nous apprenons aux filles à se rapetisser, à se réduire. Nous disons aux filles : "Tu peux avoir de l'ambition, mais pas trop, tu peux vouloir

1. Sur ce sujet, lire l'enquête de Caroline Ibos *Qui gardera nos enfants ? Les nounous et les mères*, Flammarion, 2012.

avoir du succès, mais pas trop, sinon, tu seras une menace pour les hommes." [...] Nous éduquons les filles pour qu'elles se voient comme des compétitrices. Pas pour des postes ou des accomplissements, ce qui est une bonne chose je pense, mais pour l'attention des hommes. Nous apprenons aux filles qu'elles ne peuvent pas être des objets sexuels de la même manière que les garçons. Féministe : une personne qui croit dans l'égalité sociale, politique et économique entre les sexes. » Le 25 août 2014, le mot « FEMINIST » apparaît sur un écran géant derrière Beyoncé aux MTV VMA, lorsqu'elle interprète « ***Flawless ». Sans le savoir, elle ouvre l'ère du féminisme pop.

D'emblée, elle est accusée d'opportunisme. Pourtant, au début des années deux mille dix, « féminisme » est un mot qui dérange. Aucune pop star ne s'en revendique, car l'époque est au post-féminisme. Cette prise de position est donc un risque pour Beyoncé, d'autant qu'elle est une femme noire et cumule donc les discriminations. En incluant le mot « féministe » dans une chanson, elle montre qu'il n'est pas obsolète. Depuis la deuxième vague féministe des années soixante/soixante-dix, garantissant l'autonomie corporelle aux femmes, on a cru qu'elles étaient devenues les égales des hommes. Le féminisme semblait caduc, réservé aux « vieilles filles aigries » et autres « mal baisées ». Mais voilà que l'une des femmes les plus populaires et sexy au monde se dit féministe, et ça change tout. Pour Beyoncé, féminisme et féminité ne sont pas antagonistes, là où les deuxième et troisième vagues ont rejeté la féminité comme système avilissant. Au contraire, la star revendique le droit à la séduction et à la sexualité, au même titre qu'un homme. Elle s'inscrit dans la ligne du « féminisme pro-sexe » ou « sex-positive », qui fait du sex-appeal une source de confiance en soi, une manière de reprendre le pouvoir, ne plus être un objet de désir passif. « Je suis une grande fille/Je fais ce que je veux », affirme-t-elle dans « Grown Woman » (2013), où elle explique que son passage à l'âge adulte passe par l'acceptation de sa sexualité. Beyoncé sait qu'elle « excite » « à cause de [son] visage mignon et de son gros fessier ». Comme le rappelle Aisha Durham, critique et professeure de Women's studies, le fessier est l'attribut physique le plus communément associé aux corps des femmes noires et latines[1]. Célébré comme un signe de féminité au sein de ces communautés, il est aussi stigmatisé en opposition au corps mince et blanc, vu comme respectable.

## HYPER-SEXUALISATION ET DOUBLES STANDARDS RACISTES

Peu à peu, Beyoncé opte pour une image hyper-sexualisée, en général destinée à son époux, le rappeur Jay-Z. Dans des dizaines de morceaux, elle n'a de cesse de lui clamer son amour, et vouloir le séduire. Pour le clip de « Partition », elle a l'idée de danser façon cabaret devant lui au Crazy Horse. Jay-Z la contemple en fumant un cigare, incarnant une virilité très conventionnelle. Le morceau cite un extrait en français du film *The Big Lebowski* (1998), où une femme dit : « Les hommes pensent que les féministes détestent le sexe. Mais c'est une activité très stimulante et naturelle que les femmes adorent. » Dans « Drunk In Love », Beyoncé se languit cette fois d'une nuit d'amour effrénée avec Jay-Z.

---

1. Aisha Durham, « "Check on it", Beyoncé, southern booty, and black femininities in music video », *Feminist Media Studies*, Vol. 12, No. 1, 2012.

L'hyper-sexualisation de Beyoncé n'a pas la même signification que l'hyper-sexualisation de Madonna ou Miley Cyrus. Aisha Durham, qui s'inscrit dans la lignée du féminisme hip-hop, l'explique très bien : lorsqu'une artiste noire se sexualise, elle rejette les « *respectability politics* », ou « politiques de respectabilité » qui incombent aux femmes noires[1]. Terme inventé par la professeure d'études afro-américaines Evelyn Brooks Higginbotham en 1993, les « politiques de respectabilité » désignent un ensemble de règles morales et esthétiques auxquelles les femmes noires se conforment pour être respectées dans une société raciste. Par exemple, elles doivent faire preuve de douceur et de pudeur, car leurs corps et leur sexualité sont d'office considérés comme « excessifs », signe de leur « sauvagerie » innée. Les femmes noires doivent cacher leur fessier proéminent si elles en ont un, et ne pas paraître intéressées par le sexe. Ainsi, une femme noire qui assume sa sexualité, sa sensualité, est encore plus transgressive qu'une femme blanche faisant la même chose, parce que le regard blanc exotise et fétichise d'emblée le corps des femmes noires.

À ce titre, Beyoncé revient d'ailleurs de très loin : en 2002, les Destiny's Child se moquaient des filles « vulgaires » dans le single « Nasty Girl » : « *You're a nasty, trashy/Sleazy, classeless/Nasty, put some clothes on, I told ya* » [Tu es une sale, une vulgaire/Une miteuse, sans classe/Petite sale, enfile des vêtements, je te le dis]. Le message de la chanson est sans équivoque : les filles vulgaires n'attirent pas les garçons car être vulgaire est synonyme d'être « fille facile », le plus grand des interdits : « *These men don't want no hot female/That's been around the block female, you nasty, girl* » [Les mecs

1. Aisha Durham, *op cit.*

ne veulent pas de femme canon/Qui a fait le tour du quartier, espèce de traînée]. Dans le clip, les « nasty girls » sont des femmes très maquillées aux tenues courtes, talons hauts, string apparent et chewing-gum mastiqué la bouche grande ouverte. Elles passent dans une sorte de cabine magique qui leur donne un look « respectable ». Les trois chanteuses sont d'ailleurs habillées avec des tenues « modestes », inhabituelles par rapport à ce qu'elles portent d'habitude. La même année, elles cartonnent d'ailleurs avec leur single « Bootylicious[1] ». Le single, coécrit par Beyoncé, fait du fessier une arme de séduction massive qui donne une forme de pouvoir sexuel aux femmes. Les Destiny's Child n'ont pas inventé le terme « *bootylicious* », mais elles participent grandement à le faire passer dans le langage courant. Il fait même son entrée dans le dictionnaire américain en 2004.

## BEYONCÉ, NOUVELLE ICÔNE DE L'AFRO-FÉMINISME

Bien que Beyoncé soit intronisée en papesse du féminisme pop, la chanteuse a une approche frileuse du féminisme. Estimant qu'être féministe revient à lutter contre les inégalités, la star dit préférer le mot « humaniste », auprès de *Elle*, en 2016. Elle affirme ne pas avoir imaginé « ***Flawless » par « militantisme », ou envie de proclamer son féminisme. « Je n'aime pas les étiquettes, », prévient Beyoncé. « Je ne veux pas que le féminisme soit une priorité par rapport à d'autres combats comme le racisme. » Ce n'est pas un détail. En tant que femme noire, la star a sûrement eu du mal à se reconnaître dans la vision « grand public », blanche, du féminisme. Elle a donc tracé sa propre voie. Depuis toujours,

1. Mot-valise composé de « *booty* » (fessier) et « *delicious* » (délicieux).

sa peau métisse lui vaut d'ailleurs toutes sortes de commentaires. Certains estiment même que Beyoncé ne serait pas légitime pour parler au nom des communautés noires. Au-delà de ces a priori, sa peau claire a pu faciliter son succès, remarque Mikki Kendall, autrice de *Hood Feminism* (2020), sans pour autant nier le talent et le travail de Beyoncé[1]. En 2008, L'Oréal Paris avait été très critiqué à cause d'une publicité où la peau de la chanteuse était presque blanche.

Beyoncé revendique son double engagement, féministe et anti-raciste, dans le film accompagnant son disque *Lemonade* (2016), réalisé par Melina Matsoukas. D'une beauté saisissante, aux images surréalistes majestueuses, c'est une compilation de clips autonomes et de scènes tournées sur une ancienne plantation de coton de Louisiane, référence au passé esclavagiste des États-Unis, mais aussi, aux origines créoles de sa mère, Tina Knowles. Beyoncé a d'ailleurs découvert que l'une de ses ancêtres, esclave, avait épousé son « propriétaire ». Un mariage d'amour, dit la chanteuse à *Vogue*, qui a essayé de prendre du recul sur ce passé complexe. Avec ce film, Beyoncé mêle son histoire familiale à celle des Afro-Américains : c'est depuis une ancienne plantation esclavagiste qu'elle explore les complexités et difficultés à être une femme noire, et réclame une liberté totale (« Freedom »). Elle rend hommage à ses racines et aux cow-girls noires oubliées à travers « Daddy Lessons », où elle monte à cheval avec dextérité et se réapproprie la puissance virile, mythologique, du cow-boy blanc. Même les infidélités supposées de Jay-Z ont une portée politique. Dans « Don't Hurt Yourself », Beyoncé prévient le

1. Mikki Kendall, « Beyoncé's "Brown skin girl" is controversial because of its inclusionary vision of female beauty », *Think*, 25 juillet 2019.

mari goujat que la tromper revient à ne pas la respecter, mais aussi, à ne pas se respecter lui-même en tant qu'homme noir. En ce sens, l'universitaire afro-féministe Omise'eke Tinsley estime que Beyoncé s'inscrit dans la tradition des chanteuses blues noires reprochant aux hommes noirs leurs mauvaises conduites. Ce type de chanson pousse les femmes noires à ne pas idéaliser leur époux noir, ni se définir uniquement à travers leur mariage[1]. Avant tout, *Lemonade* célèbre la richesse des femmes afro-descendantes, et leurs liens intergénérationnels indéfectibles. Son film musical se situe hors du temps, dans une sorte de paradis rêvé uniquement peuplé de femmes et filles noires. Y figurent de nombreuses célébrités noires aux âges et carnations de peau divers : la championne de tennis Serena Williams, les actrices Zendaya (*Euphoria*), Amandla Stenberg (*Hunger Games, The Hate U Give*), la mannequin Winnie Harlow, les chanteuses franco-cubaines Ibeyi, les Américaines Chloe and Halle, sœurs et chanteuses, ou encore, Leah Chase, icône de la cuisine créole. Pour lier les séquences, Beyoncé lit des poèmes de Warsan Shire, jeune autrice somalienne et britannique récompensée pour sa prose explorant son rapport à la féminité, l'immigration et la misogynoir. Ainsi, Beyoncé nous signifie que son féminisme s'accompagne de la célébration de la femme noire dans ses multiples talents, vécus et récits. C'est un acte de valorisation politique. Le film cite d'ailleurs un extrait d'un discours de 1962 où Malcolm X désigne la femme noire comme « la personne la moins respectée des États-Unis ». Le clip du single « Formation » s'inscrit quant à lui dans une réalité mortifère imposée à de nombreuses mères noires-américaines. Sont invitées Lesley McSpadden, Sybrina Fulton et Gwen

1. Dans *Beyoncé in Formation, Remixing Black Feminism*, University of Texas Press, 2018.

Carr, mères de trois jeunes noirs-américains abattus alors qu'ils n'étaient pas armés : Michael Brown, Trayvon Martin, et Eric Garner. Leurs meurtres ont participé à l'émergence du mouvement Black Lives Matter (BLM), qui dénonce les meurtres racistes commis par la police ou des civils. BLM organise des manifestations immenses et des levées de fonds importantes. Si Beyoncé et Jay-Z n'ont jamais confirmé avoir payé les cautions de manifestants pro-BLM arrêtés à Baltimore en mai 2015, le couple aurait versé 1,5 million de dollars à BLM et d'autres organisations de soutien aux communautés afro-américaines.

Le titre « Formation » est aussi l'occasion de célébrer les corps noirs, souvent dénigrés :

*My daddy Alabama*
*Momma Louisiana*
*You mix that negro with that Creole*
*Make a Texas bama*[1]
*I like my baby heir with baby hair and afros*
*I love my negro nose with Jackson 5 nostrils*

Mon père d'Alabama
Ma mère de Louisiane
Tu mélanges ce Noir avec cette Créole
Et tu obtiens une Texane bama
J'adore mon bébé héritier avec des cheveux de bébé et une afro
J'adore mon nez de Noir avec des narines de Jackson 5

---

1. Selon le site Genius, « *bama* » serait un mot d'argot noir qualifiant les 6 millions de travailleurs noirs ayant quitté le Sud des États-Unis pour le Nord entre 1910 et 1970. Terme péjoratif, il désigne quelqu'un qui ne sait pas comment se comporter de façon « correcte » face aux Blancs.

Apparaît à l'écran Blue Ivy, sa fille aînée. Les mains sur les hanches, le menton fier, la fillette toise la caméra avec aplomb, coiffée d'une afro. Une réponse directe aux critiques sur sa coiffure, jugée mal entretenue parce que « nappy », c'est-à-dire, crépue et au naturel. Une internaute avait lancé une pétition pour pousser la chanteuse à peigner Blue Ivy. Un énième exemple des « politiques de respectabilité » : on attend des personnes noires qu'elles se conforment à l'esthétique blanche. De son côté, le magazine *The Atlantic*[1] voit dans les cheveux « nappy » de la petite fille un prolongement des combats afro-féministes de sa mère.

Le film musical accompagnant *Lemonade* représente ainsi un tournant fondamental dans la carrière de Beyoncé. Il l'instaure comme une nouvelle référence du féminisme noir, de la célébration des femmes noires et de la « black girl magic » (la magie des femmes noires), symbolisée à travers l'eau comme force changeante et vitale. Bien sûr, Beyoncé n'est pas la première icône féministe noire. Mais la majorité des premières penseuses de l'afro-féminisme, comme Audre Lorde ou Alice Walker, touchaient un public réduit, très éduqué. Beyoncé décloisonne l'afro-féminisme, en passant par la pop culture, et donc une forme de féminisme pop. En 2019, avec le clip du single « Apeshit », présent sur leur premier album commun *Everything Is Love* (2019), Beyoncé et Jay-Z poussent la symbolique plus loin. Ils font entrer des danseurs noirs de différentes carnations dans le Louvre, tandis que la caméra multiplie les plans sur des tableaux où les seules personnes noires représentées sont des esclaves. Habillé de tenues imposantes, le couple forme un nouveau

---

1. Reniqua Allen et Quartz, « Why Blue Ivy's hair matters », *The Atlantic*, 19 juin 2014.

tableau en posant devant la Joconde, mise à l'arrière-plan. Dénonçant le snobisme des Grammy Awards (Beyoncé a été nommée plusieurs fois Meilleur album de l'Année, sans jamais l'emporter), ils scandent leur réussite, obtenue malgré le racisme. Ils invoquent le respect depuis l'un des lieux culturels les plus puissants, symbole de la domination blanche sur la culture classique, et l'histoire.

## JAY-Z, TALON D'ACHILLE DE BEYONCÉ

À la surprise générale, Chimamanda Ngozie Adichie prend ses distances avec Beyoncé. Elle vit mal que de nombreux médias la contactent pour parler de la star, et pas de ses livres. En 2016, la romancière déclare même au média néerlandais *Volkskrant* que « le féminisme de Beyoncé n'est pas le [sien] ». Elle lui reproche de donner « une trop large place à la nécessité d'avoir un homme à ses côtés ». L'autrice n'est pas la seule à lui reprocher d'en faire des tonnes sur son époux Jay-Z. Même si la star affirme « être plus que sa petite épouse » dans « ***Flawless », elle tire beaucoup de fierté de son statut marital. Au début de la chanson « Partition », présente sur le même album, on entend un extrait de concert où Beyoncé demande au public de l'appeler « Mrs Carter », son nom d'épouse. « Je veux juste être la fille que tu aimes/Le genre de fille que tu aimes », se languit-elle. Plus qu'un couple puissant, ils forment une famille autour de leurs trois enfants, intégrés à leur storytelling (voir chapitre V). Pourtant, des rumeurs d'infidélité circulent rapidement, alimentées par Beyoncé (« Irreplaceable », « Resentment », « Jealous », « Ring Off », « If I Were A Boy »). En mai 2014, une scène de dispute légendaire met le feu aux poudres.

Solange Knowles, sa petite sœur et chanteuse très estimée, frappe Jay-Z dans un ascenseur, le soir du Met Gala. Les images de caméra de surveillance inondent les réseaux sociaux. Les trois artistes déplorent un « accident malheureux », mais réglé. En 2016, Beyoncé semble confirmer les rumeurs d'infidélité avec l'album *Lemonade,* qui remporte le Grammy du Meilleur album urbain contemporain. « *They don't love you like I love you* » [Elles ne t'aiment pas comme je t'aime], met-elle en garde sur le réjouissant single « Hold Up ». Dans le clip, la chanteuse se défoule avec une batte de base-ball, rayonnante dans une robe jaune soleil évoquant Oshun, déesse Yoruba de la fertilité et de l'amour en Afrique de l'Ouest et au Brésil. Beyoncé ouvre une énorme porte, laissant une cascade d'eau s'écouler à ses pieds. Comme un symbole des larmes longtemps cachées à son public. Ces deux scènes résument l'ambivalence de *Lemonade* : un disque de femme forte, qui accepte de fendiller l'armure parce qu'elle est blessée et en colère. Pour autant, Beyoncé affiche une confiance en soi robuste : dans le titre « Sorry », elle part s'amuser en boîte de nuit avec ses amies, laissant son époux infidèle sur le pas de la porte. Les derniers mots du morceau, « *He better call Becky with the good hair* » [Il ferait mieux d'appeler Becky aux beaux cheveux], lancent une croisade effrénée chez ses fans pour trouver l'identité de la fameuse maîtresse. Plusieurs « suspectes » sont attaquées en ligne, dont la chanteuse Rita Ora. Ces réactions sont condamnées par l'autrice principale de « Sorry », Wynter Gordon. Beyoncé n'est pas si rancunière, puisque *Lemonade* est exclusivement disponible pendant trois ans sur Tidal, la plateforme de streaming fondée en grande pompe par Jay-Z en 2015. Car cet album porte aussi l'espoir d'un nouveau départ pour le couple.

De nombreux fans ne comprennent pas pourquoi Beyoncé, si forte et indépendante, ne divorce pas. Elle explique à *Vogue* en 2018 qu'elle a pu régler les conflits au sein de son couple en se renseignant sur la « lignée de relations hommes-femmes brisées, d'abus de pouvoir et de méfiance » dont elle descend. Jay-Z livre ses remords dans le morceau « 4:44 » (2017), référence au chiffre porte-bonheur de la chanteuse. Le rappeur reconnaît ses torts, demande pardon, regrette de ne pas avoir été à la hauteur lors des fausses couches de son épouse. Puis, le couple affiche un front uni en sortant son premier album commun, sous le nom The Carters. « L'amour est plus profond que la douleur, et je pense que tu peux changer », lui adresse-t-elle dans « Happylove ». Le chemin de repentance de Jay-Z la remet en position de force, et sur un piédestal : comment a-t-il pu tromper Beyoncé ? Cela paraît inconcevable à de nombreux fans. Chacun reste dans son rôle, très genré : un homme volage et immature qui doit se rattraper, face à une épouse dévouée et bafouée. Pourtant, Beyoncé tient les critiques à l'écart : « Nous n'avons pas besoin de l'acceptation du monde / Ils sont trop durs envers moi / Trop durs envers toi » (« Plastic Off The Sofa », 2022).

## BEYONCÉ ET LES AFRO-FÉMINISTES

Si elle s'est distanciée du féminisme de Beyoncé, Chimamanda Ngozi Adichie défend cependant son droit à se proclamer féministe. La profession de foi féministe de la chanteuse marque un tournant majeur : chacune est encouragée à définir ce que représente le féminisme pour elle, et s'en réclamer. Certaines remercient Beyoncé de pousser de nombreuses femmes, notamment noires, à se réapproprier le féminisme, auquel elles ne se seraient sans doute jamais intéressées car il est dévoyé depuis des décennies, et parce que le discours féministe ambiant a souvent été trop hégémonique, blanc et péremptoire. Pour l'autrice et professeure afro-féministe Brittney Cooper, Beyoncé réussit à mieux parler aux femmes noires que les intellectuelles féministes noires n'y sont jamais parvenues[1]. Mais l'autoproclamation féministe de Beyoncé ne fait pas l'unanimité, alors même que le magazine féministe *Ms.* salue son « féminisme féroce » dès 2013. En France, le magazine *Grazia* ordonne carrément, en 2014 : « Rihanna, Beyoncé, Nicki Minaj : ces stars qui se disent féministes mais qui devraient se taire. » Ce mépris ne vise que des artistes femmes racisées hyper-sexualisées, alors que des artistes blanches hyper-sexualisées comme Madonna ou Miley Cyrus sont, au contraire, célébrées comme des modèles d'*empowerment*[2] pour les femmes. Le fait que Beyoncé irrite parce qu'elle s'autoproclame féministe tout en se sexualisant, est un exemple de « misogynoir ». Ce terme inventé par la journaliste noire-américaine Moya Bailey désigne un mélange de racisme et de sexisme.

De nombreuses intellectuelles féministes, dont noires, estiment ainsi que Beyoncé n'est pas féministe. C'est notamment le cas de la féministe anticapitaliste et queer noire-américaine bell hooks. L'essayiste accueille mal « ***Flawless », et s'insurge de l'hyper-sexualité de la chanteuse. Elle lâche même en conférence que Beyoncé est une « terroriste » qui met en danger les jeunes femmes noires en vendant son corps. Plus tard, bell hooks loue de *Lemonade* (2016)

1. Brittney Cooper, « Why feminism needed Beyoncé », *Cosmopolitan*, 14 février 2018.
2. Processus par lequel l'individu s'émancipe et devient autonome.

son appel à l'amour de soi, mais lui reproche d'être un objet capitaliste stylisé, exploitant les corps des femmes noires pour séduire et vendre, et « les enfermant dans le rôle de la victime[1] ». De son côté, Aisha Durham prévient qu'il est difficile d'échapper au regard masculin lorsqu'une femme noire se sexualise, notamment dans la culture hip-hop des années deux mille, qui lorgne vers une forme de porno chic. La professeure et chercheuse rappelle estime que dans le clip de « Check On It » (2005), Beyoncé donne l'impression qu'elle est maîtresse de son corps, tout en invitant le regard mâle avec avidité. Pour Aisha Durham, Beyoncé peut se permettre cette dualité par son statut d'artiste à succès, qui la distingue de la majorité des femmes noires. Plus surprenant, d'autres chanteuses, blanches, s'estiment en droit de déclarer que Beyoncé n'est pas légitime à se proclamer féministe. C'est le cas d'Annie Lennox (Eurythmics), pour qui « twerker ne peut pas être féministe », ou en France, de Lou Doillon. Pour elles, Beyoncé est trop séductrice et sexy pour être féministe.

Ces critiques sont non seulement instrumentalisées pour dénigrer le féminisme de Beyoncé (souvent par des médias qui ne s'intéressent pas au féminisme d'ordinaire), mais aussi, pour créer de la dissension entre femmes noires, analyse le sociologue Keivan Djavadzadeh[2]. Le chercheur explique en partie les critiques de bell hooks et consorts par un malentendu générationnel. Cette vague de penseuses féministes noires a rejeté le hip-hop comme un « monolithe

---

1. bell hooks, « Beyoncé's Lemonade is capitalist money-making at its best », *The Guardian*, 11 mai 2016.
2. Dans *The Beyoncé Wars: le black feminism, Beyoncé et le féminisme hip-hop*, Le Temps des Médias, Cairn, 2017.

misogyne ». Il faut attendre 1999 et l'ouvrage fondateur de la journaliste Joan Morgan, *When Chickenheads Come Home To Roost*, pour que le terme « féminisme hip-hop » montre une voie possible combinant féminisme et amour du hip-hop. Pour Joan Morgan, il est injuste de demander aux femmes noires de renoncer au hip-hop, devenu une partie majeure de la culture noire-américaine. Pour elle, l'identification de Beyoncé au féminisme a l'avantage de « [pousser] les féministes à parler de choses très nuancées et compliquées ». Beyoncé dérange parce qu'elle montre que la réalité n'est pas aussi simple que ce que prétendent les féministes blanches bourgeoises dominant le mouvement. Les femmes sont plurielles, les féminismes doivent donc l'être aussi. Le 7 février 2016, Beyoncé montre qu'elle s'inscrit dans la continuité de ses aînés, et non en rupture, en portant une tenue rappelant les Black Panthers pour la mi-temps du Super Bowl, invitée par Coldplay. Ce choix vestimentaire lui vaut aussi un appel au boycott d'un syndicat de la police de Miami, où elle doit se produire deux mois plus tard. Des deux côtés de la barrière, Beyoncé irrite.

Ses initiatives contre le racisme et pour valoriser les cultures noires sont aussi parfois durement accueillies. Sa fortune et les prix onéreux des billets pour ses concerts poussent des critiques à questionner l'authenticité de son message de solidarité. Pis, certains estiment que Beyoncé instrumentalise les souffrances des communautés noires pour s'enrichir. « Une représentation puissante et la responsabilité sociale ne sont pas la même chose », résume le Huffington Post à propos du clip de « Formation[1] », controversé car utilisant des images

1. Ernest Owens, « Appropriation, capitalism, blackness and Beyoncé », huffpost.com, 10 février 2017.

d'un cinéaste noir non-crédité[1]. « [...] Le plus triste est de voir que le côté pro-blackness de la vidéo semble encourager un agenda capitaliste plus qu'une expression sincère de créativité artistique. » Enfin, il est souvent reproché à Beyoncé de résumer l'Afrique à un folklore cliché, fait de savanes et danses traditionnelles, loin des réalités complexes du continent. Le fait qu'elle ne se soit encore jamais produite en Afrique finit de convaincre certains qu'elle utilise les cultures africaines à des fins marketing[2]. Des arguments à nouveau émis[3] lorsque la chanteuse sort en 2020 *Black Is King*, bande originale du remake du *Roi Lion* (2019). Certains y voient au contraire une démarche artistique bienvenue aidant à faire connaître des cultures africaines et célébrer la « *blackness*[4] ». À la manière de *Lemonade*, le film musical *Black Is King* est une compilation de clips aux images éthérées avec des invitées de marque. Réalisé par des artistes et réalisateurs africains, il se déroule notamment dans des paysages spectaculaires d'Afrique du Sud, du Ghana, et du Nigeria. Beyoncé apparaît christique, dans une multitude de tenues colorées et aériennes, sertie de bijoux dorés. Elle souhaite promouvoir « une richesse générationnelle, et une richesse de l'esprit » africain, « dont les livres d'Histoire ne parlent pas », écrit-elle. Elle défend ainsi une vision panafricaine, c'est-à-dire, un lien de fierté culturelle entre l'Afrique et ses diasporas.

1. Melonyce McAfee, « Beyoncé's "Formation" video: controversy swirls around footage », CNN, 9 février 2016.
2. « Jay-Z and Beyoncé are inspired by Africa so why won't they perform there?», blackamericaweb.com, 28 juin 2018.
3. Kizzi Asala, « Africans unimpressed by Beyoncé's "Black is king" », africanews.com, 1er août 2020 ou Danielle Paquette, « Beyoncé released a video celebrating "African tradition." Then came the backlash », *The Washington Post*, 9 juillet 2020.
4. Ifeanyi Nsofor et Esther Ngumbi, « Opinion: we are Africans. Here's our view of Beyoncé's "Black is king" », NPR, 7 août 2020.

Le fait que le film soit disponible sur Disney+, une plateforme encore absente dans de nombreux pays africains, finit d'agacer ses détracteurs. Ces critiques s'inscrivent dans un questionnement récent du lien entre l'Afrique et ses diasporas, notamment sa diaspora aux États-Unis. On attend des stars états-uniennes noires plus de réalisme et d'actions concrètes envers le continent africain, au lieu d'une vision fantasmée de leurs racines.

## SEULE EN SON ROYAUME

Beyoncé est-elle féministe ? Plus de dix ans après sa révélation féministe, des centaines de papiers journalistiques et académiques se sont posé la question. Encore à ce jour, le débat fait rage. Mais qui a l'autorité de remettre en cause son féminisme ? « *Nobody can judge me/But me/I was born free* » [Personne ne peut me juger/À part moi/Je suis née libre], tranche la star dans « Church Girl » (2022). Peu semblent le relever, mais sa domination se joue aussi envers les autres femmes : « *I know when you were little girls/You dreamt of being in my world/Don't forget it, don't forget it/Respect that, bow down, bitches (Crown)* » [Je sais que quand vous étiez des petites filles/Vous rêviez d'être dans mon monde/Ne l'oubliez pas/Respectez-le, inclinez-vous, salopes (Couronne)], dit-elle au début de « ***Flawless », où elle clame son féminisme. Beyoncé n'a pas l'ambition d'être votre amie, mais votre reine vénérée. Pour Omise'eke Tinsley, qui a enseigné à partir de 2015 le premier cycle universitaire consacré à Beyoncé, son féminisme offre une formidable porte d'entrée à l'afro-féminisme, qui passe par la réappropriation de l'ultra-féminité et de la sexualité en tant que femme noire dans une société sexiste et raciste: « Aucune indignation féministe n'est suffisante pour pousser Beyoncé à couvrir ses jambes, amoindrir son bling, réduire ses extensions capillaires ou son approche luxueuse de la féminité noire – même, et *notamment*, quand cette féminité est balayée comme frivole, rétrograde et pas assez afro-féministe […][1]. »

S'il est sain d'interroger les impensés et limites du féminisme de Beyoncé, et de ses engagements, il est aussi irréaliste d'attendre d'elle une pureté militante. La vie d'une femme est parcourue de contradictions, davantage encore pour les stars sans cesse rattrapées par des logiques capitalistes et d'image. Cependant, il est important de soulever ses contradictions. En 2016, Ivy Park, sa ligne de vêtements de sport vendue comme vectrice d'empowerment, est accusée par le tabloïd *The Sun* de faire travailler des ouvrières sri-lankaises pour 64 centimes de l'heure[2]. Un exemple de féminisme washing: exploiter des femmes pauvres sous couvert de féminisme capitaliste. Les accusations sont démenties, mais relancent le débat sur les liens entre féminisme pop et fast fashion, qui exploite les plus pauvres et pollue. En janvier 2023, Beyoncé déçoit cette fois une partie des communautés LGBTQ+ en décidant de faire son retour sur scène, après quatre ans d'absence, à Dubaï, aux Émirats arabes unis, où les droits des femmes et LGBTQ+ sont très malmenés. Elle assure un concert privé d'une heure célébrant l'ouverture d'un hôtel de luxe, et empoche 24 millions de dollars. Icône LGBTQ+

1. Dans *Beyoncé in Formation, Remixing Black Feminism*, University of Texas Press, 2018.
2. James Mills, « Bey-ond awful exposed: sweatshop "Slaves" earning just 44p an hour making "empowering" Beyoncé clobber », *The Sun*, 8 mai 2016.

récompensée pour ses actions en faveur de ces communautés, son dernier album en date, *Renaissance* (2022), rend même hommage aux scènes ball rooms, LGBTQ+ et racisées. Elle n'en a interprété aucun titre à Dubaï, où d'autres stars richissimes avaient été invitées pour l'applaudir.

## TAYLOR SWIFT, DE LA RIVALITÉ FÉMININE À UN FÉMINISME SOLIDAIRE

Lorsque le site The Daily Beast lui demande, en 2012, si elle est féministe, Taylor Swift répond: « Je ne vois pas vraiment les choses comme "les garçons contre les filles". Ça n'a jamais été le cas. J'ai été élevée par des parents qui m'ont mis en tête que si tu travailles aussi dur qu'un mec, tu peux aller loin dans la vie. » À ce moment-là, l'Américaine vient de sortir son quatrième album, *Red*, et a 22 ans. Pour elle, être féministe est un gros mot qui fait peur. Cela se sent dans ses textes, où la rivalité féminine amoureuse est souvent présente.

Mais revenons au début. Cette multi-instrumentiste, qui s'est vue offrir sa première guitare à l'âge de 8 ans, s'inscrit dans la lignée d'Alanis Morissette, Dolly Parton, Shania Twain, ou encore, Sheryl Crowe. Après avoir tenté sa chance à Broadway, elle persuade ses parents, Andrea et Scott Swift, directrice marketing dans une agence publicitaire, et conseiller financier, de quitter la Pennsylvanie pour Nashville (Tennessee). Son espoir: devenir une star de la country. La jeune Taylor prend des cours d'écriture de chanson dès l'âge de 12 ans. Très vite, l'amour devient son thème de prédilection. Elle offre à son public un exercice collectif cathartique, établissant ainsi un lien puissant avec lui.

## UN ROMANTISME SIRUPEUX

Ses premières chansons et clips explosent le kitschomètre. Mais il faut bien constater que la qualité d'écriture est déjà là. Taylor Swift saisit de minuscules moments de vie, les raconte de son point de vue avec candeur, y mêle des sentiments à la fois précis et universels. Construisant ses morceaux country comme des chansons pop, la jeune Taylor Swift montre d'emblée son ambition de toucher un public large. Son premier gros succès, « You Belong With Me », tiré de son deuxième album, *Fearless* (2008), illustre cette recette. Comptabilisant plus d'un milliard de vues sur YouTube, ce titre porté par un banjo guilleret et un faux accent country à couper au couteau développe l'un de ses arcs narratifs préférés: une histoire d'amour impossible, et pourtant, évidente, entre une jeune femme discrète, et un garçon « parfait ». Souvent, le garçon en question est en couple avec une fille qui ne le mérite pas: la rivalité féminine fait partie intégrante de son récit sentimental. Dans « You Belong With Me », Swift se met dans la peau d'une adolescente maladroite, amoureuse d'un camarade de classe qui est aussi son voisin. Il est en couple avec une autre fille, populaire, belle et sournoise. Fait intéressant: dans le clip, Swift incarne ces deux filles, la prétendante gentille et « nerd », et la rivale méchante aux tenues sexy, offrant à elle seule deux portraits d'adolescentes radicalement opposées. C'est caricatural, et c'est pour ça que ça marche. À la fin, le garçon choisit sa gentille voisine, après que sa beauté est révélée par un relooking, un grand classique des années deux mille.

Ici, Taylor Swift valorise le fait d'être une fille sage, humble, drôle, bizarre, modeste, voire, enfantine, plutôt qu'une fille sexy, forcément superficielle et cruelle. Un autre de ses plus gros tubes, le titre « Love Story », est inspiré de *Roméo et Juliette*. Le clip, vu près de 700 millions de fois, nous transpose au XIXe siècle dans le château privé de Castle Gwynn, près de Nashville. Taylor Swift est vêtue telle une princesse de conte de fées, avec de longues robes en satin couleur crème, tandis que son prétendant ressemble à un prince sorti d'un Disney. Attention, les paroles sont si premier degré qu'elles peuvent brûler :

*He knelt to the ground and pulled out a ring and said*
*"Marry me, Juliet, you'll never have to be alone*
*I love you, and that's all I really know*
*I talked to your dad, go pick out a white dress*
*It's a love story, baby, just say yes"*

Il s'est agenouillé à terre et a sorti une bague, et dit
« Épouse-moi Juliette, tu n'auras jamais besoin de te sentir seule
Je t'aime et c'est tout ce dont je suis vraiment sûr
J'ai parlé à ton père, va choisir une robe blanche
C'est une histoire d'amour, bébé, dis juste oui »

En 2021, des adolescentes modifient les paroles sur TikTok, pour dire à Juliette qu'elle peut « très bien être toute seule, et n'a pas besoin qu'un prince charmant vienne la sauver ». Si cette chanson a mal vieilli, elle garde la saveur nostalgique des histoires clichées qu'on se jouait en boucle à l'adolescence.

Quand on écoute les premiers albums de Swift, la moquerie paraît donc inévitable. Il faudrait pourtant faire l'effort de se rappeler qui s'adresse à nous : une adolescente entre 15 et 18 ans, qui a grandi auprès de parents hétérosexuels, dans une famille blanche, aisée, croyante. Vu cet environnement, la jeune musicienne avait de grandes chances d'avoir une conception de l'amour très idéalisée, cul-cul, et hétéronormée. Dans la jolie ballade « Fifteen », présente sur le même disque que « Love Story », Taylor Swift fait pourtant un pas de côté :

*But in your life you'll do things*
*Greater than dating the boy on the football team*
*But I didn't know it at fifteen*
*When all you wanted, was to be wanted*
*[...] Back then I swore I was gonna marry him someday*
*But I realized some bigger dreams of mine*

Dans la vie, tu feras
Des choses plus grandes que de sortir avec le garçon de l'équipe de football
Mais je ne le savais pas à 15 ans
Quand tout ce que tu voulais, c'était d'être voulue
[...] À l'époque je jurais que je l'épouserais un jour
Mais j'ai compris que j'avais des rêves plus grands

Avec « Fifteen », ou encore, « White Horse », Swift réussissait déjà à prendre du recul sur les emportements amoureux de son adolescence.

## UN MÉPRIS SEXISTE

Le mépris pour sa musique n'est pas qu'une affaire de goûts et de couleurs. Les tenants du « bon goût » méprisent la pop parce qu'ils en méprisent le public, féminin, jeune, et/ou LGBTQ+. Cela revient à créer une hiérarchie culturelle, sociale, genrée et sexuelle. L'intelligence de Swift est depuis toujours sous-estimée. Pourtant, elle a su faire preuve d'autodérision dès les débuts de sa carrière. « J'aime écrire des chansons sur des pauvres types qui m'ont trompée / Mais je ne le dirai pas dans mon monologue », chante-t-elle sur le plateau du Saturday Night Live, en 2009, du haut de ses 20 ans. Malgré cette autodérision, les millions d'albums vendus, ses Grammy Awards, Taylor Swift continue à être dépeinte par ses détracteurs comme une écervelée aux chansons ridicules. « Quand j'étais adolescente, j'entendais les gens parler du sexisme dans l'industrie de la musique, et je me disais : "Je ne le vois pas, je ne comprends pas" », se souvient-elle auprès de *Vogue* en 2019. « Ensuite, j'ai compris que c'était parce que j'étais une enfant. Les hommes de l'industrie de la musique me voyaient comme une enfant. J'étais une jeune fille dégingandée, maigrichonne, surexcitée, qui leur rappelait davantage leur petite-nièce ou leur fille, plutôt qu'une femme d'affaires ayant du succès, ou une consœur. [...] Mais dès que j'ai commencé à jouer dans des stades – la même époque où j'ai commencé à ressembler à une femme – ce n'était plus cool du tout. » C'est là qu'une bascule s'opère. De « fillette gnangnan », Taylor Swift est désormais décrite comme une « mangeuse d'hommes hystérique ». Ses relations avec des hommes aussi populaires et séduisants qu'elle, comme Jake Gyllenhaal, Joe Jonas, Calvin Harris ou Harry Styles, lui valent l'obsession sans borne des journaux people. Là où un homme multipliant les conquêtes est célébré comme un « Don Juan », une femme dans la même situation est vue comme une traînée. Les médias réduisent son travail à un étalage de sa vie amoureuse. En l'occurrence, on accuse Taylor Swift d'exploiter ses relations à des hommes connus pour en faire des chansons et gagner de l'argent. « [Les médias] avaient décidé que ma manière d'écrire des chansons était une farce, plus qu'une compétence et un art », observe-t-elle dans une interview donnée à Apple Music. En 2014, la pop star remarque auprès du *Guardian* que personne n'adresse ces critiques à Ed Sheeran ou Bruno Mars, qui écrivent pourtant, eux aussi, sur leur vie privée. Swift dénonce ces discours sexistes et pousse à l'extrême l'image d'écervelée hystérique qu'on lui prête dans ses deux premiers tubes pop, « Shake It Off » (« Je sors trop tard / J'ai rien dans le crâne / C'est ce que les gens disent / Je fais trop de rencards / Mais je n'arrive jamais à les faire rester / C'est ce que les gens disent ») et « Blank Space », issus de *1989* (2014), et dont les clips ont chacun dépassé les trois milliards de vues.

En 2020, ce traitement médiatique sexiste l'a poussée pour la première fois à écrire des chansons avec des personnages imaginaires, pour se protéger du regard extérieur. C'est comme ça qu'elle a présenté son album folklore (2020), notamment le trio de chansons « Cardigan », « August » et « Betty », qui parlent d'un imbroglio amoureux entre trois adolescents, James, Betty et Augustine. « Il en allait de ma santé mentale et émotionnelle », confie-t-elle à Apple Music. Mais les moqueries ne sont jamais loin. En 2021, la série *Ginny and Georgia* (Netflix) crée la polémique à cause d'une réplique où l'héroïne lance à sa mère : « Tu changes d'homme plus vite que Taylor Swift. » Une blague dénoncée par l'intéressée comme « terriblement sexiste » et datée.

## LE FÉMINISME TRÈS CRITIQUÉ DE TAYLOR SWIFT

C'est en 2014 que Taylor Swift se décrit féministe pour la première fois, lors des interviews données dans le cadre de son quatrième album, *1989*. « Quand j'étais adolescente, je ne comprenais pas qu'être féministe voulait juste dire espérer que femmes et hommes soient égaux en droits et en opportunités », explique-t-elle au *Guardian*. « Vu la manière dont c'était présenté dans la culture, dans la société, je croyais que ça voulait dire qu'on détestait les hommes. » Elle explique sa prise de conscience féministe par sa rencontre avec Lena Dunham, créatrice de la série *Girls*, artefact du féminisme pop, et le travail de l'actrice Emma Watson (*Harry Potter, The Bling Ring*) auprès des Nations Unies, avec la campagne *He For She*. Comme pour Beyoncé, l'éveil de Taylor Swift au féminisme est un événement. Cette fois, parce qu'elle vient de la country, un milieu particulièrement conservateur à part des exceptions comme Shania Twain, Dolly Parton ou les Dixie Chicks, dénigrées après leur opposition à l'invasion de l'Irak. Un événement qui pousse d'ailleurs l'entourage de Swift à lui interdire de s'exprimer sur la politique. Elle invitera les Dixie Chicks (devenues The Chicks) sur son album *Lover* (2019). Quelle est sa vision du féminisme ? Elle présente les traces d'une hiérarchisation entre les femmes. Auprès du *Guardian*, la star nie vouloir « paraître sexy », expliquant préférer « avoir l'air gentille », comme si les deux étaient incompatibles. À cette époque elle chante néanmoins en petite tenue pour la marque de lingerie Victoria's Secret et ses tenues de scène deviennent de plus en plus sexy. Pourtant, Swift agite l'importance de se soutenir « entre filles » dans un monde « de mecs ». De quoi rappeler le girl power post-féministe et la sororité des Spice Girls. À la sortie de son

*1989*, elle s'entoure d'un « girls squad », un groupe de filles tout aussi célèbres qu'elle. Swift rassemble ces mannequins, chanteuses et actrices dans le clip de « Bad Blood », comme Karlie Kloss, Cara Delevingne, Cindy Crawford, Ellie Goulding, ou Ellen Pompeo (*Grey's Anatomy*). Elle en invite même certaines à la rejoindre sur scène pendant la tournée The 1989 Tour. Le « girl's squad » de la pop star n'est pas vu comme inspirant, mais incarnant une forme de sororité blanche et très privilégiée, déconnectée de la réalité. Comme Beyoncé, Taylor Swift se voit parfois refuser le droit à s'identifier comme féministe : « Il y a une différence entre être féministe et se dire féministe, tranche la journaliste féministe Jill Filipovic. Le féminisme ne se résume pas à soutenir vos amies ou sortir des petits slogans charmants sur le girl power ; c'est un mouvement politique, avec des buts politiques[1]. » En exhibant cette bande d'amies riches et filiformes avec une volonté girl power, Swift est accusée de participer au culte de la minceur, et d'afficher un féminisme privilégié et dépolitisé. Grande, élancée, très mince, blonde aux yeux bleus, un visage symétrique, une bouche pulpeuse, un sourire éclatant, Swift coche de nombreux critères physiques valorisés par la société occidentale. Autant d'idéaux oppressifs, qui sont de plus en plus critiqués dans les années deux mille dix par une nouvelle vague du mouvement *body positive*[2]. Son girls squad paraît donc à côté de son époque. D'ailleurs, Lena Dunham, invitée avec les mannequins Gigi Hadid et Lily Aldridge sur scène à l'un de ses concerts, confie s'être sentie mal à l'aise en tant que femme grosse, à côté de ces trois

1. Jill Filipovic, « Sorry, Taylor Swift. Being a feminist is about more than just supporting your girlfriends », *The Washington Post*, 23 juillet 2015.
2. Mouvement social prônant l'acceptation de tous les corps humains quels qu'ils soient.

femmes minces. À cette époque, Swift affiche elle-même une maigreur inquiétante. Elle souffre alors de graves troubles alimentaires, dont elle parle pour la première fois dans le documentaire *Miss Americana* (Netflix) en 2020. Ce n'est pas un détail. On ne peut lui reprocher d'entretenir le culte de la minceur, sans prendre en compte le fait qu'elle en a elle-même été victime.

Fin 2022, Swift est taxée de grossophobie à cause d'une scène du clip de « Anti-Hero ». Voulant illustrer ses troubles du comportement alimentaire, elle monte sur une balance, qui affiche le mot « *fat* » (grosse) en lettres capitales. Un édito du site féministe *The Cut*[1] estime ainsi que ce moment de la vidéo « renforce l'idée qu'être "grosse" est une mauvaise chose ». Face à la polémique, la scène est retirée.

Pour Andi Zeisler[2], les attaques répétées envers Swift, qu'elle se dise féministe ou non, illustrent que « nous faisons peser tellement de responsabilité sur les épaules de telle ou telle célébrité, à se conformer à une idéologie et à l'incarner d'une manière qui nous convient. [...] Son cas montre en quoi le celebrity feminism porte davantage sur les célébrités en elles-mêmes, que sur le féminisme. On s'intéresse à leur bravoure, leur parcours, ou leur avis personnel sur ce qu'est le féminisme, plutôt qu'au fait que le féminisme existe en soi, avec ou sans les célébrités. » Pour autant, Andi Zeisler estime que Taylor Swift incarne ce « féminisme de célébrités » qui s'appuie sur le néolibéralisme pour essayer de transformer des

1. Olivia Truffaut-Wong, « Taylor Swift, fatphobia, and me », *The Cut*, 25 octobre 2022.
2. Amanda Marcotte, « From Riot Grrrl to CoverGirl: What does feminism mean in an era when it's being used to sell lipstick? », salon.com, 21 mai 2016.

choses anodines ou absconses, en exemple d'empowerment, comme le fait d'avoir « une troupe d'amies superbes ».

Mais Taylor Swift révèle des angles morts sur la question de l'intersectionnalité. En juillet 2015, Nicki Minaj s'agace que le clip très sexy de son tube « Anaconda » ne soit pas nommé dans la catégorie Meilleur clip aux MTV VMA. La rappeuse s'énerve sur Twitter : « [...] Si votre vidéo met en avant des corps minces, vous serez nommés pour la Vidéo de l'année. [...] Les femmes noires influencent tellement la culture pop, mais elles sont rarement récompensées pour ça. » Minaj a raison : entre 2010 et 2014, seulement deux nommées à ce prix étaient des femmes noires (Beyoncé et Rihana). La rappeuse met en lumière un double standard : il est plus facile pour une artiste blanche de sortir un clip sexy, que pour une artiste noire. Taylor Swift se sent visée par ses critiques, car le clip de « Bad Blood » a été nommé. Elle réplique à Nicki Minaj : « Je n'ai jamais rien fait d'autre que t'aimer et t'encourager. Cela ne te ressemble pas de monter les femmes les unes contre les autres. Peut-être qu'un homme a piqué ta place... » À l'origine, les deux femmes s'entendent bien : Minaj a déjà remercié Swift d'avoir aidé sa carrière à décoller, parce qu'elle avait recommandé son titre « Super Bass » (2011) lors d'une interview en radio. La rappeuse lui répond : « Tu n'as pas dû lire mes tweets. Je n'ai pas dit un mot sur toi. Je t'aime toujours autant. Mais tu devrais prendre la parole à ce sujet ». Swift lui propose de l'accompagner sur scène si elle l'emporte. Une réponse « insensible » pour de nombreux médias, dont le *Guardian*. L'imbroglio ravive le débat sur le racisme de l'industrie de la musique, en partie bâtie sur l'appropriation du travail d'artistes noirs par des artistes blancs. Nicki Minaj voulait en dénoncer les biais sexistes *et* racistes, mais Swift n'a pas saisi cette nuance. Pour le *Washington Post*, c'est la preuve qu'elle a « peu compris ce qu'est le féminisme ». « C'est le sommet du "féminisme blanc" », s'insurge de son côté le Huffington Post. Swift reconnaît être « passée à côté du message » de Minaj, et lui présente ses excuses. Lors des MTV VMA, elles offrent un medley de leurs chansons « The Night Is Still Young » et « Bad Blood », signe de leur réconciliation.

Son autre angle d'attaque féministe est économique, dans la lignée du féminisme néo-libéral. Elle se positionne en femme d'affaires exigeante. Elle défend le prix de vente de ses albums, développe un sens du merchandising aigu, bat des records de ventes de vinyles alors que le format revient à la mode, et réenregistre ses premiers albums pour en posséder les droits. Elle juge trop faible la rémunération des artistes par les sites de streaming, et fait plier Apple Music à ce sujet. De 2014 à 2018, elle retire même son catalogue de Spotify, seule pop star de cette envergure à le faire.

## POURFENDEUSE DU SEXISME DE L'INDUSTRIE MUSICALE

C'est en étant confrontée à trois expériences de sexisme que le rapport de Taylor Swift au féminisme évolue. D'inexistant à timide, puis *girly*, il devient plus revendicatif et politique.

D'abord, avec l'affaire Kanye West, déjà abordée. Après les excuses du rappeur, la hache de guerre semble enterrée lorsque Taylor Swift l'introduit aux MTV VMA en l'appelant « mon ami Kanye ». Mais le 11 février 2016, alors qu'il se produit au Madison Square Garden, à New York, Kanye West chante un titre inédit, « Famous ». Les paroles disent : « Je pense qu'il y a encore moyen que je couche avec Taylor/Pourquoi ? J'ai rendu cette salope célèbre/Putain de Dieu/J'ai rendu cette salope célèbre ». La foule crie : « Fuck Taylor Swift ! ». La chanson est très mal accueillie par les fans de la chanteuse. L'assertion « J'ai rendu cette salope célèbre » est non seulement avilissante et sexiste, mais aussi, malhonnête. Lors des MTV VMA 2009, Taylor Swift a déjà vendu plusieurs millions d'albums aux États-Unis : elle était *déjà* célèbre. Alors qu'elle qualifie « Famous » de misogyne, Kanye West affirme qu'elle l'a autorisé à sortir cette chanson. L'équipe de Swift dément, mais West persiste. Dans le clip, il est allongé dans un lit gigantesque, au milieu de statues réalistes de célébrités nues, dont son épouse, Kim Kardashian, Donald Trump (qu'il soutiendra par la suite), et Taylor Swift. À côté, Kim Kardashian publie en ligne un extrait d'une conversation téléphonique entre West et Swift, où il évoque ce nouveau titre. Kim Kardashian qualifie la chanteuse de « serpent », c'est-à-dire, de menteuse mal intentionnée. Swift proteste que l'enregistrement est incomplet et a été réalisé à son insu. Mais ses arguments sont inaudibles. Des milliers d'internautes publient l'emoji « serpent » sur ses réseaux sociaux. Le hashtag #TaylorSwiftIsOverParty (« La fête célébrant la fin de Taylor Swift ») explose. Une large partie de l'opinion médiatique et publique l'accuse de se victimiser pour attirer l'attention, comme les sites Complex, Buzzfeed ou Babe. Elle disparaît pendant plus d'un an. En 2017, Swift règle ses comptes avec l'album *Reputation*. Elle y affirme que « l'ancienne Taylor [...] est morte » (« Look What You Made Me Do ») et enterre toute possibilité de réconciliation avec Kanye West (« This Is Why We Can't

Have Nice Things »). En mars 2020, leur fameux appel téléphonique de 2016 est dévoilé en ligne, en entier. Durant les 25 minutes de conversation, le rappeur ne mentionne pas l'expression « J'ai rendu cette salope célèbre ». Il promet aussi à Swift de lui envoyer les paroles définitives, ce qu'il n'aurait jamais fait. Elle disait donc la vérité : elle n'avait pas connaissance des paroles que West allait employer à son encontre. L'humiliation qu'il lui avait infligée aux MTV VMA de 2009 avait généré chez elle un sentiment d'imposture. Dix ans plus tard, il essaie encore de la déposséder de son succès, et nombreux sont persuadés que sa carrière est terminée. Mais *Reputation* se vend à 4,5 millions d'exemplaires et sa tournée devient la plus rentable de l'histoire en Amérique du Nord, avec 2,55 millions de spectateurs. La réappropriation de sa rixe avec le couple West-Kardashian n'est pas forcément vue comme une forme d'empowerment. « Taylor Swift n'a toujours rien compris », se lamente le média féministe Bustle[1], qui lui reproche de se poser encore en victime qui n'a rien à se reprocher. Certaines l'accusent d'être une « fausse féministe[2] », voire, d'instrumentaliser la notion de féminisme pour refuser les critiques, et servir ses propres intérêts.

Le deuxième événement amenant la politisation de Taylor Swift est l'agression sexuelle qu'elle subit le 2 juin 2013, à Denver, dans le Colorado. Elle accorde une interview à David Mueller, DJ d'une radio locale. Alors qu'ils posent pour une photo, il glisse sa main sous sa jupe et lui attrape

---

1. Shannon Carlin, « Taylor Swift hasn't learned a damn thing », bustle.com, 25 août 2017.
2. Sade Andria Zabala, « Screw Taylor Swift's self-serving feminism », thought-catalog.com, 31 août 2017.

les fesses. Deux jours plus tard, il est congédié après une enquête interne. En 2015, il porte plainte pour dénonciation calomnieuse contre Swift, sa mère, et son directeur de promotion radio. Il réclame 3 millions de dollars. La pop star l'attaque en contrepartie pour agression sexuelle, et demande un dollar symbolique de dédommagement. La justice abandonne les charges de Mueller contre elle. Un procès fédéral se déroule en août 2017 à Denver, attirant de nombreux médias. Les fans se pressent pour soutenir Taylor Swift. Le procès est une expérience « démoralisante, horrible » écrit la star dans le magazine *Elle*. Swift se prend de plein fouet la culture du viol, alors que la véracité de sa parole est violemment questionnée. Dans ce tribunal austère, elle exprime une colère inédite, qui surprend. David Mueller reconnaît un « accident ». La justice donne finalement raison à la chanteuse, qui promet des dons à des associations luttant contre les violences sexuelles faites aux femmes. Si Swift n'a demandé qu'un dollar symbolique de dédommagement, c'est parce qu'elle espère « servir d'exemple à d'autres femmes qui rechignent à revivre publiquement des actes outrageux et humiliants de ce type ». Ce faisant, « elle a retiré toute suspicion d'avidité personnelle », analyse le *New York Times*, puisque les victimes de violences sexuelles sont toujours soupçonnées de porter plainte pour s'enrichir, un cliché tenace de la culture du viol. Mais pour Bustle, ce procès « ne sauve en rien [le] féminisme bancal » de Swift. Un constat sévère, alors que #MeToo n'a pas encore eu lieu et que l'année précédente, Swift a fait don de 250 000 dollars à la chanteuse Kesha pour l'aider dans son procès pour violences contre son producteur, Dr. Luke (voir chapitre IV). En 2017, Swift figure parmi les « briseuses de silence » de #MeToo, désignées Personnalités de l'année par *Time*

*Magazine*. « Quelque chose a complètement et irrémédiablement changé depuis ce procès pour agression sexuelle », raconte la pop star dans *Miss Americana*. « Aucun homme de ma famille, ni de mon entourage, ne peut comprendre ce que c'était. »

À la fin des années deux mille dix, elle découvre une troisième facette de la violence de l'industrie musicale. Fin 2018, elle décide de ne pas renouveler son contrat avec Big Machine Records, qu'elle quitte pour Universal. Elle souhaite racheter les droits de ses six premiers albums, car son contrat signé à ses 15 ans ne le prévoyait pas. Un type de contrat classique et répandu dans l'industrie musicale, qui insurge Taylor Swift aussi bien sur le côté pécuniaire que symbolique. Pour elle, c'est une violence sexiste. Sauf que Scott Borchetta, patron de Big Machine Records, vend le catalogue du label à Scooter Braun, homme d'affaires très connu et manager de stars. Kanye West a notamment fait appel à ses services de 2016 à 2018, pile lors de l'affaire « Famous ». Swift est ainsi persuadée que Scooter Braun a encouragé ses artistes, comme Kanye West ou Justin Bieber, à s'en prendre à elle. Cet homme, qu'elle accuse de « harcèlement incessant » et « manipulation », possède désormais ses six premiers albums. Swift se sent trahie par Scott Borchetta, et affirme avoir appris la nouvelle de la vente « en même temps que le reste du monde ». La pop star dénonce cette trahison dans le premier clip qu'elle réalise, pour le single « The Man » (2019). À l'aide de maquillage et de prothèses, elle se grime en un alter ego masculin, Tyler Swift, un financier véreux et coureur de jupons sexiste rappelant Leonardo DiCaprio dans *Le Loup de Wall Street* (2013). On le voit uriner contre un mur, où sont tagués les titres des six premiers albums de Swift. Il symbolise Scooter Braun s'emparant du travail d'une femme aussi facilement qu'un chien marque son territoire. Dans cette chanson dénonçant les doubles standards sexistes de l'industrie musicale, la chanteuse affirme que si elle avait été un homme, elle n'aurait pas rencontré autant d'obstacles ni de remises en question :

*I'd be a fearless leader*
*I'd be an alpha type*
*When everyone believes you*
*What's that like?*
*I'm so sick of running as fast as I can*
*Wondering if I'd get there quicker if I was a man*
*And I'm so sick of them coming at me again*
*Cause if I was a man*
*Then I'd be the Man*

Je serais un meneur sans peur
Je serais du type alpha
Quand tout le monde vous croit
Qu'est-ce que ça fait ?
Je suis si fatiguée de courir aussi vite que je le peux
En me demandant si j'y arriverais bien plus vite en étant un homme
Et je ne supporte plus qu'ils s'en prennent à moi sans cesse
Car si j'étais un homme
Alors, je serais l'homme de la situation

« The Man » suscite des réactions polarisées. Au Royaume-Uni, le magazine féminin *Stylist*[1] salue sa dénonciation du « sexisme ordinaire » et son inscription

1. Jessica Rapana, « Taylor Swift's The Man: all the shots fired at everyday sexism in the song's video », *Stylist*, 2019.

dans la lignée des discussions de l'ère #MeToo : Swift « a armé une nouvelle génération de féministes avec les mots nécessaires pour exprimer les dynamiques genrées qu'elles affrontent chaque jour. » Pour *USA Today*[1], « The Man » illustrerait au contraire la tendance de Swift à se faire passer pour une victime, alors qu'elle est une artiste très puissante, et à résumer le sexisme aux mésaventures qui lui sont arrivées. *Bitch Media*[2] l'accuse de son côté de s'approprier la culture drag king (l'équivalent féminin des drag-queens) en se grimant en homme pour le clip de « The Man ».

Mais l'histoire n'est pas terminée. En novembre 2020, Scooter Braun revend les masters originaux des six premiers disques de Swift à une société de financement privée, pour la modique somme de 300 millions de dollars. Gardant une participation, il peut continuer à en tirer profit. « C'est la deuxième fois que ma musique est vendue à mon insu », s'insurge l'artiste. Swift ne s'y résoud pas, car elle met un point d'honneur à jouir des fruits de son travail. Pour elle, c'est aussi un enjeu féministe.

Scott Borchetta et Scooter Braun nient la version des faits donnée par la pop star. Le second se défend aussi de ses accusations de harcèlement moral. En interview, il lui exprime même un soutien troublant, et dit regretter la façon dont les choses se sont passées[3]. Swift décide de réenregistrer ses six premiers albums, comme le permet son contrat initial.

1. Haley Victory Smith « Dear Taylor Swift, you are not a victim, so stop acting like one », *USA Today*, 2019.
2. Leanna Garfield, « In "The Man", Taylor Swift seeks to critique sexism, but twists drag to do so », bitchmedia.org, 10 mars 2020.
3. Jay Williams, « Scooter Braun on the lessons he's learned while defying expectations », NPR, 27 septembre 2022.

Le but : que ces morceaux réenregistrés soient achetés, écoutés et utilisés en synchro, plutôt que les originaux. Depuis, elle a ressorti quatre albums, enrichis de titres inédits et nouveaux clips : *Fearless (Taylor's Version)*, *Red (Taylor's Version)*, *Speak Now (Taylor's Version)*, *1989 (Taylor's Version)*. Les fans, et de nombreuses artistes, soutiennent son initiative. Chaque « re-sortie » est un événement. *Red (Taylor's Version)* se vend ainsi à 1,2 million d'exemplaires en une semaine. Le groupe de radios américaines iHeart Radio s'engage à ne diffuser que les versions réenregistrées une fois disponibles, et les plateformes de streaming les mettent en avant et les intègrent à leurs playlists officielles, au détriment des morceaux originaux. Les deux premiers albums ressortis, *Fearless* et *Red*, dépassent rapidement le nombre d'écoutes en streaming des versions originales[1].

## DES « REVENGE SONGS » POUR REPRENDRE LE POUVOIR

Plutôt qu'un déballage, on peut voir les chansons de Taylor Swift comme une manière de retrouver une forme de pouvoir sur les hommes qui l'ont blessée. Son écriture est parfois sans pitié : « Ne crois-tu pas que j'étais trop jeune pour jouer avec moi ? », reproche-t-elle dans « Dear John », titre de son troisième disque, *Speak Now* (2010). Il porterait sur le chanteur John Mayer. De douze ans son aîné, elle l'a fréquenté l'année de ses 19 ans. Avec le titre « All Too Well », Taylor Swift fait preuve d'une résilience forte. D'abord sorti en 2012 sur l'album *Red*, cette chanson raconte la descente aux enfers d'une histoire d'amour

1. Tim Ingham, « Taylor Swift's "Taylor's version" re-records may be exceeding even her high expectations », musicbusinessworldwide.com, 5 juillet 2023.

passionnelle et tumultueuse, peut-être celle qu'elle a vécue avec l'acteur Jake Gyllenhaal (*Brokeback Mountain, Zodiac*). De dix ans son aîné, elle l'a fréquenté l'année de ses 20 ans. Décrivant une relation où elle se fait mener par le bout du nez par un homme plus vieux et ambivalent, elle évoque une « écharpe », une « innocence » qu'il a gardée. Sans être un single, « All Too Well » est devenu un morceau très affectionné des fans. À l'automne 2021, Swift en sort une version de dix minutes, pour le réenregistrement de l'album *Red*, qu'elle présente comme la version originelle écrite dix ans plus tôt. La chanteuse offre même un clip d'une quinzaine de minutes. Les nouveaux couplets dressent un tableau encore plus sombre, infusé d'un point de vue féministe : « Je découvre un nouvel enfer à chaque fois/Que tu me traverses l'esprit/Tu dis que si on avait été plus proches en âge, tout se serait bien passé/Ça m'a donné envie de mourir ». Cet ancien amant se prétendait féministe, mais ne la respectait pas : « Je n'ai jamais été douée pour raconter des blagues/Mais voici la punchline/Je vieillirai, mais tes amantes continueront à avoir mon âge ». Le recul de Taylor Swift reflète celui que toute femme peut avoir sur ses relations passées en vieillissant, mais aussi, le fait que #MeToo a repolitisé notre lecture des relations femmes-hommes (voir chapitre VI). D'ailleurs, la manière dont Swift décrit les relations hommes-femmes se politise sur ses derniers disques. Elle dénonce le fait que les colères légitimes des femmes soient retournées contre elles par les hommes, avec « The Man » ou « Mad Woman », un titre ombrageux inspiré de l'affaire Borchetta/Braun. Dans *Folklore*, elle écrit pour la première fois une chanson élogieuse sur la maîtresse d'un homme en couple avec « August ». Il ne s'agit plus d'alimenter la rivalité féminine ni diaboliser de pseudos rivales, mais faire preuve d'empathie et renvoyer les hommes à leurs responsabilités. Swift explique avoir compris « qu'une femme ne peut pas voler un homme à une autre femme ». Elle dit même essayer de « déprogrammer » sa propre misogynie : « Les salopes, les putes, les femmes "bossy", tout ça, ça n'existe pas », clame-t-elle dans le documentaire *Miss Americana*. On est loin de « Better Than Revenge » (2010), tableau avilissant d'une femme pour laquelle un ex l'a quittée : « Elle n'est pas une sainte, et elle n'est pas ce que tu crois / C'est une actrice, wow / Elle est surtout connue pour les choses / Qu'elle fait sur le matelas, wow ». Dès 2014, Swift prend ses distances avec ce morceau au slut-shaming assumé, et plaide son immaturité lorsqu'elle l'a écrite à l'âge de 18 ans. Quand elle réenregistre *Speak Now* en 2023, elle réécrit ce passage, qui devient : « Elle n'est pas une sainte, et elle n'est pas ce que tu crois / C'est une actrice, wow / Il était comme un papillon de nuit attiré par la lumière / Et elle tenait les allumettes ». Même avec ce petit changement, « Better Than Revenge » reste une chanson qui rabaisse une rivale. Si certains saluent cette modification, d'autres reprochent à Swift de ne pas assumer son sexisme passé et réécrire son histoire pour coller à son discours actuel. Chez la pop star, ne plus entretenir la rivalité féminine amoureuse va de pair avec une remise en cause de son image de « miss parfaite et moralement supérieure », qu'elle a longtemps alimentée. Taylor Swift gagne en humilité et complexité, dévoile ses angoisses et travers. Elle confesse que ses anxiétés l'amènent à provoquer le conflit au sein de son couple (« Afterglow », « Happiness », « The Great War », « False God »), explore ses facettes sombres (« Midnights Rain ») et défauts (« Anti-Hero », « You're On Your Own, Kid », « Mastermind »).

## DES ENGAGEMENTS POLITIQUES SUR LE TARD

Si les prises de position Swift sont très critiquées, elles sont pourtant attendues. En 2016, « Pour qui Taylor Swift va-t-elle voter ? » est la question en lien avec une célébrité la plus recherchée sur Google pendant la course à la Maison-Blanche, qui oppose Hillary Clinton et Donald Trump. Swift ne s'étant jamais exprimée sur la politique, et venant de la country, on la pense Républicaine. D'autant qu'à partir de 2016, des suprémacistes blancs en font leur idole[1]. Mais d'un autre côté, s'étant déclarée féministe deux ans plus tôt, il paraîtrait logique qu'elle soutienne Clinton. Sauf que la pop star ne donne pas de consigne de vote, ce qui lui sera beaucoup reproché à la victoire de Trump. Swift dira qu'elle avait peur de porter préjudice à Clinton, à cause du traitement médiatique violent qu'elle subissait alors face à Kanye West. Début 2017, elle salue les participantes aux Women's March, organisées pour dénoncer l'élection du misogyne Trump. Beaucoup de stars se rendent à ces marches, mais pas Swift. *The Daily Beast* qualifie alors son féminisme de « mollasson ». C'est au cours du mandat de Trump que la chanteuse finit par s'engager. Elle crée l'événement en soutenant Phil Bredesen, candidat démocrate du Tennessee aux élections de mi-mandat. Des Républicains, dont Trump, pleurent « la perte » de leur idole. Bredesen ne sera pas élu, mais le Tennessee enregistre une forte hausse des inscriptions électorales des jeunes de moins de 30 ans après le soutien de la pop star. Dans *Miss Americana*, on la voit tenir tête à son équipe, qui veut l'empêcher de soutenir Bredesen, par

---

1. Travis M. Andrews, « "Alt-right" white supremacists have chosen Taylor Swift as their "Aryan goddess" icon, through no fault of her own », *The Washington Post*, 25 mai 2016.

crainte de froisser une partie de son public. Swift dit vouloir être du « bon côté de l'histoire », face à un gouvernement réactionnaire. Plus assurée et éduquée, la chanteuse estime qu'il est désormais de sa « responsabilité » de s'engager, et promet « de faire plus ».

C'est ce qu'elle fait à partir de l'album *Lover* (2019). Elle évoque ses désillusions envers son pays dans le titre « Miss Americana and The Heartbreak Prince ». En plein mois des Fiertés, elle sort aussi un single en soutien aux communautés LGBTQ+, « You Need To Calm Down ». Le refrain cite GLAAD, l'une des associations majeures de lutte contre les LGBTophobies aux États-Unis. Le clip rassemble de nombreuses stars LGBTQ+ comme Ellen Degeneres, Hayley Kiyoko ou Laverne Cox, et se termine par un appel à signer une pétition de Taylor Swift poussant le Sénat américain, à majorité républicaine, à adopter The Equality Act. Ce projet de loi veut interdire les discriminations de genre ou d'orientation sexuelle au niveau fédéral. Si certains acclament « You Need To Calm Down » et son clip, d'autres critiquent le parallèle que Swift, une femme cisgenre et hétérosexuelle blanche, dresse entre sa propre expérience du harcèlement en ligne, et les violences LGBTophobes. Le clip est aussi décrié comme une parodie gênante des cultures LGBTQ+ par Slate, et un soutien trop tardif pour être désintéressé, par *Xtramagazine*. Le single offre en tout cas une publicité énorme à GLAAD, qui reçoit une « généreuse donation » de la chanteuse. Lorsque le clip est sacré Vidéo de l'année aux MTV VMA, Taylor Swift invite des personnalités LGBTQ+ qui y figurent à la rejoindre, pour recevoir leur propre trophée. Elle dénonce le silence du gouvernement sur sa pétition. Obtenant finalement plus de 800 000 signatures, la chanteuse a pour la première fois réussi à mobiliser le public sur un sujet politique d'envergure. Début 2023, elle devient la première pop star cisgenre à inviter un homme trans (le mannequin Laith Ashley) à jouer son petit ami dans un clip, pour « Lavender Haze ». Il est d'ailleurs intéressant de noter qu'une partie grandissante de ses fans, surnommés les « Gaylors[1] », sont persuadés que la chanteuse est bi, ou lesbienne, et que certaines de ses chansons parlent d'amour lesbien. Ce qui leur vaut parfois des réactions violentes d'autres fans. L'intéressée ne s'est encore jamais exprimée à ce sujet. En 2020, Swift soutient aussi les manifestations pro-Black Lives Matter, suivant le meurtre de George Floyd par un policier. Sur Twitter, la chanteuse reproche à Trump d'avoir « attisé le feu de la suprématie blanche et du racisme », et jure: « On vous fera sortir à l'élection de novembre. » Cela devient son tweet le plus liké. En 2021, elle appelle cette fois à voter pour Joe Biden. Mais en 2022, l'arrêt Roe v. Wade, garantie fédérale de l'accès à l'IVG, est renversé par la Cour suprême. Taylor Swift se joint aux nombreuses stars dénonçant cette décision: « Je suis absolument terrifiée que nous en soyons là. Qu'après tant de décennies de combat pour l'autonomie corporelle des femmes, la décision d'aujourd'hui nous en prive. » Taylor Swift veut aider la société et l'industrie de la musique à aller vers plus d'inclusivité et d'égalité. Désignée « Femme de la décennie » aux Billboard Music Awards de 2019, elle explique s'être sans cesse adaptée aux reproches: « Nous ne devrions pas laisser des obstacles comme la critique ralentir les forces créatives qui nous animent. Je vois ce feu dans les nouveaux visages de notre industrie musicale, dont j'adore le travail. Je le vois dans Lizzo, Rosalia, Tayla Parx, Hayley Kiyoko, King

1. Frankie de la Cretaz, « Postcard from Camp Gaylore », 31 août 2023.

Princess, Camila Cabello, Halsey, Megan Thee Stallion, Princess Nokia, Nina Nesbitt, Sigrid, Normani, H.E.R., Maggie Rogers, Becky G, Dua Lipa, Ella Mai, Billie Eilish. Et bien d'autres femmes incroyables [...]. Nous sommes tenues à des standards plus hauts, qui semblent parfois impossibles. J'ai l'impression que mes consœurs ont accepté ce défi, et le relèvent. La pression que nous endurons ne nous a pas brisées, mais a fait de nous des diamants. »

Après quatre albums inédits résolument féministes (*Lover*, *Folklore*, *Evermore*, *Midnights*), sa dénonciation des doubles standards sexistes et des prises de position politiques progressistes et intersectionnelles inédites, Taylor Swift fait-elle désormais l'unanimité parmi les féministes ? Toujours pas. Quand elle dit vouloir se réapproprier le récit de sa vie, elle est encore souvent taxée de jouer à la victime. On reproche à son féminisme d'être limité et limitant, de ne pas assez prendre en compte les enjeux raciaux et économiques, notamment. Taylor Swift serait la nouvelle reine du féminisme néolibéral blanc et bourgeois. Elle ne recourrait au féminisme que pour servir ses propres intérêts, son envie de revanche, et réclamerait la même puissance que les hommes sans vouloir changer le modèle patriarco-capitaliste.

D'autres saluent son évolution : « Swift a gagné en confiance en elle. Elle a réclamé (littéralement et symboliquement) la propriété de son nom, travaux et idées. Elle est davantage engagée dans des démarches féministes. Ces parties d'elle-même étaient là depuis le début, selon elle. Elle avait juste besoin de plus d'expérience et de liberté envers les systèmes patriarcaux oppressifs pour les réaliser pleinement[1] »,

1. Juliette Holder, « Feminism (Taylor's Version) », 12 octobre 2022.

conclut le magazine féministe *Ms.* en 2022. La journaliste Nikki Natividad de *Vice* affirme quant à elle avoir d'abord détesté Swift dans son adolescence, « non pas par goût, mais par misogynie internalisée[1] ».

À elle seule, Taylor Swift symbolise nombre de tensions parmi les féministes, mais surtout, l'éveil de sa génération au féminisme. Un éveil souvent réalisé au prix d'expériences violentes, parfois traumatisantes, du sexisme. Enfin, les critiques qu'elle suscite reflètent la demande pour un féminisme intersectionnel, capable à la fois de réfléchir au-delà du genre tout en essayant de se réapproprier l'idée de féminité.

1. Nikki Natividad, « Going through the eras with Taylor Swift led to my feminist awakening », *Vice*, 18 juillet 2023.

# CHAPITRE IV
# LA POP-POLITISATION DE SOI

C'est bien #MeToo qui pousse les artistes à s'exprimer davantage sur leur condition de femmes, et les violences qu'elles subissent. Quelques affaires ou prises de parole antérieures ont été marquantes, mais elles étaient rarement associées à un point de vue féministe. Souvent, les stars avaient peur pour leur carrière, et ne voulaient pas être vues comme une victime. Cette dépolitisation des violences subies par les femmes a contribué à leur normalisation, et à l'oblitération d'une vérité qui dérange encore : selon l'ONU, une femme sur trois subit au moins une fois des violences sexuelles au cours de sa vie, la plupart du temps de la part d'un homme de son entourage[1]. Plus d'une femme sur quatre dans le monde a subi des violences domestiques, selon la revue médicale *The Lancet*[2]. Par son ampleur, #MeToo a poussé à (re)politiser les violences faites aux femmes.

---

1. « Quelques faits et chiffres : la violence à l'égard des femmes et des filles », unwomen.org, février 2022.
2. Lynnmarie Sardinha, Mathieu Maheu-Giroux, Prof Heidi Stöckl, Sarah Rachel Meyer et Claudia García-Moreno, « Global, regional, and national prevalence estimates of physical or sexual, or both, intimate partner violence against women in 2018 », *The Lancet*, 16 février 2022.

Si #MeToo a provoqué des révélations en cascade dans le cinéma, il a mis du temps à arriver à la musique. Une étude menée en 2018 auprès de 1200 artistes à travers les États-Unis par The Music Industry Research Association relève pourtant que 72 % des musiciennes ont été victimes de discrimination ; 67 % de harcèlement sexuel. Les chiffres ne sont guère mieux en France : une femme artiste sur trois a été agressée ou harcelée sexuellement, ce qui est plus que la moyenne nationale[1].

## JUSQU'À #METOO, LE SEXISME VU COMME L'EXCEPTION

### WHITNEY HOUSTON, VICTIME DE VIOLENCES DOMESTIQUES

La culture étant en partie le reflet de nos sociétés, elle a nourri l'idée que les violences envers les femmes sont soit romantiques (donc mal dirigées), soit méritées. Pour être crue, il faut être une victime exemplaire, partie au premier coup, qui n'a jamais commis de violences elle-même, ni changé d'avis sur son compagnon violent. Une vision très éloignée de la réalité des violences domestiques que l'exemple de Whitney Houston l'illustre. En couple avec Bobby Brown de 1989 à 2006, les médias se repaissent des détails sordides de leur relation toxique, entre alcool, drogue et violences. En décembre 2003, la chanteuse, qui prend systématiquement le parti de son époux, se décide à appeler la police alors que

---

1. Selon les chiffres de Collectif pour la santé des artistes et des professionnels du secteur (Collectif CURA), et la Guilde des Artistes de la Musique (GAM), publiés en 2019. « Enquête exploratoire sur la santé et le bien-être dans l'industrie musicale », Collectif CURA et la GAM, 2019.

Brown vient de la frapper au visage. Une agression qui lui laisse un bleu et une lèvre fendue. L'affaire fait la Une, pourtant personne ne semble y voir une illustration des violences faites aux femmes, mais simplement un drame people sensationnaliste. L'interprète de « I Will Always Love You » (1993) soutient à nouveau son mari devant les tribunaux et ils se séparent finalement en 2006. Whitney Houston a toujours tenu un discours ambivalent sur ces violences, protégeant la réputation de Bobby Brown allant jusqu'à dire avec aplomb que c'est elle qui le bat, comme si elle voulait se montrer forte et ne pas être perçue en victime. En 2009, elle affirme à Oprah Winfrey que Bobby n'était pas violent physiquement, mais qu'il lui faisait subir des « abus émotionnels » répétés : « Il était vraiment méchant… Je devenais sa petite fille, je ne disais rien[1]. » En 2012, elle est retrouvée morte noyée dans la baignoire d'une chambre d'hôtel de Beverly Hills, à l'âge de 48 ans. De son côté, Bobby Brown a toujours nié les violences, mais a reconnu lui avoir « une fois » donné une gifle. Il fait même construire un refuge pour femmes victimes de violences conjugales, près d'Atlanta.

## JANET JACKSON ET L'INCIDENT DU SUPERBOWL

Le traitement médiatique exécrable réservé aux stars féminines des années deux-mille illustre le backlash féministe de l'époque. En 2004, c'est Janet Jackson qui s'attire les foudres lorsque Justin Timberlake dévoile son sein gauche par accident, en lui arrachant un bout de sa tenue lors de son concert de la mi-temps du Super Bowl. Le geste avait été

1. Sheila Marikar, « Whitney Houston reveals dark days with Bobby Brown: "He spit on me" », ABCnews, 14 septembre 2009.

imaginé par Janet Jackson et son styliste, qui n'en avaient pas parlé à CBS, diffuseur de l'événement. Il aurait dû révéler un bout de tissu, mais celui-ci tombe, dévoilant le sein nu de la performeuse âgée de 38 ans. Elle quitte la scène, recroquevillée. 500 000 plaintes sont envoyées au CSA états-unien. Les Moonves, président de CBS, demande aux deux artistes de lui présenter des excuses en personne, et pendant les Grammy Awards, aussi diffusés par CBS, sous peine de ne plus être invités. Seul Timberlake s'exécute. Il reçoit un prix, présente encore ses excuses, mais n'a pas un mot de soutien envers Janet Jackson. Les critiques s'acharnent contre l'interprète de « Rhythm Nation » : puisqu'elle est connue pour ses chansons d'empowerment sexuel, on l'accuse d'un coup monté pour relancer sa carrière. L'événement est vu comme une preuve de sa perversité innée en tant que femme noire : Janet Jackson incarne la « Jezebel », la femme noire à la sexualité débridée, un mythe inventé pour justifier le viol des femmes noires esclaves, explique l'universitaire Shannon L. Holland[1]. Timberlake, lui, est épargné. Pour l'essayiste féministe Meredith Levande, cela montre que le public ne se rend pas compte que le corps des femmes appartient aux grands groupes de médias. Elle critique aussi que les gestes sexuels de Timberlake, dont une main aux fesses, ne choquent personne[2]. Le « Nipplegate » devient une affaire politique : la Première dame, Laura Bush, s'en émeut sur CNN, et un vent conservateur souffle sur les médias. Le scandale est instrumentalisé par les Républicains comme preuve du laisser-aller de la télévision, et de l'époque.

1. Shannon L. Holland, « The offending breast of Janet Jackson : public discourse surrounding the Jackson/Timberlake performance at Super Bowl XXXVIII », *Women's Studies in Communication*, Volume 32, 2009.

2. Meredith Levande, « Women, pop music, and pornography, meridians : feminism, race, transnationalism », Indiana University Press, 2008.

Qualifiant l'indignation générale de disproportionnée, Janet Jackson reproche aux médias et politiques de dévier l'attention du public de sujets plus importants, comme la guerre en Irak. Une commission parlementaire consacrée à l'indécence et la nudité à la télévision convoque même la NFL et Viacom, alors propriétaire de CBS, pour s'expliquer[1]. Janet Jackson sera à jamais liée au « Nipplegate », qui inspire la création de YouTube en 2005, après que la robe échancrée de Jennifer Lopez portée aux Grammy 2000 ait quant à elle entraîné la création de Google Images. En 2006, Janet Jackson s'exprime pour la première fois sur l'affaire auprès d'Oprah Winfrey, et regrette d'avoir présenté des excuses publiques pour ce qu'elle voit comme un simple accident. Sa carrière ralentit sévèrement, ses ventes d'albums s'effondrent. Justin Timberlake vend, de son côté, plus de 10 millions d'exemplaires de son deuxième album solo, *FutureSex/LoveSounds* (2006). En 2006, il reconnaît que l'opinion a été largement en sa faveur : « L'Amérique semble être plus dure envers les femmes, et encore plus dure envers les personnes racisées », déclare-t-il. En 2018, l'annonce de son concert à la mi-temps du Super Bowl suscite l'indignation quant au sort de Janet Jackson, et montre que la perception du public sur le « Nipplegate » a changé. Début 2021, le *New York Times* déterre les propos désobligeants tenus par Timberlake après sa rupture avec Britney Spears. La séquence fait scandale. Sur Instagram, il s'excuse envers Spears, mais aussi, Janet Jackson : « Je comprends m'être fourvoyé dans ces moments, et bien d'autres, et d'avoir bénéficié d'un système qui cautionne la misogynie et le racisme. » En 2022, Janet Jackson témoigne de la misogynoir dont elle

1. « Indecency hearing shifts to Super Bowl halftime show », rcfp.org, 12 février 2004.

a été victime dans une série documentaire coproduite avec son frère Randy.

## L'AFFAIRE KESHA VS DR. LUKE

Avant #MeToo, un cas chamboule l'industrie musicale et l'opinion publique, celui qui oppose Kesha à son producteur et mentor, Dr. Luke. C'est à Kesha que l'on doit le plus gros tube de l'année 2010, le single dance electro « TiK ToK ». Kesha n'a alors que 22 ans, et c'est son premier single depuis qu'elle a été repérée à l'âge de 16 ans par les producteurs Max Martin et Lukasz Sebastian Gottwald, dit Dr. Luke. Sur leurs conseils, Kesha quitte Nashville pour Los Angeles. En 2005, elle signe un contrat avec Kemosabe Records, un label que Dr. Luke lance sous l'égide de Sony. À 18 ans, Kesha vient de céder sa musique, et s'engager à sortir six albums avec Kemosabe Records. Dr. Luke a du flair, puisque Kesha s'impose comme une nouvelle figure de la pop fêtarde.

Mais en coulisses, des tensions émergent. Dans *My Crazy Beautiful Life*, une série documentaire de MTV, Kesha reproche à Dr. Luke de brider sa créativité. Début 2014, la situation empire. Kesha est admise dans un centre de soins à cause de sa boulimie. Sa mère accuse Dr. Luke d'avoir été violent verbalement envers la jeune chanteuse. En octobre 2014, Kesha porte plainte au civil contre Dr. Luke, pour violences physiques, violences sexuelles, violences en raison du genre, agression, et maltraitance. Kesha affirme que son mentor l'a droguée et violée en 2005. Elle l'accuse aussi de l'avoir insultée et dénigrée à maintes reprises au cours de leurs dix années de collaboration, et d'avoir la main-mise sur sa carrière. Ses accusations font l'effet d'une bombe dans l'industrie musicale, car Dr. Luke s'est imposé comme un collaborateur incontournable (Katy Perry, Britney Spears, Pink, Maroon 5, Miley Cyrus ou Nicki Minaj). Le producteur dément et porte plainte pour diffamation.

En février 2016, la Cour suprême de New York refuse de rompre le contrat de Kesha avec Kemosabe Records. À l'issue du verdict, la chanteuse fond en larmes dans la salle d'audience, vêtue d'un costume blanc crème. De nombreuses stars lui expriment leur soutien, comme Lady Gaga, Adele, Fiona Apple, Lily Allen, Halsey, Demi Lovato, Lorde, Snoop Dogg, ou HAIM. Taylor Swift lui fait même don de 250 000 dollars pour l'aider dans ses frais judiciaires, une mobilisation de stars jamais-vu dans l'industrie musicale, d'autant que #MeToo n'a même pas encore eu lieu. Cette décision de justice marque le point de départ du mouvement #FreeKesha, « Libérez Kesha ». L'affaire devient le symbole des violences et malversations de l'industrie musicale, et au-delà. « Ce qui arrive à Kesha met en lumière la façon dont le système judiciaire américain continue à blesser les femmes, en échouant à les protéger de leurs agresseurs », défend Lena Dunham, créatrice de la série *Girls*, dans sa newsletter féministe *Lenny Letter*. « Nous n'avons plus peur de perdre ce pour quoi nous avons travaillé, d'être traitées d'hystériques ou de difficiles, d'être visées et réduites au silence par des hommes puissants. Les femmes de l'industrie musicale soutenant Kesha en sont la preuve. » Face à la montée de #FreeKesha, Dr. Luke s'exprime pour la première fois : « Je n'ai pas violé Kesha et je n'ai jamais eu de rapport sexuel avec elle. Kesha et moi étions amis pendant des années, et elle était comme ma petite sœur. »

En avril 2016, une juge new-yorkaise estime que les faits présumés de viol et harcèlement sexuel sont prescrits, et que la plainte de Kesha manque de preuves. En 2020, elle est reconnue coupable de diffamation envers Dr. Luke, car elle avait propagé la rumeur selon laquelle il aurait aussi violé Katy Perry. Les deux concernés avaient nié. La justice demande aussi à Kesha de verser à Dr. Luke 373 000 dollars d'intérêt sur royalties. Le producteur lance une autre procédure en diffamation, et lui réclame 40 millions de dollars de préjudices.

Pourtant, sa carrière se porte très bien. Certes, Miley Cyrus et Katy Perry n'ont plus voulu travailler avec lui, Kelly Clarkson et Pink l'ont vertement critiqué, et une enquête de *Variety* a stipulé que sa réputation de « connard » est bien connue. Mais l'affaire Kesha n'a rien changé à son image de « génie[1] ». En 2014, Dr. Luke est nommé dans deux catégories prestigieuses aux Grammys, « Chanson de l'année » et « Producteur de l'année ». Il produit plusieurs titres du premier album de Jessie J, dont le tube « Price Tag », et devient un proche collaborateur de la chanteuse allemande Kim Petras. En 2019, il revient pour de bon sur le devant de la scène avec « Say So », premier succès mondial de la rappeuse Doja Cat, signée sur Kemosabe Records quelques mois avant les accusations de Kesha. Son travail avec Doja Cat lui vaut trois nominations aux Grammy Awards. Écouter des titres produits par Dr. Luke revient-il à dénigrer les accusations de Kesha, et encourager une société qui cautionne les violences sexuelles au nom de l'art ? Se

1. Shirley Halperin et Jem Aswad, « Hiding in plain sight: Dr. Luke is back with Doja Cat's smash "Say so," but did he ever really go away?», *Variety*, 12 mai 2020.

demande *The Atlantic*[1]. Le magazine rappelle que l'industrie musicale compte sur la passivité du public pour garder ses poules aux œufs d'or décriées. Pourtant, le public peut faire office de « dernier rempart », plaide le journaliste Spencer Kornhaber, qui dit éviter les chansons de Doja Cat produites par Dr. Luke. Quant à Kesha, elle a dû sortir d'autres albums chez Kemosabe Records, dans lesquels elle évoque son traumatisme.

Le 22 juin 2023, les deux parties annoncent avoir conclu un accord financier, qui annule le deuxième procès en diffamation lancé par Dr. Luke contre Kesha. Si les termes de cet accord ne sont pas divulgués, des experts pensent que la chanteuse a certainement dû verser de l'argent à son ancien mentor[2]. « Seul Dieu sait ce qui s'est passé cette nuit-là », écrit-elle dans son communiqué de presse. La chanteuse dit souhaiter clôturer ce chapitre de sa vie.

## LIO, L'EXCEPTION FRANÇAISE

Dans la nuit du 26 au 27 juillet 2003, Bertrand Cantat, chanteur de Noir Désir, roue Marie Trintignant, sa compagne depuis un an et demi, de nombreux coups au visage. L'actrice plonge dans un coma profond. Elle décède le 1er août 2003, à l'âge de 41 ans, laissant quatre enfants derrière elle. La France est sous le choc, mais personne ne qualifie ce meurtre de féminicide. À l'époque, le terme « crime passionnel »,

---

1. Spencer Kornhaber, « The pop music you listen to really does matter », *The Atlantic*, 6 juillet 2021.
2. Tomás Mier, « What does the Kesha v. Dr. Luke settlement mean? Two legal experts explain », *Rolling Stone*, 22 juin, 2023.

pourtant sans valeur judiciaire, sature le récit médiatique. Le couple Cantat-Trintignant est présenté comme « torturé » et l'image de l'actrice est salie. On la montre comme une bourgeoise aux mœurs légères, une alcoolique et toxicomane violente qui aurait bien cherché ce qui lui est arrivé. Cantat est quant à lui présenté comme un homme « jaloux », « mal dans sa peau », « qui avait besoin d'être aimé ». Jugé à Vilnius, le musicien nie avoir voulu tuer. Il est condamné à huit ans de prison pour « violences ayant entraîné la mort sans intention de la donner ». Alors même que Cantat est incarcéré, un nouvel album live de Noir Désir atteint le sommet des ventes en France. Bertrand Cantat ne passera finalement que quatre ans en prison.

Parmi les très rares voix dissonantes, il y a celle de Lio. Amie de Marie Trintignant, la chanteuse pop est très engagée contre les violences conjugales. Sur le plateau de Tout le monde en parle, le 7 janvier 2006, elle s'emporte : « L'amour n'apporte pas la mort. [...] Marie est morte sous ses coups, [avec] un visage tuméfié. Il l'a laissée mourir dans son lit, alors qu'il aurait pu appeler les secours. » Lio accuse Bertrand Cantat d'être un manipulateur qui a « détruit depuis le début » Marie Trintignant, en l'éloignant de sa famille et du cinéma.

Cet engagement de Lio contre les violences conjugales s'enracine dans sa propre expérience : elle a été violentée par plusieurs hommes, dont le chanteur Alexis Zad, père de deux de ses filles. Après lui avoir cassé le nez et tordu les cervicales, il est condamné à six mois de prison, dont deux fermes. Elle en parle sur les plateaux TV dès la fin des années quatre-vingt-dix, et est alors l'une des seules célébrités à soulever ce tabou. Elle explique qu'en tant que victime, on est « toujours [vue] comme coupable[1] ».

Se revendiquant féministe depuis longtemps, Lio fait figure de cas à part dans la scène francophone des quarante dernières années. Elle n'a jamais cessé de dénoncer le sexisme, les violences faites aux femmes et aux enfants : « Comme beaucoup [de femmes victimes de violences conjugales, na], je me suis demandé ce que j'avais fait de mal pour le mettre hors de lui comme ça. [...], dit-elle en 2022. C'est très difficile de s'en sortir parce qu'il y a un lessivage mental. Il y a tout un travail qui est mis en place pour nous isoler, nous diminuer, nous humilier[2]. »

En 2023, vingt ans après le meurtre de Marie Trintignant, Lio enfonce le clou auprès de *Libération* : « On a entendu que Marie était hystérique, qu'elle avait bu, qu'elle l'avait poussé à bout en le rendant jaloux. Je vomis ce patriarcat rance qui tue la moitié de l'humanité. » La chanteuse affirme que Cantat tenait l'actrice sous son emprise : « Elle se sentait oppressée, mais disait que c'était sa faute, qu'elle lui en avait trop demandé. Je pense que c'est ce qu'il lui mettait en tête. Je connais très bien ce procédé d'emprise et de manipulation, cette manière de séduire et de faire un numéro devant les gens pour les avoir sous sa coupe, de faire preuve d'une gentillesse absolue. J'ai eu le même à la maison. » Lio affirme aussi avoir payé son emportement sur le plateau de Tout le monde en parle : « Quand j'ai pris la parole, je n'ai reçu pratiquement aucun soutien, si ce n'est d'Antoinette Fouque

---

1. Tout le monde en parle, France 2, 9 octobre 1999.
2. Nina Siahpoush-Royoux, « Lio victime de violences conjugales : sa sœur Helena Noguerra l'a sortie de l'enfer », *Gala*, 25 mars 2022.

[militante féministe et figure du Mouvement de Libération des Femmes, na]. Je suis tombée, j'ai tout perdu[1]. » La chanteuse était en avance sur son temps.

En l'espace de deux décennies, le discours féministe a gagné du terrain, et fait de la lutte contre les féminicides un nouvel enjeu primordial, alors qu'une femme décède tous les trois jours sous les violences de son compagnon ou ex-compagnon, en France. Désormais, la mort de Trintignant n'est plus vue comme un drame passionnel, mais le symbole des féminicides conjugaux.

## UNE NOUVELLE GÉNÉRATION QUI NE VEUT PLUS TOLÉRER LES VIOLENCES SEXISTES

On pourrait penser qu'après des décennies de sexisme assumé au grand jour, l'émergence de #MeToo ne peut être qu'un accident. Ce n'est pas le cas. À partir de la fin des années deux mille, une nouvelle génération de femmes revendique la même liberté sexuelle que les hommes, tout en condamnant les violences sexistes et sexuelles, mais aussi, la complaisance et l'omerta envers les violences faites aux femmes. Ces revendications prennent une ampleur inespérée grâce à Internet et aux réseaux sociaux, qui permettent l'avènement d'un féminisme de masse, aussi dit « féminisme pop ». Une affaire reflète particulièrement le changement d'époque, et aide à la résurgence de la parole féministe. En mai 2011, Dominique Strauss-Kahn est arrêté pour le viol

---

1. Virginie Ballet, « Lio, vingt ans après le meurtre de Marie Trintignant: "Quatre ans de prison, c'est ce que vaut la vie d'une femme ?"», *Libération*, 27 juillet 2023.

présumé de Nafissatou Diallo, femme de ménage au Sofitel de New York. Le patron du Fonds Monétaire International, s'apprêtait à se lancer dans la course à la présidentielle française, et était déjà donné gagnant. Les réactions déplorables des médias et politiques de gauche illustrent la prégnance de la culture du viol en France. Nafissatou Diallo est traînée dans la boue. Des militantes féministes manifestent : pour elles, l'affaire DSK est l'arbre qui cache la forêt. Une nouvelle figure émerge, celle de Caroline de Haas, fondatrice de Osez le féminisme ! En 2012, un accord financier met fin aux poursuites judiciaires contre DSK, qui a toujours clamé son innocence. En France, le blog Paye Ta Shnek, créé cette même année par la militante Anaïs Bourdet, connaît une grande popularité en publiant des témoignages de femmes victimes de harcèlement de rue. Décliné dans de nombreux domaines, Paye Ta Shnek participe grandement à influer une prise de conscience massive du caractère systémique des violences sexistes.

Deux nouvelles organisations s'imposent dans les médias comme les nouveaux visages du féminisme : les FEMEN et les Pussy Riot. Leurs « happenings » provocants, parfois ironiques, attirent les médias du monde entier, tout comme leurs arrestations musclées. Lorsque les trois activistes russes des Pussy Riot sont condamnées à deux ans de travaux forcés en 2012, des célébrités les soutiennent, comme Madonna, Björk ou Carrie Brownstein (Sleater-Kinney).

Durant les années deux mille dix émergent plusieurs mouvements féministes de masse et dans plusieurs pays du monde à la fois, grâce à Internet, à commencer par la SlutWalk, ou « marche des salopes » en français. Tout part d'une intervention d'un policier dans une université de Toronto, en 2011. Il déclare que pour « éviter d'être violées ou agressées », les femmes devraient « éviter de s'habiller comme des salopes ». Choquées, des étudiantes organisent une SlutWalk le 3 avril 2011 à Toronto. Elles défilent en minijupe, décolleté, sous-vêtements, voire, seins nus, pour rappeler qu'une tenue ne justifie pas un viol. 75 SlutWalk sont organisées dans le monde, dont neuf en France. Quelques célébrités participent à ces marches, comme la rappeuse Nicki Minaj, ou le mannequin Amber Rose. Le mouvement « Free The Nipple », « Libérez le téton », apparaît quant à lui aux États-Unis en 2012. Il dénonce l'interdiction dans l'espace public des poitrines dénudées, mais pas des torses dénudés, dans 35 États du pays. Il s'en prend aussi à Instagram, qui censure les tétons féminins, mais pas masculins. Les célébrités accourent pour soutenir la cause, comme Miley Cyrus, Soko ou Alanis Morissette. Plusieurs manifestations ont lieu dans différents pays[1]. En 2015, des centaines de milliers de manifestants dénoncent cette fois les violences sexistes et les féminicides en Argentine, ce qui donne le mouvement « Ni Una Menos », « pas une de plus », qui s'étend au Pérou ou à l'Espagne.

Cependant, Internet devient aussi un nouvel outil majeur de l'anti-féminisme. Les femmes sont harcelées en ligne, menacées de viol ou de mort. Les célébrités et féministes sont des cibles de choix. Le 31 août 2014, des centaines de photographies et vidéos dénudées privées de femmes stars sont piratées et postées sur des forums comme Reddit ou

---

1. En janvier 2023, le Conseil de surveillance de Meta, la société gérant Facebook, Instagram et Whatsapp, a demandé à la structure de revoir sa réglementation sur la censure des tétons féminins.

4chan. Parmi les dizaines de victimes, on compte Jennifer Lawrence, Ariana Grande, Rihanna, Selena Gomez ou Lea Michele. Il s'agit d'une forme de « *revenge porn* », une pratique de harcèlement en ligne qui consiste à publier des photos ou vidéos intimes d'une femme, sans son consentement. L'affaire est surnommée le « Celebgate ». L'enquête du FBI amène à la condamnation de cinq hommes, dont un ancien professeur de lycée. Le « Celebgate » suscite une réponse féministe chez les célébrités. Jennifer Lawrence, actrice de la saga *Hunger Games*, déclare à *Vanity Fair*: « Ce n'est pas un scandale, c'est un crime sexuel. Je ne vous ai pas donné l'autorisation de regarder mon corps nu. » Comme pour la SlutWalk, il s'agit de dénoncer le « *victim-blaming* », le fait d'estimer qu'une victime de violences est responsable de ce qu'elle a subi. Les temps changent. En 2007, l'actrice et chanteuse Disney Vanessa Hudgens avait dû présenter ses excuses parce que des photos d'elle nue avaient fuité en ligne, elle était pourtant victime. Plusieurs intellectuelles féministes s'emparent du « Celebgate », pour Roxane Gay, l'affaire montre que la notoriété ne suffit pas à être protégée de la violence sexiste[1]. L'autrice de *Bad Feminist* (2014) estime même que le « Celebgate » « n'est que le début », car la curiosité du public envers les corps de célébrités est insatiable. Deux autres « Celebgate » auront en effet lieu en 2017. Il est compliqué de savoir dans quelle mesure cette affaire a poussé des stars vers le féminisme, mais elle a forcément contribué à l'émergence du « celebrity feminism », le « féminisme de célébrités » qui explose dans les années deux mille dix.

---

1. Roxane Gay, « The great 2014 celebrity nude photos leak is only the beginning », *The Guardian*, 30 septembre 2014.

Un autre événement annonce #MeToo : fin juillet 2015, 35 femmes posent en couverture du *New York Magazine*, accusant l'acteur Bill Cosby de viol ou agression. Chacune est assise sur une chaise, et une chaise vide a été laissée, pour symboliser les autres victimes potentielles. Beaucoup d'internautes y voient une représentation des nombreuses victimes de violences sexuelles dans le monde, et s'en émeuvent avec le hashtag #TheEmptyChair, « la chaise vide ». Cette Une indique la fin de l'inertie médiatique face aux violences sexuelles. Alors âgé de 78 ans, Bill Cosby, star du *Cosby Show*, nie tous les faits qui lui sont reprochés. En tout, une soixantaine d'accusations tombent. L'acteur est condamné à dix ans de prison pour agression, mais est libéré en 2021, sa peine étant annulée pour un problème de procédure.

Dans les années deux mille dix, les chanteuses sont de plus en plus nombreuses à s'emparer du féminisme. En novembre 2015, Charli XCX sort avec la BBC le documentaire *The F-Word and Me*, « *f-word* » faisant référence à l'idée que le féminisme est un gros mot qu'il faut taire. Du haut de ses 23 ans, la chanteuse et parolière britannique est devenue une star internationale grâce à ses duos avec Icona Pop (« I Love It »), Iggy Azalea (« Fancy »), et son single synth-pop « Boom Clap » (2014). Le simple fait qu'elle puisse réaliser ce documentaire témoigne de la montée irrépressible du féminisme dans la pop. « Parler du fait d'être une femme dans cette industrie très spécifique est un sujet très alambiqué et complexe », dit-elle. Charlotte Aitchison de son vrai nom, a grandi en admirant Britney Spears et les Spice Girls, et dit que le mouvement girl power a été sa porte d'entrée vers le féminisme. Elle voit en Rihanna et Miley Cyrus des exemples d'empowerment moderne. Néanmoins, le documentaire témoigne aussi de la dissolution du concept de féminisme, devenu synonyme de « confiance en soi ». Des chanteuses donnent à Charli XCX leur définition très tiède du féminisme, comme « croire en l'égalité » ou « être qui l'on veut être ». « Je prends mes propres décisions, qu'elles soient bonnes ou mauvaises. Pour moi, c'est ça le féminisme », défend Charli XCX. Une vision dépolitisée, dénoncée par de nombreuses féministes comme Andi Zeisler, créatrice du média *Bitch*.

Un séisme politique finit de pousser les célébrités à s'engager pour les droits des femmes : l'élection de Donald Trump à la présidence des États-Unis, en novembre 2016. Un milliardaire misogyne, accusé d'agressions, se vante de pouvoir « attraper les femmes par la chatte » en toute impunité, car il est célèbre. Alors que Trump investit la Maison-Blanche en janvier 2017, des millions de femmes défilent. De nombreuses célébrités se rendent à ces « Women's March », comme Madonna, Cher, Miley Cyrus, Janelle Monáe, Alicia Keys ou Katy Perry. D'autres marches féministes seront organisées durant le mandat. Les différentes mobilisations féministes à cette époque dans le monde (États-Unis, Italie, Espagne, Pologne, Argentine, Mexique, Corée du Sud...) montrent que les attaques contre les droits des femmes sont nombreuses. Elles amènent à une mobilisation massive : à l'occasion du 8 mars 2017, un appel international à la grève féministe est lancé pour la première fois de l'histoire dans cinquante pays. « Si nos vies ne valent rien, produisez donc sans nous ! », clament les organisatrices. Il ne s'agit pas seulement d'un appel à la grève du travail professionnelle, mais aussi d'une grève domestique, sexuelle et reproductive, pour montrer l'apport immense des femmes à la société, dont le travail n'est pas reconnu à sa juste valeur. Une forme d'internationalisme féministe émerge. C'est à ce moment que la jeune chanteuse pop Lorde poste ce tweet prémonitoire : « Les vieux hommes au pouvoir sont dans le viseur d'une tempête dont ils ne peuvent mesurer l'ampleur. » Ce message annonce sans le savoir la vague #MeToo, qui frappera le monde quelques mois plus tard.

La dernière bascule provient elle aussi des États-Unis. Le 5 octobre 2017 éclate l'affaire Harvey Weinstein, un producteur hollywoodien très puissant qui achetait le silence de ses victimes via des « non-disclosure agreements » (NDA), des contrats répandus dans le pays. 93 femmes témoignent, dont 14 qui l'accusent de viol. Des actrices de renom s'expriment, comme Léa Seydoux ou Rose McGowan. L'affaire enclenche un mouvement jamais vu. Pour montrer l'ampleur des violences sexuelles dans le monde, l'actrice Alyssa Milano propose aux victimes de se signaler sur Twitter avec le hashtag #MeToo, « moi aussi », créé par la travailleuse sociale afro-américaine Tarana Burke en 2006. En 48 heures, près d'un million de tweets emploient le hashtag #MeToo. En France, le mouvement #balancetonporc, initié par la journaliste Sandra Muller, comptabilise près de 500 000 tweets. #MeToo entraîne aussi la création du collectif féministe #NousToutes. Depuis 2018, il organise une grande marche annuelle contre les violences faites aux femmes. Des célébrités la soutiennent, comme Adèle Haenel, Julie Gayet, Muriel Robin, Clara Luciani, Jeanne Cherhal, Maï Lan, Imany ou Inna Modja.

# #METOO, UNE INCURSION LENTE ET TIMIDE DANS L'INDUSTRIE MUSICALE AMÉRICAINE

Par son émergence massive en ligne, #MeToo permet de montrer d'une nouvelle manière que les violences et discriminations subies par les femmes sont systémiques, diverses, cautionnées voire encouragées, et tues. Si les victimes ont toujours parlé, la masse de témoignages simultanés empêche de détourner le regard.

## QUELQUES TÉMOIGNAGES #METOO DANS LES SCÈNES POP

Cependant, #MeToo ne libère pas vraiment la parole des chanteuses pop. Elles sont peu nombreuses à témoigner pendant l'émergence du mouvement, en octobre 2017. Celles qui le font préfèrent ne pas nommer l'agresseur, ni porter plainte. L'omerta, la défiance envers les victimes, le nombre infime de viols condamnés (moins de 1 %), la peur des représailles, sont autant de facteurs décourageant les victimes à s'exprimer, et encore plus à porter plainte, même quand on est une star. Parmi les quelques musiciennes participant à #MeToo en octobre 2017, il y a Björk. L'artiste islandaise révèle ainsi sur Facebook avoir été harcelée sexuellement par un réalisateur danois, qui l'aurait ensuite punie et ostracisée parce qu'elle avait repoussé ses avances. Un comportement banalisé et encouragé dans le cinéma, selon elle. Certaines chanteuses se joignent à la cohorte en partageant le hashtag #MeToo, mais n'explicitent ce qu'elles ont vécu que des mois, voire des années plus tard. C'est notamment le cas des pop stars Lily Allen et Lady Gaga, chacune agressée par un homme travaillant dans la musique. En 2018, Lily Allen, connue grâce à son tube « Smile » (2006), révèle dans son autobiographie, *My Thoughts Exactly* (2018) avoir subi une tentative de viol de la part d'un cadre de son label, Warner Music. L'agression présumée aurait eu lieu en 2016, durant un voyage professionnel dans les Caraïbes. À son retour à Londres, l'artiste a alerté Warner, qui n'a, selon elle, pas réagi. De son côté, la maison de disques déclare « prendre très au sérieux les accusations de violences sexuelles » et enquêter en interne. Lily Allen fait une déclaration sous serment auprès d'un avocat pour garder une trace de l'agression, mais ne porte pas plainte, pour « éviter d'en faire toute une histoire » et de « faire de la peine » à la mère de l'individu. Elle se retrouve à devoir à nouveau travailler avec lui : « J'ai privilégié tout le monde, sauf moi », perçoit-elle des années plus tard. La pop star s'est sentie « trahie, triste, en colère » et « réduite au silence » parce que cet homme était plus puissant qu'elle. Elle craignait aussi d'être vue comme une femme « hystérique et pénible », se sentant même coupable de l'agression, parce qu'elle était ivre au moment des faits. C'est en voyant le mouvement #MeToo prendre de l'ampleur que Lily Allen décide de témoigner, dans l'espoir d'éviter de futures victimes. La chanteuse britannique affirme que les violences sexuelles sont « monnaie courante » dans l'industrie musicale, même depuis #MeToo. Pour les enrayer, elle aimerait la création d'un syndicat, et d'une organisation non-mixte. De son côté, c'est en 2014 que Lady Gaga révèle avoir été victime d'un viol. En coulisses, la chanteuse souffre d'un sévère syndrome de stress post-traumatique et d'une grave dépression, qui lui font annuler des dates de tournée. Après avoir tweeté « #MeToo » en 2017, c'est en 2021 qu'elle dévoile qu'un producteur de musique l'a violée quand elle avait 19 ans, et qu'elle était tombée enceinte à la suite de ce viol. Avec #MeToo, certaines chanteuses confient aussi les violences qu'elles ont subies dans leur vie privée. C'est le cas de Halsey, qui délivre un poème poignant lors de la Women's March de janvier 2018, à New York. « Je croyais être protégée parce que je vivais sur les écrans », dit-elle. En 2021, la chanteuse de pop expérimentale britannique FKA Twigs accuse son ancien compagnon, l'acteur Shia LaBeouf, de violences conjugales, sexuelles, physiques, morales et séquestration, dans une interview accordée au *New York Times*. Après avoir présenté des excuses, l'acteur nie ensuite les accusations. FKA Twigs, Tahliah Bennett, de son vrai nom, porte plainte au civil et un procès doit se tenir à Los Angeles. Depuis, la chanteuse britannique, nommée au Mercury Prize, soutient l'association Sistah Space, qui vient en aide aux femmes racisées victimes de violences domestiques.

## FACE À #METOO, L'INDUSTRIE MUSICALE EN DÉCALAGE AVEC LE RESTE DU MONDE

#MeToo entraîne une moindre avalanche de révélations et d'enquêtes dans le monde de la musique. Alors que les actrices multiplient les témoignages, peu de chanteuses font de même. Alors que des actrices montent le collectif Time's Up pour soutenir les victimes de violences et discriminations sexistes dans leurs démarches judiciaires, une initiative similaire ne surgit pas dans la musique. Alors que le *New York Times* s'intéresse au potentiel impact de #MeToo sur les Grammys 2018, le journal révèle que plus d'une vingtaine d'artistes connues, et de nombreuses cadres de l'industrie musicale, ont décliné leur demande d'interview[1]. Signe d'une omerta. Aux Oscars, de nombreux acteurs et actrices montrent leur soutien à #MeToo en s'habillant en noir, plusieurs discours soutenant le mouvement sont donnés, trois accusatrices de Weinstein sont même invitées sur scène. *A contrario*, les Grammys brillent par leur pudeur. Les cadres Karen Rait (Interscope Records) et Meg Harkins (Roc Nation) proposent de porter une simple rose blanche en symbole « d'espoir, paix, sympathie et résistance ». Une revendication vague et consensuelle. Certes, Kesha joue sa ballade « Praying », accompagnée d'autres chanteuses comme Cyndi Lauper ou Camila Cabello, toutes de blanc vêtues. Mais le sujet du morceau, qui parle de sa reconstruction face aux violences qu'elle aurait subies de la part de Dr. Luke, n'est pas explicité. Seule Janelle Monáe offre ce soir-là un discours très engagé, où elle soutient Time's Up. #MeToo fait-il chuter des artistes, chanteurs ou employés de label aux États-Unis ? Quelques-uns chutent. C'est par exemple le cas de Charlie Walk, alors président de Republic Records (Universal), label de Lorde et Ariana Grande, accusé de harcèlement et attouchements par plusieurs femmes, ce qu'il nie. Un communiqué présente son départ comme une « décision commune ». Stephen Cooper, CEO de Warner, est quant à lui accusé d'avoir fait des avances sexuelles à une ancienne employée, dont le silence a été acheté fin 2017 pour 240 000 dollars. Elle révèle aussi d'autres possibles faits de violences sexuelles au sein du label. Cooper reste pourtant en place. L'industrie musicale états-unienne détourne le regard de #MeToo.

---

1. Ben Sisario et Joe Coscarelli, « Will the Grammys have a #MeToo moment? », *The New York Times*, 25 janvier 2018.

## DÉNI ET HYPOCRISIE

Pourtant, toutes les études menées, peu importe le pays, affichent des taux alarmants de harcèlement sexuel et discrimination envers les femmes de l'industrie musicale. C'est ce que confirme encore l'étude « Be The Change », publiée en 2023 par l'organisme Tunecore, appartenant au label Believe. Elle a été menée auprès de 1 650 personnes, dans 109 pays différents. 34 % des femmes du secteur indiquent avoir été victimes de harcèlement ou violences sexuelles sur leur lieu de travail, ce qui représente 70 % de plus que la moyenne générale. Le chiffre grimpe à 43 % pour les personnes non-binaires[1], et 42 % pour les personnes transgenres. En tout, une personne sur cinq dit avoir été victime de harcèlement ou violences sexuelles au sein du secteur musical.

Au vu de ces chiffres alarmants, comment expliquer que #MeToo prenne si peu d'ampleur dans la musique ? Depuis 2018, de nombreux médias culturels se posent la question. Tout d'abord, rappelons que les violences envers les femmes sont légion dans la musique parce qu'elles sont légion à l'échelle de la société. De la même manière, le déni de l'industrie musicale vis-à-vis de ces violences est tout aussi fort, parce que la société vit dans le déni de ces violences. Collectivement, nous ne voulons pas voir ce qui se passe sous nos yeux. L'essayiste féministe Valérie Rey-Robert (*Le sexisme, une affaire d'hommes*, 2020) explique : « On pense : "Le viol, c'est les autres, pas nous." [...] Altériser le viol évite de s'interroger sur nous, ce qui se passe dans notre propre classe sociale.

1. Identité de genre ni exclusivement féminine ni exclusivement masculine, en-dehors du concept de la binarité de genre.

C'est un confort[1]. » Plusieurs spécificités de l'industrie musicale expliquent aussi son déni. D'abord, le secteur se vante de mélanger « business et plaisir », dans un esprit « sexe, drogues et rock'n'roll » qui défie les normes, souligne Pitchfork[2]. Reconnaître que cette atmosphère offre un boulevard aux comportements sexistes et violents, reviendrait à remettre en cause son bien-fondé. Le fait qu'il s'agisse de métiers-passion ajoute aussi aux risques et à l'omerta : il est encore plus difficile de percevoir des comportements anormaux, et d'oser en parler. Surtout quand on vous fait comprendre que cela fait « partie du jeu », et que d'autres seront ravis de récupérer le poste de vos rêves. C'est ce que montre le cas de Dorothy Carvello. Dans la foulée de #MeToo, cette ancienne cadre exécutive de grands labels accuse Ahmet Ertegün, cofondateur d'Atlantic Records, de l'avoir agressée sexuellement quand elle était sa secrétaire, en 1988[3]. « À chaque fois que je me plaignais de harcèlement sexuel, j'étais licenciée », se souvient-elle. Dorothy Carvello encourage les victimes à témoigner et donner le nom de leur agresseur. Elle publie un livre sur son vécu, *Anything for a Hit* (2018). Parler n'est pas chose aisée dans l'industrie musicale et la conviction que les problèmes de violences sexistes et sexuelles y sont bien moindres qu'à Hollywood, voire, qu'elles n'existent tout simplement pas, est très répandue. C'est ce que soutient Karen Rait, cadre à Interscope Records, auprès de Pitchfork[4]. Elle est pourtant

---

1. Morgane Giuliani, « Valérie Rey-Robert : "La question de la domination masculine est presque insoluble" », *Marie Claire*, 2022.
2. Marc Hogan, « Why the mainstream music industry is still struggling to address #MeToo », pitchfork.com, 19 décembre 2018.
3. Dorothy Carvello, « Former Music Executive : "We must come forward and name our abusers" (guest column) », *Variety*, 17 octobre 2017.
4. Quinn Moreland, « What the women who brought white roses to the Grammys are hoping to accomplish », pitchfork.com, 29 janvier 2018.

cofondatrice de Voices in Entertainment, collectif de femmes travaillant dans des majors, et elle est l'une des deux femmes ayant proposé de porter une rose blanche aux Grammy 2018, en soutien à #MeToo. Naïveté ou déni ? Sûrement un peu des deux. Mais il faut aussi noter plusieurs hypocrisies : l'industrie musicale se targue de fonctionner de manière horizontale, sans vrais rapports de pouvoir pouvant entraîner domination et de violences. C'est faux. Comme le rappelle Pitchfork, l'industrie musicale est construite différemment de Hollywood, « avec des poches de pouvoir dispersées dans chaque scène musicale, établissant chacune leur propre hiérarchie interne[1] ». Les petits labels disposent rarement de ressources humaines, ce qui favorise les dérives. Mais au sein des plus gros labels, qui en disposent, personne ne veut risquer sa place en s'en prenant à un producteur, artiste, musicien ou directeur artistique, encore moins s'il a un poste important ou rapporte de l'argent. Les problèmes sont donc souvent étouffés en interne. Comme à Hollywood, l'industrie musicale recourt aux NDA pour acheter le silence des victimes et maintenir les agresseurs en poste. Quoiqu'elle en dise, l'industrie musicale n'échappe pas au patriarcat, au sexisme et à la culture du viol. C'est ce que constate encore une enquête de la BBC Three en 2022[2]. La souffrance des femmes n'est une priorité pour personne. La complaisance envers la figure de la jeune groupie le montre. Pendant longtemps, personne ne s'est indigné que des artistes, dont certains de haut rang comme David Bowie, Led Zeppelin ou les Rolling Stones, puissent potentiellement avoir des rapports sexuels avec des fans très jeunes voire

---

1. Jill Mapes, « The chorus of #MeToo, and the women who turned trauma into songs », pitchfork.com, 23 octobre 2019.
2. Tamanna Rahman, « Why did #MeToo bypass the music industry? Just look at the gatekeepers », *The Guardian*, 3 mai 2022.

mineures. De manière générale, les accusations de violences sexuelles envers des artistes connus émeuvent encore très peu. On relègue les victimes au rang de menteuses, ou dommages collatéraux insignifiants.

## ET DEPUIS ?

#MeToo a pourtant eu des effets législatifs majeurs aux États-Unis. C'est la Californie, où sont basées les grandes entreprises du divertissement, qui est allée le plus loin. En octobre 2021, l'État californien ratifie une loi interdisant le recours aux NDA dans les cas de harcèlement, agression sexuelle, discrimination, mais aussi, pour obtenir un emploi, une augmentation ou un bonus. Chaque entreprise est par ailleurs obligée d'avoir au moins une femme dans son conseil d'administration. En avril 2022, Dorothy Carvello crée l'association Face The Music, pour aider les victimes de violences sexistes et sexuelles dans l'industrie musicale, une première aux États-Unis. « Les femmes ont tellement peur de parler. Regardez ce qui est arrivé à Kesha. Elle a subi le même genre de traitement que de nombreuses survivantes, et cela les décourage à prendre la parole », déplore-t-elle[1]. Carvello dit aussi pratiquer un « activisme d'actionnaire » en exerçant une pression financière sur les majors (Universal, Sony et Warner) dont elle a acheté des actions. Par ailleurs, elle a porté plainte contre Atlantic Records en 2022, profitant d'une loi new-yorkaise qui a levé pendant un an la prescription dans les affaires de violences sexuelles. Son choix d'être représentée par Camille Vasquez, l'avocate de Johnny

1. Ethan Millman, « The music business hasn't faced its #MeToo reckoning. A new foundation wants to change that », *Rolling Stone*, 21 avril 2022.

Depp dans son procès en diffamation contre Amber Heard, est cependant déroutant.

#MeToo a-t-il fait le ménage dans la musique ? Au moment de rédiger ce livre, de nombreux médias constatent une opportunité manquée. L'industrie de la musique est décriée comme ayant quinze ans de retard sur le reste du monde en matière de lutte contre les violences sexuelles[1]. #MeToo est de plus en plus dévoyé, y compris par certaines féministes, comme étant un tribunal populaire dangereux qui détruirait des vies sans preuves. Pourtant, les carrières des hommes problématiques et agresseurs présumés pris dans la tempête #MeToo n'ont été que très peu inquiétées, y compris dans l'industrie musicale. En 2021, Charlie Walk accuse son ancien label, Universal, d'avoir exploité de « fausses allégations » de violences sexuelles pour le pousser dehors. Fin 2022, Warner annonce le départ de Stephen Cooper avec un communiqué de presse dithyrambique. Dr. Luke reçoit quant à lui le prix de Songwriter de l'année par l'ASCAP, l'équivalent états-unien de la SACEM. Enfin, les femmes ne sont pas beaucoup plus présentes qu'avant dans l'industrie de la musique. Dans le top 100 de Billboard, le nombre de chanteuses est en hausse, mais on est encore loin de la parité : elles sont 30 % en 2022, contre 22,7 % en 2012, constate l'Université de Californie du Sud. Le nombre de femmes productrices et parolières ne progresse presque pas : 14 % en 2022 contre 12 % en 2012. L'étude relève aussi l'échec d'une initiative lancée par la Recording Academy : pousser les artistes du top 100 à recourir au moins une fois par an à une femme pour écrire ou produire un single. Seule Nicki Minaj a respecté

1. Ethan Millman, « Warner Music thanked her for exposing sexual harassment allegations — and silenced her », *Rolling Stone*, 14 mars 2022.

sa parole, en faisant appel à la productrice Malibu Barbie pour le single « Super Freaky Girl ». Mais Dr. Luke est lui aussi crédité.

## EN FRANCE, DE #METOO AU SÉISME #MUSICTOO

### LE #METOO DES CHANTEUSES FRANCOPHONES

Contrairement à leurs comparses américaines, les célébrités françaises sont rares à se joindre à #MeToo, ou #balancetonporc. Parmi elles, plutôt des journalistes ou femmes politiques, mais aucune chanteuse ou musicienne d'envergure. Au contraire, un vent de résistance se lève, en atteste la tribune pour « défendre la liberté d'importuner », publiée dans *Le Monde* début 2018, signée par une centaine de femmes, dont Catherine Deneuve ou Catherine Millet. Elles contestent un féminisme qui « déteste les hommes », serait puritain, voudrait interdire « la drague insistante » ou « la galanterie », et « enchaînerait » les femmes « à un statut d'éternelles victimes[1] ».

En France, les témoignages #MeToo de la part d'artistes ne commencent à émerger qu'en 2020, y compris dans la musique (voir plus bas). Pourtant, des chanteuses francophones lancent de plus en plus d'initiatives féministes à partir de la fin des années deux mille dix. Le 23 novembre 2018, un an après le début de #MeToo, le duo Brigitte réunit 37 artistes pour reprendre « Debout les Femmes », l'hymne

1. Tribune, « Nous défendons une liberté d'importuner, indispensable à la liberté sexuelle », *Le Monde*, 9 janvier 2018.

historique du Mouvement de Libération des Femmes (MLF). Parmi les invitées figurent Clara Luciani, Olivia Ruiz, HollySiz, Élodie Frégé, Barbara Carlotti ou Jennifer Ayache. Créé en 1970, le MLF a notamment œuvré aux côtés du Planning familial pour la légalisation de l'IVG et de la contraception. Les bénéfices de cette reprise sont reversés à la Maison des femmes de Saint-Denis, une structure qui héberge et accompagne « toutes les femmes vulnérables ou victimes de violences ». Première du genre en France, elle a été ouverte en 2016 à l'initiative de la gynécologue Ghada Hatem-Gantzer avec pour marraine Inna Modja, notamment engagée contre l'excision, dont elle a été victime à l'âge de 4 ans. De son côté, Clara Luciani devient la marraine de la Maison des Femmes Marseille, ouverte en janvier 2022. L'artiste leur reverse les bénéfices de la vente, et d'une partie des écoutes en streaming et vues sur YouTube de son single « Cœur », une chanson dénonçant les violences conjugales. Une autre manière de s'engager est de faire de la pédagogie. Flore Benguigui lance ainsi en 2021 Cherchez les femmes, un podcast mensuel pour revaloriser la place des femmes dans l'histoire de la musique, en partenariat avec Tsugi Radio.

## LE MANIFESTE F.E.M.M., COUP D'ÉPÉE DANS L'EAU

Le 16 avril 2019, plus de 1 200 professionnelles signent dans *Télérama* un manifeste pour demander la fin du sexisme et de la tolérance envers le sexisme, dans l'industrie musicale. Intitulé le F.E.M.M., « Femmes Engagées des Métiers de la Musique », le manifeste dénonce aussi les inégalités salariales et le plafond de verre. Plus de 200 artistes femmes sont signataires, comme Jeanne Added, Juliette Armanet,

Clara Luciani, Camélia Jordana, Sylvie Hoarau et Aurélie Saada (Brigitte), Fishbach, Hollysiz, Barbara Carlotti, La Grande Sophie, Élodie Frégé, Zazie ou Flore Benguigui. Une enquête de *Télérama* conclut : « Aucune des branches du secteur ne semble épargnée par un sexisme ambiant, totalement assumé, quand il n'est pas élevé au rang "d'art de vivre" par certains hommes en position de pouvoir[1]. » Malheureusement, le manifeste F.E.M.M. ne génère pas la prise de conscience espérée. Des chiffres attestent pourtant d'un sexisme prégnant au sein de l'industrie musicale française : 30 % des professionnelles disent avoir été victimes au moins une fois de harcèlement sexuel dans un cadre professionnel, révèle l'étude du CURA et la GAM publiée en 2022. C'est bien plus que la moyenne française, estimée à 24 %. 21 % des répondantes ont été victimes d'une agression sexuelle, et 2,3 % d'un viol, dans un contexte professionnel. Enfin, près de 50 % des femmes interrogées disent aussi avoir été exposées à des blagues, propos sexuels ou sexistes. Le manque de parité est un autre problème de taille : les femmes ne représentent que 17 % des artistes programmés sur scène en France, dévoile le Centre national de la Musique (CNM) en 2023. Et elles ne représentent que 29 % des 1 000 titres les plus diffusés en radio, en 2021. La seule catégorie non genrée des Victoires de la Musiques, l'Album de l'Année, n'a été attribuée que quatre fois à une femme entre 2000 et 2021. En coulisses, ce n'est pas mieux. Depuis 15 ans, les femmes ne représentent que 36 % des actifs dans la musique et le spectacle, et parmi les techniciens, seuls 27 % sont des femmes. Les professionnelles sont nombreuses à quitter le secteur après 30 ans. Les écarts salariaux entre hommes et

1. Valérie Lehoux, « Sexisme dans la musique : changez de disque, les machos », *Télérama*, 16 avril 2019.

femmes s'aggravent en montant en hiérarchie. Les labels sont quant à eux à 86 % dirigés par des hommes.

## #MUSICTOOFRANCE, L'ONDE DE CHOC TANT ATTENDUE

Il faut attendre janvier 2019 pour qu'un premier site, doublé d'une page Facebook, commence à recueillir des témoignages anonymes et statistiques sur le sexisme de l'industrie musicale : Paye Ta Note, créé par une musicienne anonyme[1] dans la lignée de Paye Ta Shneck. Mais c'est un témoignage non-anonyme, publié en novembre 2019, qui secoue le secteur. Dans un post de blog intitulé « #MusicToo », Emily Gonneau, manageuse et éditrice, dit avoir été victime il y a 12 ans d'une agression sexuelle par son N+2 de l'époque, « sur le lieu de travail, en public et en totale impunité[2] ». Il n'a pas été sanctionné. C'est le premier témoignage #MeToo d'envergure dans l'industrie musicale en France, et la première occurrence connue de l'expression #MusicToo. À l'été 2020, la mise à l'arrêt des salles et festivals à cause de la pandémie de Covid-19 permet aux langues de se délier[3]. #MusicToo devient un collectif d'anonymes issus du secteur musical qui crée une page Instagram intitulée @musictoofrance. Leur but : rassembler des témoignages pour montrer que le sexisme est systémique dans la musique, et permettre des regroupements de plaintes. @musictoofrance souhaite créer un électrochoc, là où le

1. Aliette de Laleu, « Paye ta note, le site qui dénonce le sexisme ordinaire dans la musique », France Musique, 14 janvier 2019.
2. Emily Gonneau, « #MusicToo », emilygonneau.wordpress.com, 12 novembre 2019.
3. Laurent Carpentier et Aureliano Tonet, « #Metoo, numérique, féminisation : la grande mue des majors de la musique », *Le Monde*, 30 décembre 2020.

F.E.M.M a échoué à le faire un an plus tôt[1]. 302 témoignages sont recueillis, et une quarantaine sont transmis aux médias NEON et Mediapart. #MusicTooFrance s'allie aussi à D.I.V.A., une page Instagram créée par la journaliste musique Lola Levent pour recueillir témoignages et statistiques sur le sexisme dans la musique. Des enquêtes sortent en octobre 2020, concernant les scènes rap et rock surtout. #MusicTooFrance ouvre une brèche immense.

## #MUSICTOO, DÉFERLEMENT D'AFFAIRES ET DE TÉMOIGNAGES

En octobre 2020, Christine and the Queens poste un long message de soutien envers #MusicToo, et les victimes, sur ses réseaux sociaux. Le chanteur, qui se genre alors encore au féminin, dit ne pas être « surpris » de ces révélations et appelle à « laisser les femmes tranquilles ». L'artiste réclame de « commencer pour de bon cette discussion désagréable, terrifiante, de la violence patriarcale », qui concerne toutes les sphères de la société : « Être une femme dans un bureau de maison de disques, c'est être une femme comme les autres. Un corps pour un photoshoot ; le photographe tient l'objectif au niveau de son entrejambe. Un corps dans un studio, quand une main monte dans le dos, "c'est le moment de la pause câlin". Un corps face à un journaliste, qui se saisit de la main pour lui lécher le bout des doigts, "alors comme ça tu es bisexuelle, tu aimes dans le cul du coup" ? » En 2020, Flore Benguigui, chanteuse du groupe disco funk pop L'Impératrice, confie à C à Vous (France 5) avoir été virée

1. Brice Laemle, « Comment #Musictoo libère la parole dans l'industrie musicale », *Le Monde*, 21 octobre 2020.

d'un groupe de disco jazz après un seul concert. Le leader lui a dit : « Ce qui m'intéresse, c'est que tout le monde ait envie de te baiser et personne n'a envie de te baiser parce que t'es là, avec ton balai dans le cul ». Cet homme lui disait comment s'habiller et se tenir sur scène, la touchait sans son consentement. « On est prête à se faire traiter comme ça, à se faire harceler [...] pour pouvoir y arriver, parce qu'on sait qu'il faut passer par là. » Selon Flore Benguigui, les personnes malveillantes et violences sexuelles sont très fréquentes dans l'industrie musicale, et connues de tous. À la veille des Victoires de la Musique, le 11 février 2021, la chanteuse Pomme publie une lettre sur le site de Mediapart[1]. La jeune femme âgée de 24 ans y décrit l'industrie de la musique comme un « système d'oppression dangereux qui protège harceleurs, agresseurs et violeurs ». Elle qualifie ses débuts de traumatisants : « De mes 15 à mes 17 ans, j'ai été manipulée, harcelée moralement et sexuellement, sans en avoir conscience. » Un homme, du double de son âge, décidait de tout. « Alors voilà, j'ai été harcelée sexuellement, et par la suite, mansplainée à d'innombrables reprises, et puis diminuée et réduite dans mes compétences, et puis et puis. Je suis pas la seule, je suis pas une exception et je suis pas à plaindre », écrit encore Pomme. « Dans la musique (comme dans le cinéma et bien d'autres milieux), ils ont accès à l'argent, à l'exposition et au pouvoir, le cocktail parfait pour être des criminels en toute impunité. » Lorsqu'elle remporte la Victoire de l'Artiste féminine de l'année, Pomme profite de son discours pour espérer que « la musique soit un lieu de plus en plus *safe* [sûr, na] pour les femmes ». De son côté, Camélia Jordana dénonce depuis quelques années le sexisme

---

1. Pomme, « De là où je suis, j'ai décidé de dire les choses », blog.médiapart.com, 11 février 2021,

de l'industrie musicale, mais aussi, son racisme, avec ferveur et éloquence, ce qu'elle décrit comme un engagement citoyen et non politique[1]. Gagnante de La Nouvelle Star en 2009, la chanteuse et actrice dénonce le manque de femmes dans les postes à responsabilité, les discours graveleux, sexistes, racistes, et les violences. Elle raconte avoir été témoin d'un « nombre inimaginable de blagues de porc » à ses débuts, à 16 ans. Camélia Jordana défend que le féminisme doit être « universel et non genré », et appelle les hommes à s'éduquer et assurer leur part dans cette lutte[2]. En 2021, la chanteuse et humoriste Camille Lellouche touche quant à elle le public en confiant avoir été victime de violences domestiques, lors d'une interview à Sept à Huit (TF1). Celle qui a été révélée par The Voice avait 19 ans lorsqu'elle s'est retrouvée sous la coupe d'un compagnon violent, pendant deux ans. Si elle n'a pas réussi à partir au premier coup, ni porter plainte, Camille Lellouche souhaite que son témoignage aide d'autres victimes à franchir le pas. Depuis, elle soutient des associations féministes.

Du côté des artistes des scènes pop/variété françaises, deux mises en examen découlent de #MusicToo : celle du parolier Yohann Malory (Louane, Jenifer ou Johnny Hallyday), pour agressions sexuelles en janvier 2021 et celle de Spleen, ex-candidat à The Voice, pour viols, harcèlement sexuel et agressions sexuelles en avril 2021. Les deux hommes réfutent ces accusations, et les procédures sont encore en cours lors de l'écriture de ce livre. En 2019, Patrick Bruel est

1. « Camélia Jordana : "Quand je parle de racisme et de sexisme, c'est parce que je les subis" », L'invité de 7 h 50, France Inter, 10 sptembre 2020.
2. Benjamin Locoge, « Camélia Jordana : "Il est temps que les hommes rejoignent ce combat féministe" », *Paris Match*, 24 février 2023.

quant à lui visé par deux enquêtes pour agression sexuelle, exhibition sexuelle et harcèlement sexuel à l'encontre de masseuses. Elles sont classées sans suite en 2021. Bruel a nié les faits qui lui étaient reprochés. Thierry Chassagne annonce son départ à la tête de Warner France fin 2020, pour « raisons personnelles » réfutant que des témoignages #MusicToo anonymes puissent le concerner et expliquer son départ. En octobre 2021, Marie-Anne Robert devient la première femme à la tête d'une major en France, en l'occurrence, Sony Music. Membre de l'association Women in Music, Marie-Anne Robert estime que le secteur musical français manque de femmes, mais se dit optimiste quant à un avenir plus inclusif et équilibré[1]. De son côté, Believe Digital s'illustre par son progressisme pré-existant à #MusicToo : son comité exécutif est paritaire depuis 2018, et des femmes sont souvent nommées à des postes-clé. Même le Centre national de la musique (CNM), qui fournit des aides aux auteurs, compositeurs, artistes et professionnels, fait sa part. Depuis 2021, ses aides sont conditionnées à « la formation des directions et les équipes d'encadrement sur le sujet des violences sexuelles et sexistes, faire de l'information sur la prévention des risques dans leur entreprise, la mise en place d'un dispositif interne de signalement et de traitement des signalements ». Le CNM instaure aussi une aide spécifique pour les projets soutenant l'égalité des genres, ou la lutte contre les violences faites aux femmes.

1. « Marie-Anne Robert, nouvelle PDG de Sony Music dans un monde encore dominé par les hommes », Le zoom de la rédaction, France Inter, 20 octobre 2021.

## DES INITIATIVES, ASSOCIATIONS ET COLLECTIFS

On peut noter la création, en 2019, du Mentoring Program for Women Entrepreneurs in Music Industry (MEWEM), par la Fédération nationale des labels et distributeurs indépendants (FÉLIN). Il s'agit du premier programme de mentorat non-mixte à destination des femmes et minorités de genre dans le secteur musical français. Le MEWEM met en relation des jeunes artistes ou professionnelles avec des mentores expérimentées (manageuses, artistes, directrices marketing...), qui les coachent, les aident à développer leur réseau et atteindre leurs objectifs, à raison de six ateliers de travail annuels. Le programme s'est étendu à six pays européens. #MusicTooFrance inspire quant à lui la création de nombreuses associations ou collectifs. Créée à l'été 2020 par Lola Levent et Emily Gonneau, l'association Change de disque ne recueille pas de témoignages mais lutte « contre les problèmes structurels (rémunération, progression de carrière) et les violences systémiques (sexistes et sexuelles) dans la musique ». Des groupes de travail sont organisés en ligne, ouverts à tous, de manière anonyme si souhaitée. Cependant, Change de disque n'a plus pris parole sur les réseaux sociaux depuis 2021. En 2022 apparaît Majeures.org, le premier annuaire en ligne non-mixte de l'industrie musicale française, pour valoriser ses professionnels femmes, trans et non-binaires. Gratuit, son but est « d'instaurer une vision de l'industrie musicale plus paritaire, plus égalitaire et plus représentative ». Majeur.e.s est une initiative de SheSaidSo France en partenariat avec Spotify France. Présente dans dix-huit pays, SheSaidSo est une association regroupant les femmes, personnes non-binaires et trans de l'industrie musicale, fondée au Royaume-Uni en 2014.

Enfin, il ne faut pas oublier les spectatrices. Là aussi, il y a urgence : 60 % des femmes ont subi au moins une fois des violences sexuelles en milieu festif, contre 10 % des hommes[1]. C'est pour mieux prévenir et lutter contre ces agressions systémiques qu'apparaissent les associations Consentis en 2019, et Les Catherinettes en 2020. Leur but est de former le public et les lieux festifs au consentement, problèmes des violences et discriminations, mais aussi, offrir des points d'accueil. Les Catherinettes sont par exemple présentes sur des festivals d'été, et Consentis fait de la sensibilisation en bars, clubs et festivals électro. L'application Safer, créée en 2021, permet de signaler anonymement un incident ou une agression sexiste ou sexuelle lors d'un événement où des bénévoles de l'application sont présents. Selon Safer, il s'écoule en moyenne trois minutes entre le signalement et leur intervention. Cette initiative à but non lucratif, soutenue par le ministère de la Culture, a déjà été téléchargée par 27 000 personnes, et présente dans 77 événements, dont les Vieilles Charrues ou Lollapalooza. Le festival Rock en Seine propose quant à lui à l'association féministe #NousToutes de tenir un stand, en 2022. Les salles de concert, bars et clubs ne sont pas en reste. Lorsqu'ils rouvrent après la pandémie, des accusations d'agression et de soumission chimique, par substance ou piqûre, émergent au Royaume-Uni, puis en Belgique et en France de la part d'étudiantes d'où en résulte le mouvement #BalanceTonBar. Une enquête est ouverte par le parquet de Paris en novembre 2021, et au moins neuf plaintes sont déposées. Quelques lieux décident de réagir. Le Supersonic, à Paris, annonce de nouveaux dispositifs de sécurité, après quatre témoignages de clientes qui s'étaient

1. Sarah Deslandes, « "Rock en Seine" clôture un été de prévention renforcée contre les violences sexuelles en festival », huffpost.com, 10 juillet 2023.

plaintes de ne pas avoir été crues[1]. En 2020, le gouvernement français lance le dispositif « Où est Angela[2] ? », créé au Royaume-Uni. Un nom de code que les personnes victimes de harcèlement ou agression peuvent donner dans les lieux partenaires, pour être mises en sécurité. On peut également remarquer la création du Label Act Right en octobre 2022, avec le soutien du ministère de la Culture et du CNM. Il a été développé par l'association Act Right pour accompagner les structures de musiques actuelles souhaitant devenir des lieux plus inclusifs, sûrs, et respectueux de l'environnement. Délivré sur trois ans, le label forme notamment à mieux lutter contre, et prévenir les violences sexistes et sexuelles. Parmi les structures déjà labellisées, on trouve les festivals MaMa, Rock en Seine, Solidays ou Pete the Monkey, les salles du Zénith de Paris, le Petit Bain, ou le tourneur Allo Floride.

Où en est-on aujourd'hui ? En 2019, Anaïs Bourdet arrête son blog « Paye Ta Shnek », épuisée et dressant un « constat d'échec ». Cependant, le succès important et continu de comptes Instagram ou TikTok dédiés au féminisme, montre que la demande est toujours présente. Côté musique, un essoufflement se fait vite sentir. À peine un an après sa création, #MusicTooFrance baisse le rideau, le 17 octobre 2021. Fier d'avoir permis la parution de 18 enquêtes et plus de 150 articles, le collectif explique ne plus pouvoir continuer son travail bénévolement, et n'avoir jamais voulu devenir une structure. Mais l'un de ses cofondateurs sort de l'ombre : Jean-Michel Aubry-Journet est traîné en justice pour diffamation par un ancien agent d'artistes, car la page Instagram

---

1. Caroline Fauvel, « Échanges de Louise avec le Supersonic suite à son agression », Twitter, 16 novembre 2021.
2. « Plan Angela », arretonslesviolences.gouv.fr, 29 juin 2020.

du collectif #MusicTooFrance a participé à une enquête de Mediacités Toulouse en 2021. Six jeunes femmes ayant travaillé avec cet ancien manager l'accusent de « comportements toxiques ». L'homme a aussi porté plainte contre cinq autres personnes, et le média indépendant. Deux cagnottes sont lancées pour aider Jean-Michel Aubry-Journet à faire face aux frais judiciaires, et une soirée de levée de fonds est organisée sous l'égide de #MusicTooFrance en août 2023 à Paris. Quelques jours plus tard, le plaignant abandonne finalement la procédure d'appel qu'il avait lancée. Déjà relaxé en première instance, Jean-Michel Aubry-Journet est donc définitivement mis hors de cause sur le plan pénal. De son côté, D.I.V.A. devient une agence de management d'artistes femmes ou queer. Il ne s'agit plus de relayer des accusations, mais essayer d'être acteur du changement. La courte vie de #MusicTooFrance, le silence de Change de disque depuis 2021, de Paye Ta Note depuis septembre 2022, et de @BalanceTaMajor, qui a supprimé tous ses contenus, laissent un goût d'inachevé. #MusicTooFrance a-t-il vraiment fait éclater l'omerta et permis de changer les choses au sein de l'industrie musicale française ? Seul le temps le dira.

# CHAPITRE V
# CHANTER UNE AUTRE VISION DES FEMMES

Si #MeToo et #MusicToo ont permis des avancées dans l'industrie musicale, beaucoup de chemin reste encore à parcourir. Ces avancées se remarquent notamment dans le discours tenu par les chanteuses à travers leur musique. De plus en plus infusée de rhétoriques et combats féministes, la pop peut donner l'impression que l'adhésion au féminisme serait désormais évidente. Mais tout dépend de quel féminisme on parle. La pop reflète les aléas des luttes féministes, entre épiphanies, progrès, recul et contradictions, notamment quand la logique capitaliste s'y insère. Pour la pop contemporaine, être une femme revient à être libre, indépendante, sexy, forte, respectée, solidaire des autres femmes. La puissance d'une femme passe par sa résilience, sa fortune, et l'exaltation divine de son corps, temple de plaisir et créateur de vie. À partir de Madonna, l'hyper-sexualité s'impose dans la pop comme la voie royale pour montrer son émancipation en tant que femme. En 1993, Janet Jackson s'oriente, elle aussi, vers ce terrain avec l'album *Janet.*, qui change son image de « *tomboy* » (garçon manqué). Quand on la soupçonne d'opportunisme pour vendre, elle balaie les accusations et explique : « Eh bien, pour la première fois, je me sens libre. J'adore me sentir profondément sexuelle, et je n'ai pas de problème à ce que le monde le sache. Pour moi, le sexe est devenu une célébration, une partie joyeuse du processus créatif », dit-elle à *Rolling Stone*[1]. En couverture, elle pose poitrine nue, les seins cachés par les mains d'un homme dont on ne voit pas le visage. La Une mentionne : « Janet Jackson : la joie du sexe » Pour la féministe Meredith Levande, la généralisation de l'hyper-sexualité dans les clips musicaux s'explique notamment par le « Telecommunications Act » de 1996 aux États-Unis, qui a dérégulé le secteur des médias et permis à de grosses compagnies de s'enrichir grâce au porno, ainsi que la montée du porno sur Internet : « Les images des femmes dans les médias populaires sont devenues de plus en plus suggestives, et ont aussi commencé à refléter les attitudes, le langage corporel et les comportements vus dans de vrais contenus pornographiques[2]. »

## REVENDIQUER SA SEXUALITÉ

### BRITNEY SPEARS, PRINCESSE SEXY DE LA POP

Scolarisée dans une école privée du conservateur État du Mississippi, révélée par le Mickey Mouse Club, Britney Spears jure qu'elle attendra le mariage pour avoir son premier rapport sexuel, une promesse encouragée par son label, Jive. À cette époque, le puritanisme religieux envahit les cours d'éducation sexuelle et l'abstinence est promue, y

---

1. David Ritz, « Janet Jackson: the joy of sex », *Rolling Stone*, 17 septembre 1993.
2. Meredith Levande, « Women, pop music, and pornography, meridians : feminism, race, transnationalism », Indiana University Press, 2008.

compris par les Nations Unies[1], comme le mode de contraception et de protection le plus efficace. Vierge et sexy, Britney Spears symbolise la tension morale de sa génération : « Pour ses fans, la Britney “virginale” représentait le bouleversement hormonal naturel de l'adolescence, mélangé à la peur provoquée par l'épidémie de VIH[2] ».

Le corps de Britney devient le seul indicateur de sa valeur et on ne cesse de lui demander si elle est encore vierge. En avril 1999, l'Amérique s'étrangle en voyant l'adolescente de 17 ans en soutien-gorge et mini-short, une peluche Teletubbies dans les bras, pour sa première Une de *Rolling Stone*. Le shooting est réalisé par David Lachapelle, qui veut interpeller le lectorat plus âgé du magazine, « susceptible de ne pas la prendre au sérieux », dit-il. Le rédacteur en chef essaie quant à lui d'en faire un enjeu féministe : « Elle a le droit d'être extrêmement religieuse et porter des pantalons sexy. [...] Ce sont les gens à l'esprit étriqué qui pensent autrement. » En 2000, un homme d'affaires anonyme propose 20 millions de dollars à Jive en échange de la virginité de Britney, une offre qu'elle qualifie de « dégoûtante ». L'obsession pour son corps culmine avec le clip de « (You Drive Me) Crazy », qui suscite des rumeurs d'augmentation mammaire. Britney dément une première fois, mais est à nouveau interrogée sur le sujet, en public, par un journaliste TV néerlandais bien plus âgé. Une séquence illustrant le sexisme déshumanisant auquel elle était confrontée.

1. « Report on the global HIV/AIDS epidemic », UNAIDS, juin 2000.
2. Jennifer Otter Bickerdike, *Being Britney, Pieces of a Modern Icon,* Nine Eight Books, 2021.

Sans doute en réaction à cette obsession collective, elle commence son émancipation avec son troisième album, *Britney* (2001), où elle réclame qu'on la laisse grandir (« Overprotected », « I'm Not A Girl, Not Yet A Woman »). Dans son tube « I'm a Slave 4 U », elle s'affirme à la fois comme sujet et objet de désir. Cependant, sa rupture avec Justin Timberlake, en 2002, signe la fin du mythe de la Vierge Britney puisque le chanteur confirme qu'ils ont eu des rapports sexuels, et sous-entend qu'elle l'aurait trompé. Interrogée sur ce scandale, Britney s'effondre en larmes en pleine interview. Mais par la suite, elle ne s'excusera plus d'avoir une vie sexuelle. À 27 ans, elle revendique son sex-appeal dans le single « If U Seek Amy[1] » (*Circus*, 2008) : « *Love me hate me/Say what you want about me/Oh, but can't you see what I see?/All of the boys and all of the girls are begging to if you seek Amy* » [Aimez-moi détestez-moi/Dites ce que vous voulez sur moi/Oh, mais vous ne voyez pas ce que je vois ?/Tous les garçons et toutes les filles veulent me baiser]. À la fin du clip, Britney quitte une orgie pour poser face aux caméras en parfaite ménagère, tourte à la main, carré rebondi et sourire figé. Comme Madonna, elle transfigure la dualité mère/putain, et pousse la société américaine à admettre son hypocrisie envers les femmes, qu'elle sexualise tout en leur interdisant d'avoir une sexualité.

## AFFIRMER LE DÉSIR ET LE PLAISIR AU FÉMININ

Comme Britney, Christina Aguilera est une ancienne protégée de Disney. Dès son premier album sorti à ses 18 ans, *Christina Aguilera* (1999), vendu à 14 millions

1. Jeu de mots permettant d'épeler les lettres de « fuck me », soit « baise-moi ».

d'exemplaires, elle aborde la sexualité : « *You gotta rub me the right way (Yeah) / If you wanna be with me* » [Tu dois me frotter dans le bon sens (Yeah) / Si tu veux être avec moi], dit-elle dans « Genie In A Bottle ». La séduire se fait aussi bien par l'attitude que les caresses. Son album le plus marquant est celui de la rébellion : *Stripped* (2002). Dans « Dirrty », Aguilera se dévoile irrévérencieuse. Pour le clip, elle monte sur un ring de boxe, vêtue d'un haut de maillot de bain et d'un pantalon en cuir dévoilant son entrejambe et ses fesses, elle n'a plus rien d'une adolescente sage. Elle fait aussi ses premières Unes dénudées, pour *Maxim* ou *Rolling Stone*, et embrasse Madonna aux MTV VMA, tout comme Britney. Pour le film musical *Moulin Rouge*, elle reprend avec Lil'Kim, Mya et Pink la chanson disco « Lady Marmalade » (1974), dont le refrain interroge, en français dans le texte : « Voulez-vous coucher avec moi, ce soir ? » En 2006, elle se demande dans le single « Still Dirrty » pourquoi la sexualité des femmes est sans cesse commentée, et clame son droit à être érotique. Le clip affiche de nombreux articles de presse qui critiquaient son look sexy à la période *Stripped*.

L'équation pop + sexy nous renvoie aussi aux Pussycat Dolls : avec seulement deux albums à leur actif (*PCD* en 2005 et *Doll Domination* en 2008), elles demeurent l'un des artefacts pop les plus populaires des années deux mille, avec plus de 55 millions de disques vendus. Cette troupe de danse burlesque est devenue un girls band, centré autour de la très charismatique Nicole Scherzinger. Leurs chansons portent un discours pro-sexe voulu émancipateur pour les femmes. Dans le single « Buttons » (2006) aux accents bollywoodiens, Scherzinger incarne une femme qui réclame à un amant un peu gauche de lui faire du bien. Sur le pont, elle gémit, poussée à bout par son désir inassouvi. En 2006, Nelly Furtado se réinvente en séductrice affirmée grâce à deux tubes se réclamant du désir féminin : « Promiscuous » et « Maneater » extraits de son troisième album, *Loose*, qui se vend à plus de 10 millions d'exemplaires. Le premier imagine un flirt entre un homme (Timbaland) et une femme (Furtado), qui mettent leur désir sur un pied d'égalité. Avec « Maneater », la chanteuse canadienne érige en modèle une « mangeuse d'hommes » qui ose demander ce qu'elle désire.

À la même époque, Shakira devient célèbre en dehors de sa Colombie natale en délaissant la chanson folk hispanophone pour une pop hyper-sexualisée, chantée en anglais. Elle revendique aussi une farouche indépendance dans ses textes et dans sa vie, en refusant de se marier, par exemple. Vendu à 13 millions d'exemplaires, son cinquième album, *Laundry Service* (2001), contient deux tubes très sexy, « Whenever, Wherever », et « Underneath Your Clothes ». Ce changement de registre n'est pas anecdotique : pays conservateur, la Colombie interdit l'accès à l'IVG, ce que la chanteuse critiquait dans le single « Se Quiere, Se Mata » (1997). Dans la power ballade « Underneath Your Clothes », elle présente son compagnon comme son « choix » et son « territoire », qu'elle mérite parce qu'elle a été « une si bonne fille ». Dans « Hips Don't Lie » (2006), son premier single n° 1 aux États-Unis, son jeu de hanches est aussi bien une référence à son sens du rythme, qu'une invitation au rapprochement. Dans le tube « She Wolf » (2009), Shakira se compare à une louve-garou domestiquée dont le désir charnel n'est pas satisfait. Réclamant son droit au plaisir, elle en vient à menacer son amant d'infidélité. Dans la même veine, la Britannique

Lily Allen qualifie de cruel un homme gentil qui ne la fait pas jouir, dans le single caustique « Not Fair » (2008).

À contre-courant de toutes ces artistes, Björk explore la sexualité féminine avec sa musique pop expérimentale pointue, et sans s'hypersexualiser. Dans son premier album solo, *Debut* (1993), l'Islandaise s'extasie d'un garçon drôle et très doué au lit (« Venus As A Boy »). Dans *Vespertine* (2001), elle s'ébahit de sa bulle d'amour sensuelle avec un amant sensible (« Cocoon »), et compare la masturbation féminine au déchiffrement d'un code secret (« Pagan Poetry »). Dans *Vulnicura* (2015), et *Utopia* (2017), elle raconte la fin de sa longue relation à l'artiste Matthew Barney : « *Every single fuck/We had together/Is in a wondrous time lapse/With us here in this moment* » [Toutes les fois/Où nous avons baisé/Sont dans un espace-temps merveilleux/En ce moment-là, avec nous] (« History of Touches »). Elle dévoile aussi sa redécouverte de l'amour et de la sexualité (« Arisen My Senses »), un message rare de la part d'une artiste de plus de 40 ans. Réconciliée tard avec le féminisme, Björk est depuis toujours considérée comme une icône féministe pour ses chansons d'empowerment sexuel, et par son rejet des normes esthétiques féminines.

À partir des années deux mille dix, le sexe devient un sujet incontournable pour les pop stars femmes, qui allient plaisir et affirmation de soi. « *I wanna take a ride on your disco stick* » [Je veux chevaucher ton stick disco], propose ainsi Lady Gaga en 2008 dans le single « LoveGame », issu de son premier album *The Fame*, vendu à plus de 18 millions d'exemplaires. Dans « G.U.Y. » (*ARTPOP*, 2013), Stefani Germanotta, de son vrai nom, se réfère à Himeros, Dieu du désir sexuel. Au lit, elle inverse les rôles : « *I'm gonna wear the tie, wear the power to leave you/I'm aimin' for full control of this love* » [Je vais porter la cravate, je veux le pouvoir de te laisser/Je vise le contrôle total de cet amour]. Si elle a longtemps rejeté le terme « féminisme », Lady Gaga s'est depuis revendiquée de ces combats. Charlotte Aitchison, dite Charli XCX, offre aussi une approche féministe pro-sexe de la pop. Dans « Body Of My Own » (*Sucker*, 2015), elle dit se donner plus de plaisir elle-même que son partenaire ne lui en donne. Dans la surprenante « Boys » (2017), elle propose un *female gaze*[1] : c'est elle qui contemple et désire les hommes, et pas l'inverse. Le clip, qu'elle co-réalise, met en scène des artistes masculins connus comme Diplo, Nick Jonas, Wiz Khalifa ou Riz Ahmed, dans des décors pastel mignons. Une proposition rafraîchissante pour sortir d'une vision violente de la masculinité.

L'une des dernières arrivantes pro-sexe pop est Dua Lipa, phénomène pop/disco/funk aux milliards d'écoutes. La chanteuse britannico-albanaise se décrit en diable capable de faire monter son amant au septième ciel (« Hotter Than Hell »), compare la sexualité à une activité sportive menant à l'extase (« Physical »). Dans l'amusante « Good In Bed », elle se désole que son alchimie sexuelle avec un amant s'explique par leurs disputes. Certaines ont une approche plus torturée de la sexualité, comme Lana Del Rey et Lykke Li. La première se fait connaître en 2012 avec *Born To Die*, disque à la pop rétro et sulfureuse vendu à plus de 7 millions d'exemplaires. Pour Lizzy Grant, de son vrai nom, le sexe

1. Littéralement « regard féminin », par opposition au concept de *male gaze* qui, dans les œuvres de fiction, représente la réalité en partant implicitement d'un point de vue masculin.

est affaire de volupté et dévotion. La chanteuse oscille entre son désir de soumission à un homme fort, et son envie d'être adulée pour son hyper-féminité glamour. Elle compare son désir à une voiture lancée à toute allure (« Burning Desire »), ou se met dans la peau d'une jeune femme qui se rend aux courses de chevaux avec son « *sugar daddy* » (« Off To The Races »). Là non plus, ce n'est pas anecdotique, puisqu'on l'accuse d'avoir couché pour réussir, ce à quoi elle répond avec ironie dans « Fucked My Way Up To The Top » (2014). Lana Del Rey dissocie parfois amour et sexe (« Norman Fucking Rockwell », 2019), une approche vue comme masculine et présentée comme une manière de reprendre le pouvoir en tant que femme hétéro. Cette quête de pouvoir par le sexe traverse l'indie pop hantée de Lykke Li. Dans le single exalté « Get Some » (*Wounded Rhymes*, 2011), la Suédoise charismatique se fait à la fois putain et dominatrice :

*Don't pull your pants before I go down*
*Don't turn away, this is my time*
*Don't make demands, I don't take none*
*Just say a prayer, then it's gon get done*
*[…] Like a shotgun needs an outcome*
*I'm your prostitute, you gon' get some*

N'enlève pas ton pantalon, avant que j'aie le temps de descendre
Ne te détourne pas, c'est mon moment
Ne fais aucune demande, je n'en accepte pas
Dis simplement une prière, puis on s'y met
[…] Comme un flingue a besoin d'une issue
Je suis ta prostituée, tu vas en prendre pour ton grade

Même si elles se sont généralisées, les chansons d'artistes femmes sur leur sexualité ne font pas toujours consensus. En 2023, Rosalía choque de nombreux internautes en mettant sur le même plan sexualité et religion dans son titre « Hentai » (*Motomami,* 2022), du nom des mangas et anime japonais à caractère pornographique : « *Yo la batí/Hasta que se montó/Segundo es chingarte/Lo primero e' Dios* » [Je l'ai fouetté jusqu'à ce qu'il devienne rigide/À la deuxième place, il y a te baiser/À la première, il y a Dieu], raconte l'Espagnole avec douceur. Les chanteuses sont aussi rappelées à la bienséance en dehors de leur musique. En 2018, Lily Allen choque en confessant qu'elle a eu recours à des travailleuses du sexe pendant une tournée. « Je n'en suis pas fière, mais je n'en ai pas honte », écrit-elle. Des féministes pro-travail du sexe saluent son honnêteté[1]. Le soir des Grammy Awards 2021, Dua Lipa est quant à elle critiquée après avoir été filmée en train de glisser des billets aux danseuses d'un strip-club. La star justifie qu'être féministe implique de soutenir toutes les femmes, dont les strip-teaseuses[2]. Les critiques n'arrêtent pas les pop stars pro-sexe : en 2020, Lily Allen élabore un sex-toy clitoridien avec la célèbre marque Womanizer. Pour elle, c'est une question d'égalité : seules 65 % des femmes ont un orgasme à presque chaque rapport sexuel hétéro, contre 95 % des hommes. C'est ce que The International Academy of Sex Research nomme le « fossé orgasmique ». Comme tant d'autres, Lily Allen a d'abord rejeté le terme « féminisme », estimant que le combat pour l'égalité était gagné, avant de s'en réclamer.

---

1. Kuba Shand-Baptiste, « Lily Allen's decision to hire an escort during her tour is nothing to be ashamed of », *The Independent*, 4 septembre 2018.
2. Alex Morris, « Dua Lipa : dancing in the dark », *Rolling Stone*, 14 janvier 2021.

## EN FRANCE, DE L'ÉROTISATION INFANTILE DÉRANGEANTE À UNE VISION ÉGALITAIRE

Dans les années quatre-vingt, Mylène Farmer s'attelle à bousculer la pop francophone avec une audace rare. Elle devient une icône grâce à « Libertine », troisième single de son premier album, *Cendres de lune* (1986), qu'elle a coécrite avec Laurent Boutonnat, son grand collaborateur. Les paroles enchaînent les allusions sexuelles et le clip choque par ses scènes érotiques façon *Liaisons Dangereuses*. Singularisée par une esthétique neo-goth romantique, la sexualité est l'un de ses thèmes favoris. Mylène Farmer se détache du hit-parade des années quatre-vingt, qui plébiscite les chansons où la sexualité est grimée en gourmandise pop, comme le « Banana Split » (1980) de Lio, ou « L'Amour à la plage » (1986) de Niagara. D'autres chanteuses sont plus directes, comme Sandy Stevens avec « J'ai faim de toi » (1988), Busy avec son « Body Physical » (1986), Jeanne Mas avec « Toute première fois » (1984) ou Christine Roques avec « Premiers frissons d'amour » (1987).

Des années quatre-vingt-dix, arrêtons-nous un instant sur le deuxième album de Vanessa Paradis, *Variations sur le même t'aime* (1990). Il est écrit par Serge Gainsbourg, qui adore faire chanter des chansons obscènes à des jeunes filles (« Sucettes à l'anis », « Lemon Incest »). Dans « L'Amour à deux », Vanessa Paradis encourage son amant à être affectueux. À 18 ans à peine, la jeune femme est déjà sexualisée. Lors d'une séquence hallucinante, le présentateur du journal télévisé de TF1 va même jusqu'à l'interroger sur les rumeurs disant qu'elle « aime allumer les messieurs d'un certain âge ». Elle lui rétorque : « Je sais pas, j'ai l'air de vous allumer là ? », ce à quoi le journaliste répond : « Non, mais j'aimerais bien hélas ! » Les années quatre-vingt-dix sont aussi marquées par la « Sensualité » (1993) d'Axelle Red, disque d'or que la chanteuse belge avait d'abord intitulé « Sexualité ». Sans oublier « Pour que tu m'aimes encore » (1995), où Céline Dion reproche à un ancien amant de l'avoir rendue accro par ses baisers et caresses.

En l'an 2000, des siècles d'érotisation de la virginité féminine culminent dans le titre « Moi...Lolita ». Chanté par Alizée, écrit par Mylène Farmer et composé par Laurent Boutonnat, le single s'arrache à 2 millions d'exemplaires. « Moi...Lolita » est inspiré du roman de Vladimir Nabokov, publié en 1955. *Lolita* raconte l'histoire sordide de Monsieur Humbert, un homme de 52 ans obsédé par une adolescente de 12 ans. Du haut de ses 16 ans, Alizée est Lolita :

> C'est pas ma faute
> Et quand je donne ma langue au chat
> Je vois les autres
> Tout prêts à se jeter sur moi
> C'est pas ma faute à moi
> Si j'entends tout autour de moi
> L-o-l-i-t-a, moi Lolita

Dans le clip, elle incarne une adolescente campagnarde très courtisée, auquel les hommes donnent de l'argent. Qualifiée de « sale petite traînée » par sa propre mère, elle fuit en boîte de nuit avec sa petite sœur, qui la regarde danser entourée d'hommes. Même si elle raconte le point de vue de la jeune fille, « Moi... Lolita » n'a rien d'émancipateur. Sous leur façade enfantine, ses sous-entendus sexuels ne peuvent être compris que des adultes, et cultivent donc un regard pervers envers les jeunes filles. Une obsession culturelle française, qui passe à côté du propos de Nabokov. L'auteur décrivait Monsieur Humbert comme « immonde », et la petite Lolita, une « pauvre enfant que l'on débauche ». Vingt ans plus tard, Alizée explique qu'elle voyait « Moi... Lolita » « comme un rôle au cinéma », et affirme : « On peut être lolita à 15 ans et féministe à 30[1]. » Les féministes prennent du recul et parmi elles, Fanny Vedreine réalise qu'elle était à l'époque trop jeune pour « voir le mal d'être considérée comme une proie entourée par des prédateurs[2] ».

Depuis, on peut se réjouir que la chanson francophone ait arrêté d'érotiser les très jeunes filles, laissant le discours sur la sexualité à des femmes majeures. Formé d'Aurélie Saada et Eliane Hoarau, le duo Brigitte se singularise par exemple en associant une hyper-féminité hippie-bobo à un discours féministe, qui passe par le plaisir féminin, ainsi qu'une demande d'égalité et de respect. Dans le single funk pop « Oh La La », elles racontent une danse où les corps « se frôlent, se collent, s'entremêlent ». Elles poursuivent leur exploration du désir féminin dans les albums *À bouche que veux-tu* (2014) et *Nues* (2017).

Plus tard, deux visages s'imposent : Juliette Armanet et Clara Luciani, réunies par leur amour des années disco pop et leurs engagements féministes. Héritière de Véronique Sanson, Michel Berger et France Gall, Juliette Armanet fait du piano

---

1. Matthieu Bobard Deliere, « Alizée, égérie KVD Vegan Beauty : "On peut être lolita à 15 ans et féministe à 30 ans" », *Elle*, 23 septembre 2020.
2. Fanny Vedreine, *Comment le féminisme va ruiner ta vie (pour mieux la reconstruire, promis !)*, Mango Society, 2022.

son instrument de prédilection. En 2017, elle annonce la couleur en reprenant en français « I Feel It Coming », tube de The Weeknd et Daft Punk sur le désir masculin : « Sans détour et sans atours/Voilà, j'aimerais faire l'amour/Toute la nuit, tout le jour/L'amour avec toi », chante-t-elle. La reprise, enregistrée pour *Le Figaro Live*, dépasse les 4 millions de vues. Le désir occupe une place prépondérante dans ses deux premiers albums, *Petite Amie* (2018) et *Brûler le feu* (2021), vendus à 300 000 exemplaires. Avec son chant aigu et plein de souffle, Juliette Armanet offre un romantisme qui passe par le corps. Dans « La Nuit », elle assume n'être intéressée par un amant que pour le sexe : « C'est la nuit que je t'aime/[…] Tu glisses tout doucement ta peau/Dans l'antre de mes os/Et là tu me bouleverses ».

Fan de Françoise Hardy et Nico, Clara Luciani s'échappe quant à elle de La Femme pour se tailler une carrière solo fulgurante, ses deux premiers albums étant certifiés triple disque de platine. Dans le single « Le reste » (2021), elle déclare garder pour elle le corps de son ancien amant : « Je ne peux pas oublier ton cul et le grain de beauté perdu/Sur ton pouce et la peau de ton dos/Le reste, je te le laisse mais je retiens en laisse/Le souvenir ému de ton corps nu ». Ici, Clara Luciani montre que le plaisir charnel, d'habitude associé aux hommes, est important pour les femmes.

L'OVNI dance pop Yelle se fait quant à lui connaître en 2007 sur MySpace, avec « Je veux te voir », chanson qui humilie un macho en ridiculisant ses aptitudes sexuelles. Ce duo/couple formé de Julie Budet au chant et Grand Marnier (Jean-François Perrier) à la composition, consacre la moitié de son troisième album, *Complètement fou* (2014), à la sexualité. Dans « Les Soupirs et les refrains » se niche une déclaration brûlante : « Quand je viens entre tes mains/Les soupirs et les refrains/Je te précipite dans la chute de mes reins ». L'exaltation se poursuit dans « Nuit de baise I », où la chanteuse dit : « J'ai massé tout ton corps à la force de ma bouche ». « Bouquet final » clôt l'album sur une montée orgasmique, où Yelle propose : « Baisons comme de bons amis ».

À partir des années deux mille dix, la scène pop francophone s'enrichit d'artistes LGBTQ+ ouvrant les récits sexuels et amoureux (voir chapitre VI).

## SE SEXUALISER, PASSAGE OBLIGÉ POUR AVOIR L'AIR ADULTE

Revendiquer sa sexualité est devenu le raccourci favori des jeunes chanteuses souhaitant passer un cap dans leur carrière. Miley Cyrus, Selena Gomez et Ariana Grande suivent ainsi l'exemple de Britney. Comme elle, les deux premières jurent même de rester vierges jusqu'au mariage, pour finalement se sexualiser.

Avec le single « Can't Be Tamed » (2010), Miley Cyrus amorce son changement d'image en prévenant qu'elle « ne peut pas être domptée ». Un message clair envoyé à Disney, qui en a fait une star avec la série musicale *Hannah Montana*. La mue s'opère pour de bon avec son cinquième album, *Bangerz* (2013). Tout juste sortie de l'adolescence, Miley Cyrus se rase la moitié du crâne, porte des bodies très échancrés. Son hymne à la fête, « We Can't Stop », revendique une conception fluide de l'amour et du sexe. En août 2013, sa prestation aux MTV VMA scandalise. Vêtue de sous-vêtements en latex couleur chair, elle mime des actes sexuels, fait semblant de fesser une danseuse noire, ce qui lui vaut aussi des accusations d'appropriation culturelle. Elle tire la langue et twerke contre l'entrejambe de Robin Thicke. De son côté, la chanteuse de 21 ans estime que sa prestation n'avait rien de « cochon », et se dit à l'aise avec sa sexualité. Un autre scandale surgit avec le clip de « Wrecking Ball », à l'imagerie presque pornographique : Miley y apparaît nue, perchée sur une boule de démolition, et mime une fellation avec des outils. Elle dit s'être inspirée de « Nothing Compares 2 U » (1990) de Sinéad O'Connor. Dans une lettre, la chanteuse irlandaise lui affirme : « L'industrie de la musique n'en a rien à foutre de toi, ni de quiconque. Ils te prostitueront, et réussiront à te faire croire que c'était ce que TU voulais. » Les médias s'affolent : Miley Cyrus est-elle devenue une mauvaise influence pour les jeunes filles[1] ? Elle suscite la même panique morale que Madonna ou Britney en leur temps. Parmi ses rares soutiens, VV Brown qualifie la lettre de Sinéad O'Connor d'infantilisante et antiféministe, et demande pourquoi on refuse aux femmes d'être fières de leur sexualité[2]. Des années plus tard, Miley Cyrus dit s'être sexualisée pour tenter d'être puissante dans un monde patriarcal : « *I was tryin' to own my power/Still I'm tryin' to work it out/And at least it gives the papers somethin' they can write about* » [J'essayais de trouver mon pouvoir/J'essaie encore de trouver la bonne manière de faire/Au moins, les magazines ont de quoi écrire] (« Golden G String », 2020).

1. Emine Saner, « Miley Cyrus : what women her age think about her », *The Guardian*, 8 octobre 2013.
2. Kitty Empire, Rhiannon Lucy Cosslett, Alex Macpherson, VV Brown, Bim Adewunmi et Jane Martinson, « Miley Cyrus : does the music business exploit women? », *The Guardian*, 7 octobre 2013.

Selena Gomez parle quant à elle de sexualité à partir de son deuxième album solo, *Revival* (2015). Âgée de 23 ans, elle s'affiche nue sur la pochette, ce qui fait beaucoup parler. Dans le tube « Good For You », en featuring avec le rappeur ASAP Rocky, elle susurre sa dévotion envers un amant:

*Cause I just wanna look good for you, good for you*
*Baby, let me be good to you, good to you*
*Let me show you how proud I am to be yours*
*Leave this dress a mess on the floor*
*And still look good for you, good for you*

Parce que je veux juste être belle pour toi, belle pour toi
Bébé, laisse-moi te faire du bien, te faire du bien
Laisse-moi te montrer comme je suis fière d'être à toi
Laisser cette robe en bazar par terre
Et toujours avoir l'air belle pour toi

La jeune star présente « Good For You » comme une manière d'avoir confiance en soi en plaisant à quelqu'un, alors qu'il s'agit surtout d'une soumission au male gaze. Le clip, réalisé par Sophie Muller, qui a tourné pour Garbage, No Doubt ou Eurythmics, tente de redresser la barre. Certes, la vidéo n'a pas de protagoniste masculin, mais elle est destinée au male gaze. « *Trust me/I can take you there* » [Crois-moi/Je peux t'y emmener], promet Selena Gomez face caméra, dans une douche: elle jure qu'elle peut faire jouir son amant. Le clip supprime même de manière assez opportuniste le couplet très avilissant d'ASAP Rocky. Avec le single « Fetish » (2017), qu'elle a coécrit, Selena Gomez renverse cette fois le regard: « *You got a fetish for my love/I push you out and you come right back/Don't see a point in blaming you/If I were you, I'd do me too* » [Tu es fétichiste de mon amour/Je te repousse et tu reviens dans la foulée/Je ne vois pas l'intérêt de te le reprocher/Si j'étais à ta place, je me ferais aussi l'amour]. Dans le clip, la pop star mange du verre, du savon, erre dans une chambre froide remplie de pêches. Autant de tentatives de calmer son désir, qui dérange car elle est une femme. La vidéo est réalisée par Petra Collins, jeune réalisatrice et photographe féministe plébiscitée. « Fetish » réussit là où « Good For You » avait échoué : c'est en étant elle-même que Selena Gomez est irrésistible, pas en se pliant aux demandes d'un amant.

D'abord connue pour avoir joué une gentille ingénue dans la série Nickelodeon *Sam & Cat,* Ariana Grande aborde dès son premier album, *Yours Truly* (2013), mais en fait un thème majeur à partir de son troisième disque, *Dangerous Woman* (2016). Sur la pochette, elle porte un masque en latex noir surmonté de longues oreilles de lapin, qui rappelle les playmates. Malgré son allure enfantine, elle se prélasse en porte-jarretelles dans ses clips. Son désir prouve son indépendance sur le titre éponyme : « *Don't need permission/Made my decision to test my limits/'Cause it's my business, God as my witness* » [Je n'ai pas besoin de permission/J'ai décidé de tester mes limites/Parce que ça me regarde, Dieu en est témoin]. En 2015, Ariana Grande est célébrée en nouvelle icône féministe parce qu'elle dénonce un double standard : « Si une femme a beaucoup de rapports sexuels (ou juste une sexualité tout court), c'est une "salope". Si un homme a un rapport sexuel, c'est un tombeur, un boss, un roi », écrit-elle dans un long message. La star conclut avec une citation de Gloria Steinhem appelant à la sororité face au sexisme. Fidèle à sa vision, elle a depuis proposé des chansons de plus en plus explicites (« positions », « 34+35 »).

## VERS LA FIN DE L'HYPER-SEXUALISATION ?

L'empowerment des femmes par la sexualité hétéro est-il réellement possible dans une société machiste, inégalitaire et hétérocentrée ? C'est l'un des débats de fond agitant le féminisme depuis la deuxième vague des années soixante-dix. Andrea Dworkin ou bell hooks, par exemple, affirment que se sexualiser dans le cadre du patriarcat revient à se réduire à l'état d'objet pour le plaisir masculin. Dans *De la marge au centre, Théorie féministe* (1984), bell hooks affirme même que les femmes ne pourront pas atteindre la libération sexuelle tant que l'absence ou le refus du sexe resteront stigmatisés : « Tant que ce tabou n'est pas levé, femmes et hommes [...] continueront à être sensibles à la contrainte, que ce soit la contrainte sexiste poussant les jeunes hommes à agir sexuellement pour prouver leur "masculinité" (c'est-à-dire, leur hétérosexualité), ou la contrainte sexuelle poussant des jeunes femmes à répondre à des avances pour prouver leur "féminité" (c'est-à-dire, leur acceptation d'être des objets sexuels hétérosexuels) ». Certaines féministes estiment ainsi que le sexe est devenu une nouvelle injonction pour les femmes, alors que les hommes hétéros n'ont pas changé leurs pratiques (notamment en voyant le sexe comme un outil de domination, et en privilégiant leur propre plaisir), et que les violences sexuelles sont encore légion. En réaction, certaines, comme la documentaliste et essayiste Ovidie, décident d'arrêter le sexe hétéro, voire, de se tourner vers le lesbianisme politique, à l'instar de la romancière Virginie Despentes.

Dans les années deux mille dix, l'une des rares pop stars à questionner l'hyper-sexualité ambiante, sans pour autant tomber dans le slut-shaming, est Marina (ex-Marina and the Diamonds). Dans « Sex Yeah » (2012), la Britannique répète le mot « sexe » des dizaines de fois, pour en illustrer l'omniprésence. Elle défend que le sexe est une construction historique et une assignation limitante :

*If history could set you free*
*(From who you were supposed to be)*
*If sex in our society*
*(Didn't tell a girl from who she would be)*
*'Cause all my life I've tried to fight*
*What history has given me*

Si l'histoire pouvait te libérer
(De ce que tu es censé être)
Si le sexe dans nos sociétés
(Ne disait pas à une fille qui elle deviendrait)
Parce que toute ma vie j'ai essayé de combattre
Ce que l'histoire m'a donné

Désormais, des pop stars reprochent à l'industrie musicale de les avoir poussées à se sexualiser. En 2020, Selena Gomez déclare avoir ressenti une « pression externe » à être plus sexuelle dans ses clips à partir de *Revival,* et avoir fait des choses qui ne lui ressemblent pas[1]. Même son de cloche chez Demi Lovato. En 2021, elle explique s'être sexualisée et amincie au milieu des années deux mille dix, dans l'espoir d'avoir plus de succès. Mais cela ne l'a pas épanouie[2]. En France, Lio regrette « Banana Split » le tube qui l'a faite

---

1. Jessica Chia, « Selena Gomez is in full control of her life », *Allure*, octobre 2020.
2. Caryn Ganz, « How honest can Demi Lovato be? », *The New York Times*, 16 mars 2021.

connaître à l'âge de 16 ans, qu'elle dénonce aujourd'hui comme une « porte ouverte aux pédocriminels[1] ».

De son côté, Billie Eilish porte des tenues amples pour empêcher le public de la sexualiser. Malgré cette volonté assumée, son corps obsède les hommes. En 2020, ils sont des milliers à critiquer sa prise de poids, et à se délecter d'une photo où son débardeur dévoile sa poitrine. Certains créent même un compte à rebours jusqu'à son accession à la majorité. Pendant sa tournée Where Do We Go? au printemps 2020, elle s'adresse à eux dans une vidéo où elle se déshabille : « Si je suis à l'aise dans ce que je porte, je ne suis pas une femme. Si je m'effeuille, je suis une salope. Que je porte plus, ou moins, qui décide ce que cela fait de moi ? Qu'est-ce que cela veut dire ? Ma valeur est-elle basée sur votre perception ? En quoi votre opinion de moi serait de ma responsabilité ? » Cette vidéo interlude deviendra le titre « Not My Responsibility ». En mai 2021, Billie Eilish fait un virage à 180 degrés en posant en lingerie glamour, cheveux décolorés blond platine façon Marilyn, en Une du *Vogue* britannique : « Montrer son corps et sa peau, ou pas, ne devrait pas vous rendre moins respectable. [...] Le plus important, c'est de faire ce qui vous fait du bien. » Une partie de ses fans désapprouve. Une photo où elle porte un corset laissant voir un soutien-gorge en dentelle lui fait même perdre 100.0000 abonnés sur Instagram. Billie Eilish retourne à ses tenues amples et ses cheveux noir de jais. Un an après la couverture de *Vogue*, elle dit qu'elle ne savait pas qui elle était au moment du shooting, et qu'elle voulait bousculer

1. Dans son interview donnée pour l'ouvrage de Chloé Thibaud, *Toutes pour la musique*, Hugo Image, 2022.

ceux qui lui collent une image précise[1]. Il est normal qu'une artiste évolue, *a fortiori* une pop star très jeune. Billie Eilish s'accorde le luxe d'être contradictoire, et nous bouscule dans notre réflexe à juger et nous approprier le corps d'une femme, qu'elle soit pudique ou sexy.

## NE PLUS JOUER LE JEU DE LA RIVALITÉ FÉMININE

Dans le prolongement de leur discours pro-sexe, les chanteuses pop des années quatre-vingt-dix/deux mille ont tendance à se valoriser en rabaissant les autres femmes, souvent pour « conquérir » un homme. Déjà en 1966, Loretta Lynn disait à une rivale « You Ain't Woman Enough (To Take My Man) » : « tu n'es pas suffisamment une femme pour me prendre mon homme ». En 2007, la Française Soko devient une star grâce à son premier single, « I'll Kill Her », où elle dit vouloir tuer celle qui lui a « volé » son homme, « son avenir ». Une chanson qu'elle a reniée. Pour les féministes, la rivalité féminine est une construction sociale du patriarcat, qui divise pour mieux régner. « Il ne fait aucun doute qu'une société qui ne mettrait pas la relation hétérosexuelle monogame sur un piédestal verrait l'hostilité entre femmes décroître drastiquement », résume ainsi l'autrice et journaliste Racha Belmehdi dans *Rivalité, nom féminin* (2022).

Dans la pop, les critères de rivalité féminine évoluent et dénotent du changement d'époque : après avoir été longtemps décriées, les aptitudes sexuelles sont présentées comme le meilleur moyen « d'attraper » un homme à partir

---

1. Thomas Smith, « Billie Eilish: "I owe it to everyone to put on a good Glastonbury show" », *NME*, 24 juin 2022.

des années deux mille. Le plus gros tube des Pussycat Dolls, « Don't Cha » (2005), l'illustre :

*Don't cha wish your girlfriend was hot like me?*
*Don't cha wish your girlfriend was a freak like me?*
*[...]Don't cha wish your girlfriend was raw like me?*
*Don't cha wish your girlfriend was fun like me? »*

Ne voudrais-tu pas que ta petite amie soit canon comme moi ?
Ne voudrais-tu pas que ta petite amie soit une dingue comme moi ?
[...] Ne voudrais-tu pas que ta petite amie soit crue comme moi ?
Ne voudrais-tu pas que ta petite amie soit marrante comme moi ?

Ainsi, cette « tentatrice » ne se définit qu'en opposition à la compagne de l'homme convoité, qui est déshumanisée.

L'un des derniers exemples significatifs de rivalité féminine amoureuse dans la pop remonte à début 2023. Shakira surprend avec une chanson très vindicative envers le footballeur Gerard Piqué, son compagnon pendant 12 ans et père de ses deux enfants. La vidéo, mise en ligne sur la chaîne YouTube du producteur argentin Bizarrap, dépasse les 500 millions de vues en à peine trois mois. La chanteuse âgée de 45 ans présente cette « revenge song » comme une « catharsis ». Shakira reproche à Piqué de l'avoir trompée avec une femme plus jeune, qu'elle humilie : « Tu as échangé une Ferrari pour une Twingo, une Rolex pour une Casio. » Le single divise les féministes : « emblème d'empowerment féminin[1] », pour certaines, chanson misogyne[2], voire

1. Karla Montalván, « How Shakira has inspired every loba to go tell their ex off », *People*, 17 janvier 2023.
2. Dr Maya Feile Tomes, « Shakira's "diss" song is disappointingly sexist », *The Guardian*, 18 janvier 2023.

« enfantine » et « machiste » pour d'autres[1]. Résumant ces désaccords, la professeure de littérature Patricia Larrús qualifie Shakira « d'icône féministe inattendue », à la fois « perturbatrice et hégémonique[2] ». De son côté, Shakira avait dit en 2006 ne pas être féministe, car « très en phase avec la femme » en elle, et « gérant sa carrière avec agressivité », comme un homme. Au début des années deux mille vingt, elle finit par s'identifier comme féministe. Elle défend que les femmes devraient avoir les mêmes opportunités que les hommes, « parce qu'elles ont plus de capacités qu'eux ».

Même quand aucun homme n'est en jeu, la rivalité féminine a la peau dure dans la pop des années deux mille/deux mille dix. L'un des exemples phare est la réponse cinglante de Mariah Carey lorsqu'on lui demande son opinion sur Jennifer Lopez, présentée comme sa rivale. Avec un grand sourire figé, Mimi rétorque: « *I don't know her* », « Je ne la connais pas ». Pire que l'insulte, l'indifférence. La séquence incarne tellement la rivalité féminine qu'elle en est devenue un même, et a participé à forger la réputation de diva de Mariah Carey. L'envie d'annihiler sa rivale est aussi au cœur du clip de « Bad Blood » (2014), tube de Taylor Swift au milliard de vues. Le public soupçonne que la chanson s'adresse à Katy Perry, qui aurait débauché des danseurs de Taylor Swift dans son dos. En 2018, Katy Perry envoie à Swift une branche d'olivier en signe de paix. Les deux stars officialisent leur réconciliation dans le clip de « You Need

---

1. Raymundo Zamarripa, « Feminista señala (con argumentos) actitud infantil de Shakira; fans la defienden », *Quién*, 16 janvier 2023.
2. Patricia Larrús, « Shakira: une icône féministe inopinée? », *Global Voices*, 24 février 2023.

To Calm Down » (2019), où Swift critique entre autres les hommes essayant de monter les femmes les unes contre les autres. En interview, Katy Perry soulève un point important : pendant que les femmes sont poussées à être rivales, elles ne se rendent pas compte qu'elles ont plus de similarités que de différences[1]. Ne plus jouer le jeu de la rivalité féminine, c'est lutter contre le patriarcat. En 2018, *Time Magazine* remarque ainsi que les nouvelles pop stars « choisissent la sororité plutôt que la compétition », à l'image de Charli XCX, Tove Lo, Caroline Polachek, Icona Pop, ALMA, Elliphant, MØ ou encore Rina Sawayama. Charli XCX montre leur proximité en invitant plusieurs d'entre elles sur son album *Pop 2* (2017). Comment expliquer ce changement ? D'un côté, le féminisme pop et #MeToo appellent à plus de sororité face à la domination masculine. De l'autre, le streaming a réduit la compétition économique entre artistes : il y a de place pour toutes. En France, en 2021, Vitaa, Amel Bent et Camélia Jordana cartonnent en sortant un album de reprises de leurs répertoires respectifs, intitulé *Sorøre*. Leur but : « renvoyer une image de femmes qui se donnent de la force[2] ». Elles reprennent notamment « Ma Sœur », tube de 2007 où Vitaa s'adresse à une amie qui l'a trahie en couchant avec son compagnon. Dans le nouveau clip, les trois chanteuses torturent l'homme infidèle, alors que le clip originel mettait l'accent sur la « traîtresse », montrée comme une femme fourbe.

---

1. « Katy Perry: The Smile interview », The Zane Lowe Sow, Apple Music, 20 août 2020.
2. Clio Weickert et Fabien Randanne, « "Sorore" : "On veut renvoyer une image de femmes qui se donnent de la force", expliquent Camélia Jordana, Vitaa et Amel Bent », *20 minutes*, 4 juin 2021.

# MONTRER D'AUTRES CORPS

## LUTTER CONTRE LES CANONS DE BEAUTÉ

En 1990, Naomi Wolf est la première autrice féministe à consacrer un livre à la nocivité des injonctions corporelles et esthétiques créés par l'industrie de la beauté et de la mode : *The Beauty Myth*. L'essayiste états-unienne y décortique comment ces canons de beauté nocifs ont pu fleurir en dépit des avancées féministes. Roxane Gay soulève de son côté dans *Hunger* (2017) que nous sommes encouragés à essayer d'avoir le même corps que les célébrités, alors que c'est impossible. Selon l'autrice queer, noire et obèse, les fluctuations des corps des célébrités sont chroniquées par les médias people pour mieux nous faire « rentrer dans le rang ». Qu'en disent les intéressées ? À la fois victimes et gardiennes de canons de beauté évoluant en permanence, elles sont des deux côtés de la barrière. Ce n'est qu'à partir des années deux mille que quelques pop stars commencent à dénoncer les canons de beauté, et leurs dérives. En 2002, Christina Aguilera coécrit un hymne anti-harcèlement, « Beautiful », vendu à plus de 2 millions d'exemplaires. Cette ballade pop s'adresse à celles et ceux qui se sentent mal dans leur peau, sont persécutés à cause de leur apparence physique, look, orientation sexuelle ou genre.

Après la glorification extrême de la maigreur dans les années deux mille, l'injonction à la minceur commence à être critiquée dans la décennie suivante. En 2014, l'Américaine Meghan Trainor lance sa carrière avec son premier single rétro-pop « All About That Bass », qui atteint le sommet des charts. La chanteuse, âgée de 20 ans, est grosse, ce qui la singularise d'office. « All About That Bass » essaie de « consoler » les femmes grosses en leur disant que les hommes préfèrent, en réalité, les femmes « rondes » aux minces. Cela suscite de vives critiques de la part de féministes, qui lui reprochent de diviser les femmes, et de réduire la valeur des femmes grosses à la supposée attirance sexuelle des hommes envers elles. De son côté, Meghan Trainor dit ne pas se considérer comme féministe et prôner avant tout « l'amour de soi ». Un discours typique du post-féminisme.

Un couplet de « All About That Bass » reste à sauver :

*I'm bringing booty back*
*Go ahead and tell them skinny bitches that*
*No, I'm just playing I know y'all think you're fat*
*But I'm here to tell you*
*Every inch of you is perfect from the bottom to the top*

Je fais revenir le fessier à la mode
Allez prévenir ces salopes maigrichonnes
Non, je plaisante, je sais que vous pensez être grosses
Mais je suis là pour vous dire
Que chaque centimètre de vous est parfait, de haut en bas

Meghan Trainor dénonce une société grossophobe qui pousse toutes les femmes à avoir peur d'être grosses, en plus de persécuter et discriminer les femmes grosses. « All About That Bass » devient un hymne body positive. Ce mouvement social né à l'époque victorienne connaît une résurgence forte depuis les années deux mille dix, face à la montée des réseaux sociaux et outils de modification d'image. Le body positive milite pour une plus grande diversité dans la représentation et l'inclusivité des corps, mais n'a pas évité certains carcans, ni une récupération marchande. En dépit de son message et de son succès, Meghan Trainor est aussi victime de grossophobie : en 2016, son buste est affiné à son insu en post-production du clip de « Me Too », single dans lequel elle prône à nouveau l'amour de son corps. Horrifiée, la chanteuse remplace la vidéo modifiée par la version originale. Dans le titre « Don't I Make It Look Easy » (*Takin' It Back*, 2022), elle reconnaît être tiraillée entre ses chansons positives et ses difficultés à accepter son corps.

En 2014, Beyoncé s'attaque à son tour aux canons de beauté avec le single « Pretty Hurts ». Dans le clip, la star incarne une candidate de concours de beauté, qui dépérit dans cet environnement poussant à la haine de soi. Des images d'une Beyoncé enfant, participant à des concours de chant, rappellent qu'elle est observée et jugée depuis toujours. En 2018, elle se désole auprès de *Vogue* (qu'elle dénonce pourtant comme faisant partie du problème dans « Pretty Hurts »), d'avoir assuré une petite tournée pour perdre le poids de sa première grossesse. « Pretty Hurts » est d'autant plus importante car Beyoncé est une femme noire. Les femmes noires sont soumises à des canons de beauté spécifiques à cause du racisme : il leur faut, entre autres, avoir la carnation de peau la plus claire possible, lisser leurs cheveux, éviter d'être « trop » grosse ou musclée sous peine qu'on leur trouve l'air masculin. Avec le titre « Brown Skin Girl » (2019), Beyoncé compare cette fois les femmes à la peau foncée à des perles. Le clip figure entre autres Kelly Rowland, sa cousine, longtemps complexée par sa peau foncée. Des chanteuses pop vont même jusqu'à témoigner en chanson de leurs troubles du comportement alimentaire, comme Lily Allen (« Everything's Just Wonderful »), Tove Lo (« Grapefruit ») ou Taylor Swift (« You're On Your Own, Kid »).

En France aussi, quelques pop stars s'attaquent aux canons de beauté, mais cela se fait en général au détriment des femmes correspondant aux canons de beauté, montrées comme superficielles. En 2004, Amel Bent affirme : « Je ne suis pas comme toutes les filles / Qu'on dévisage, qu'on déshabille / Moi j'ai des formes et les rondeurs, ça sert à réchauffer les cœurs » dans son hit « Ma Philosophie », coécrit avec Tunisiano. À l'instar de Renée Zellweger ou Chimène Badi, la gagnante de Popstars est à l'époque vue comme grosse, parce qu'elle n'est pas maigre, et félicitée « d'assumer ses rondeurs ». En 2012, Amel Bent devient ambassadrice WW (ex-Weight Watchers), au moment où la firme essaie de redorer son image. Classant les aliments selon un système de points, l'entreprise américaine créée en 1963 est accusée d'avoir contribué à instaurer un diktat de la minceur, diabolisé les corps gros, et favorisé les troubles du comportement alimentaire chez ses clients[1]. Ce partenariat est largement relayé dans les médias people et féminins, qui documentent déjà de près le corps d'Amel Bent. Encore en 2020, on la félicite d'avoir maigri pendant le confinement[2]. Deux ans plus tard, la jurée de The Voice affirme avoir accepté ses changements physiques, et être lasse des commentaires sur son poids. Les chanteuses Maurane, Hélène Segara et Vitaa seront aussi ambassadrices WW. Des partenariats qui nourrissent la fascination pour leur

1. Megan Rose, *ANAD*. https://anad.org/step-aside-ww-we-wont-let-you-win/
2. « Amel Bent toujours plus mince : elle révèle le secret de son impressionnante perte de poids », *Voici*, 12 janvier 2021.

poids, puisqu'elles sont obligées de communiquer sur les effets du programme.

Désormais, des discours plus inclusifs s'écrivent. En 2020, Suzane critique l'injonction à la minceur dans « Pas Beaux » *(Toï Toï)* :

> Puisque nos corps sont des chiffres
> Soustraits à des standards
> Pour rentrer dans le moule, on s'abîme
> Se courbe aux lignes des magazines
> Garder la ligne c'est tout un art

Révélée à l'âge de 16 ans par The Voice, Louane Emera dénonce régulièrement le cyber-harcèlement dont elle fait l'objet à propos de son corps. Celle qui a été récompensée aux César et Victoires de la Musique est parfois résignée : « Quoi que je fasse, je serai toujours jugée sur mon corps, mon physique et mon apparence[1]. »

## LIZZO ET YSEULT, RÉVOLUTIONNAIRES

Quand *Gala* lui demande si elle est une femme engagée, Yseult dit ne pas avoir le choix, car tout chez elle, sa couleur de peau, ses cheveux, son corps, est politique par essence. Finaliste de La Nouvelle Star en 2014, son premier album pop ne rencontre pas son public. Après avoir écrit pour d'autres artistes (Jenifer, Chimène Badi ou Matt Pokora), elle revient sur le devant de la scène en 2019. Place à une approche intime, épurée et engagée de la chanson française. Elle troque

1. Dans une interview donnée au média en ligne féministe Simone, le 2 juin 2021, vidéo disponible sur Facebook.

ses tenues colorées lambda pour des créations originales de designer. Avec son EP *Noir* (2019), Yseult remet les compteurs à zéro. La pochette offre un gros plan sur ses bourrelets, magnifiés. Elle croise son corps aux difficultés rencontrées :

Le corps nu sur le sol
J'me fais du mal depuis des années
La main sur les yeux
Pas envie de la retirer, hey
Y'a pas de place pour les faibles
Y'a pas de place pour les regrets
Le cœur sur le sol
Relève-toi, faut pas déconner

Yseult fait de son corps gros et noir une œuvre d'art vivante. Cependant, ne lui parlez pas du mouvement body positive, qu'elle trouve dépassé. Elle défile pour Alexander McQueen et devient égérie beauté pour l'Oréal Paris. Elle prolonge son introspection corporelle dans son deuxième EP, *BRUT* (2020). Pour le clip de « Bad Boy », elle se fait suspendre façon shibari, l'art japonais du bondage érotique, d'ordinaire montré à travers des corps blancs et minces. Le titre « Sexe » allie sexualité et corps gros : « Un bail de booty taille XXL/J'suis dans tous mes états, j'éteins les bougies vit'euf/Ce soir, les langues se délient au lit ». En 2021, Yseult devient la première femme noire sacrée Révélation féminine aux Victoires de la Musique. « Le chemin est long et sinueux, mais on va y arriver », promet l'artiste, souvent attaquée pour ses prises de position.

Melissa Vivianne Jeferson, dite Lizzo, est aussi bien capable de rapper que chanter avec force, ou jouer de la flûte traversière tout en twerkant. Noire et grosse, Lizzo a « décidé d'être à l'aise dans son corps ». C'est avec son tube « Juice » (*Cuz I Love You,* 2019), qu'elle devient une star. Un titre disco-soul à la joie contagieuse, où elle célèbre sa beauté défiant les normes. Lizzo montre ses bourrelets, vergetures et sa peau d'orange. Comme pour toute personne grosse qui existe, on lui reproche de « promouvoir » l'obésité, associée à l'idée d'une mauvaise santé, un lien pourtant démenti depuis longtemps. Dans son single « Rumors », sorti début 2021, Lizzo clame ainsi : « *I am body goals* » [Mon corps est un modèle à atteindre].

En décembre 2022, elle invite sur la scène des People Choice Awards 17 femmes activistes de tous bords pour valoriser leurs combats, dans une forme de féminisme intersectionnel magnifique. La pop star ne fait pourtant pas l'unanimité. Des féministes lui reprochent une approche simpliste du mouvement, *via* la confiance en soi quand d'autres la jugent mercantile et contradictoire. Dans certains clips, on peut en effet apercevoir des marques de céréales diététiques ou boissons vitaminées, qui se donnent une image inclusive alors qu'elles promeuvent, au fond, la minceur. En 2018, Lizzo scandalise en partageant une publicité WW où figure une de ses chansons. La star dit ne pas être au courant des polémiques concernant l'entreprise, et qu'elle a accepté leur proposition parce qu'Oprah Winfrey y travaille. L'animatrice très populaire partage depuis toujours ses tentatives de perte de poids avec le public, et a aidé WW à redorer son image en en devenant actionnaire et conseillère en 2015[1]. Fin 2020, Lizzo est cette fois vivement critiquée parce qu'elle suit une cure de détox à base de smoothies. « Quand vous êtes une femme grosse, les gens pensent que si vous faites

1. Jess Miller, « Weight watchers isn't fooling anyone », slate.fr, 8 mars 2021.

quelque chose pour votre santé, c'est pour perdre beaucoup de poids, et ce n'est pas le cas. [...] Chaque femme grosse devrait être libre de faire ce qu'elle veut avec son corps », s'agace-t-elle. En 2022, sa marque de vêtements gainants, Yitty, interroge. Yitty est présentée comme très inclusive, mais cette communication body positive est déconcertante, puisque le but des vêtements gainants, peu importe comment on les présente, est de gommer des soi-disant défauts comme la cellulite, remonter les fesses ou la poitrine et applatir les bourrelets. Gina Tonic, journaliste *plus-size*, se sent même « escroquée », car les vêtements Yitty qu'elle reçoit taillent petit[1]. *The Independent* y voit des « gaines glamourisées », qui ne peuvent « en aucun cas » être présentées comme un instrument de libération des femmes[2].

À l'été 2023, un autre scandale frappe Lizzo, bien plus inattendu cette fois. Trois anciennes danseuses de la star l'accusent de discrimination grossophobe, et de harcèlement moral et sexuel. Des plaintes sont déposées mais Lizzo dément ces accusations. La cheffe de sa troupe de danse est aussi accusée de prosélytisme religieux, harcèlement et conduite déplacée.

## ADELE, UNE PERTE DE POIDS POLÉMIQUE

La polémique sur la mini-cure de smoothies suivie par Lizzo montre qu'une partie du public attend des personnalités

1. Gina Tonic, « A fat person's honest review of Lizzo's new shapewear », Refinery29, 13 avril 2023.
2. Rachel C. Weingarten, « Maybe we should all stop pretending Lizzo's new shapewear brand is actually good for women », *The Independent*, 14 avril 2022.

grosses qu'elles restent grosses. Ainsi, lorsque Adele apparaît très amincie dans une photo postée sur son compte Instagram en mai 2020, les réactions sont divisées. Les médias people s'extasient, comme si sa perte de poids était son plus grand accomplissement, et pas ses quinze Grammy, son Oscar, ou ses 120 millions d'albums vendus. Même si Adele s'est rarement exprimée sur son corps, des femmes grosses se sentent trahies. Pourquoi ? L'activiste Virgie Tovar explique que les célébrités grosses étant rares dans une société grossophobe, leur existence est précieuse pour les personnes grosses, car elles symbolisent leur droit à exister, une source de réconfort et de force[1]. À l'inverse, Bitch Media dénonce le fait que les personnes grosses, *a fortiori* les plus visibles comme Adele, soient devenues les réceptacles « d'espoirs, rêves et peurs » sans l'avoir demandé[2]. La journaliste Scaachi Koul (Buzzfeed) conclut avec fatalité : « Si on félicite [Adele], cela suggère que nous nous sentons malheureux vis-à-vis de notre poids et de notre relation à notre corps. Mais si ça nous déprime, c'est parce qu'elle nous rappelle nos propres difficultés face aux normes de beauté, et le fait qu'on n'y corresponde pas. Adele ne peut pas gagner, et nous non plus[3]. » La chanteuse se dit d'ailleurs « triste[4] » que les gens en attendent autant de sa part, « très déçue » et « blessée » que les commentaires les plus sévères envers son nouveau

1. Beth Greenfield, « Rebel Wilson and Adele say losing weight has made them happy. But some fans feel angry and "betrayed". Here's why. », Yahoolife, 21 janvier 2022.

2. Evette Dione, « Our response to Adele's weight loss says More about Us Than Her », bitchmedia.org, 6 mai 2020.

3. Scaachi Koul, « Adele's weight loss is a double bind », buzzfeednews.com, 7 mai 2020.

4. Candice Carty-Williams, « Adele meets Queenie author Candice Carty-Williams to talk music, motherhood, dogs, divorce (babe, divorce) – and her record-breaking comeback. », *The Face*, 18 novembre 2021.

corps viennent de femmes. Elle répond pour la première fois à la polémique auprès d'Oprah Winfrey, ce qui n'est pas anodin, disant qu'elle a fait beaucoup de sport sans chercher à perdre du poids : « J'étais body positive avant, et je le suis encore maintenant. Ce n'est pas à moi de valider la manière dont les gens se sentent vis-à-vis de leur corps. »

Même si les canons de beauté sont de plus en plus décriés, l'industrie musicale a encore du mal à s'en défaire. En avril 2021, le chroniqueur musical chez Europe 1 et attaché de presse Fabien Lecœuvre juge bon de dire, à propos de la chanteuse Hoshi, qu'elle a l'air « effrayante » et lui suggère de donner ses chansons à des « filles sublimes ». Ces propos font polémique. Lecœuvre s'enfonce en disant qu'il voulait juste constater que le physique d'une artiste compte moins qu'avant. Celle qui a été nommée aux Victoires de la Musique s'indigne : « C'est à cause de gens comme vous que des jeunes abandonnent leur rêve, pas à cause des maisons de disques. »

## LA MATERNITÉ, ÉTERNEL IDÉAL FÉMININ À ATTEINDRE

En mars 2023, *Vogue* écrit que devenir mère a permis à Rihanna de réaliser « la réinvention la plus sismique de sa vie[1] ». Énième preuve que les médias, et la société, voient toujours la maternité comme un enjeu indispensable aux femmes. Bien sûr, on peut être mère, féministe ou non, et être épanouie. Mais celles qui sont épanouies sans être mères, que ce soit par choix ou non, ne sont toujours pas valorisées

1. Giles Hattersley, « Rihanna reborn : How a megastar became a mother », *British Vogue*, 15 février 2023.

au même titre. La moindre prise de poids d'une star femme suscite des spéculations de grossesse, et on lui demandera plus tard comment « équilibrer vie de parent et carrière ». L'équivalent ne se retrouve pas du côté des célébrités masculines. Richissimes, les femmes stars ont aussi tout le loisir de nourrir ce discours genré, en promouvant la maternité comme vecteur ultime d'épanouissement. Pourtant, d'innombrables études montrent que la maternité empire les inégalités femmes-hommes. On demande aux mères de travailler comme si elles n'avaient pas d'enfant, d'être mères comme si elles n'avaient pas de travail, et on les paie toujours moins que les hommes. Cette désillusion est instrumentalisée par les anti-féministes depuis les années quatre-vingt, remarquait Susan Faludi dans *Backlash* (1993). bell hooks affirmait que le capitalisme s'est enrichi sur le dos des femmes en leur promettant de les libérer par le travail. Face à cette impasse, les mères revoient leurs ambitions professionnelles à la baisse, ce qui favorise leur dépendance économique envers leur partenaire. À la naissance de son fils, Meghan Trainor fait ainsi construire un studio d'enregistrement dans sa maison et renonce aux tournées, pour rester le plus possible à ses côtés. Ce qu'elle présente comme un choix positif : elle définit les conditions de sa maternité, et gagne de toute façon plus d'argent grâce à TikTok. Lorsque Shakira se sépare de Gerard Piqué en 2022, les infidélités de l'ancien joueur du FC Barcelone indignent d'autant plus que la chanteuse a priorisé son couple et sa vie de famille sur sa carrière pendant des années, parlant d'un « sacrifice d'amour[1] ». Shakira décide alors de quitter l'Espagne, où elle l'avait suivi, pour retourner aux États-Unis, où elle aura

1. Lulu Garcia-Navarro, « Shakira is making new music, healing, and having her say », *Elle*, 21 septembre 2022.

bien plus d'opportunités professionnelles. Lio avait dénoncé en 1999 qu'être mère de cinq enfants représentait pour elle un handicap professionnel : « Dans ce milieu avide de chair fraîche, personne ne veut d'une fille avec cinq gosses aux basques[1]. »

En parallèle de ce désenchantement professionnel des femmes[2], on observe depuis la fin des années deux mille dix un croisement entre maternité et nature, à travers la mode du « féminin sacré », dérive de la réhabilitation féministe de la figure de la sorcière, et du retour à la mode de l'ésotérisme, du tarot ou de l'astrologie. Issu de croyances New Age, le « féminin sacré » propose une vision essentialiste de la femme : on est femme quand on dispose d'un appareil reproductif permettant d'enfanter. Le corps féminin est vu comme magique, car relié à la nature notamment à travers le cycle menstruel et la grossesse. Une littérature abondante propose aux femmes de « suivre l'énergie de la Lune », des « rituels pour se reconnecter à sa puissance féminine » ou célébrer sa « foufoune cosmique ». À en croire le féminin sacré, il suffit de trouver la « sorcière/déesse » en soi pour déterrer sa puissance innée de femme. *Exit* les luttes collectives. S'il peut prêter à sourire, le féminin sacré inquiète la Mission interministérielle de vigilance et de lutte contre les dérives sectaires (MIVILUDES) depuis 2021.

Cette approche divine de la maternité se retrouve notamment chez Beyoncé. Enceinte de jumeaux en 2017, l'interprète de « Crazy In Love » pose à genoux sur l'herbe, devant une haie

---

1. Grassin Sophie, « Lio toute nue », *L'Express*, 16 septembre 1999.
2. Sur le sujet, lire Céline Aix, *Merci mais non merci, Comment les femmes redessinent la réussite sociale*, Payot et Rivages, 2021.

de roses rouges, un voile vert transparent sur les cheveux. Cette photo angélique devient alors la plus populaire d'Instagram, avec 7,5 millions de likes. Sur d'autres clichés, Beyoncé rappelle la *Vénus* de Botticelli, ou s'affiche avec un buste de Néfertiti. Elle se produit enceinte aux Grammys, vêtue d'une longue robe dorée transparente brodée de perles, qui magnifie son gros ventre. Sa large couronne aux rayons dorés rappelle Oshun, déesse de la beauté et de la fertilité en Afrique de l'Ouest. Un mois après leur naissance, la star pose avec Rumi et Sir dans les bras, toujours dans une mise en scène mystique. De nombreux commentaires la qualifient de « déesse » ou « Mère ». La maternité devient un arc primordial de son storytelling : ses enfants figurent souvent dans ses clips, pour illustrer sa vision divine de la figure maternelle noire. La star parle de la naissance de Blue Ivy, sa fille aînée, comme « l'expérience la plus belle de [sa] vie », et affirme que l'accouchement « est la chose la plus puissante que l'on puisse accomplir ». « Ma quête de sens est devenue bien plus profonde. [...] Être numéro 1 n'était plus ma priorité », explique-t-elle[1]. En témoignant de ses fausses couches, Beyoncé a aussi œuvré à lever le tabou sur ce fléau touchant 25 % des femmes, et d'avantage encore les femmes noires.

En 2015, Lykke Li annonce l'arrivée de son premier enfant en posant dénudée. En légende de la photo, la chanteuse âgée de 29 ans écrit : « Le vrai amour finit toujours par vous trouver ». Une sorte de « happy end » pour celle qui a chanté ses peines de cœur dans ses trois premiers albums. Moins d'un an après la naissance de son fils, Lykke Li perd sa mère.

---

1. Melina Matsoukas, « For Beyoncé, creativity is the ultimate power », *Elle*, 9 décembre 2019.

Un choc qu'elle évoque d'abord à travers LIV (« vie » en suédois), un side project hippie. Pour les photos promotionnelles, la chanteuse pose dans les bois, très enceinte, nue sous une robe de mariée blanche transparente. En 2018, elle bâtit un pont entre sa mère et son fils à travers le titre « Utopia ». Le clip, mélange d'images récentes et d'archives familiales, est dévoilé le jour de la Fête des mères. Si la Suédoise affirme qu'être mère lui a appris ce qu'est l'amour[1], elle offre aussi des morceaux de réalisme désenchanté : « Avoir un enfant est parfois joyeux, mais c'est aussi complètement dingue et très dur[2]. » Elle avoue que sa « perception de la maternité ne correspondait pas à la réalité » : « Je croyais que mes désirs et besoins allaient disparaître[3]. » Elle s'indigne que le congé maternité soit d'à peine six semaines aux États-Unis : « Vous devez ensuite abandonner votre bébé pour reprendre un boulot de merde qui va enrichir un vieux type[4] ! » À l'été 2023, elle accouche d'un deuxième enfant.

Rares sont les chanteuses à offrir une vision de la maternité en dehors des normes hétéros et cisgenres. Mais même là, le féminin sacré, ou en tout cas une approche ésotérique et mystique, n'est jamais très loin. Enceinte de son premier enfant en 2019, Stéphanie Sokolinski, dite Soko, témoigne des difficultés physiques de la grossesse sur les réseaux sociaux. Elle publie un texte cru et un reportage photo de

---

1. « The musician on the beauty to be found in change and rebirth », Wepresent, 17 octobre 2018.
2. David Renshaw, « The world is nuts, so Lykke Li is surviving by being honest », *The Fader*, 7 juin 2018.
3. « The musician on the beauty to be found in change and rebirth », Wepresent, 17 octobre 2018.
4. Annabel Nugent, « Lykke Li : "I struggled a lot with self-hate and my looks and my body" », *Independent*, 19 mai 2022.

son accouchement sur *Vice*[1]. À l'hôpital, elle emporte des huiles essentielles, une lampe en cristal de sel, un morceau de palo santo. Elle est entourée de quatre amies et sa doula, qui joue des chansons sanskrites et mantras. Pour encourager le bébé à arriver, elles rient, hurlent comme des louves. « Maman queer et fière », Soko évite de genrer son enfant, prénommé Indigo Blue. Dans le clip de « Being Sad Is Not A Crime » (*Feel Feelings,* 2020), on la voit l'allaiter, avant qu'un technicien ne le lui retire des bras, provoquant les pleurs du bambin. Cette scène symbolise à la fois son attachement à sa carrière d'artiste, ses efforts pour y intégrer son enfant, et sa culpabilité à devoir parfois le délaisser pour travailler. Durant sa grossesse, la pop star états-unienne Halsey, bisexuelle et non-binaire, se réjouit au contraire de ne pas se sentir obligée de se comporter en « déesse très féminine de la fertilité », comme le veut l'époque. Son quatrième album, *If I Can't Have Love, I Want Power* (2022), explore « les joies et horreurs » de la grossesse et de l'accouchement. Une expérience que Halsey dissocie de la féminité, mais relie au divin : « *I am not a woman, I'm a god/I am not a martyr, I'm a problem/I am not a legend, I am a fraud* » [Je ne suis pas une femme, je suis un dieu/Je ne suis pas un martyr, je suis un problème/Je ne suis pas une légende, je suis une arnaque]. *A contrario* des discours idéalisant la grossesse et la maternité, de plus en plus de stars lèvent le tabou des problèmes de fertilité, des grossesses et accouchements difficiles, mais aussi, de la dépression post-partum qui touche beaucoup de jeunes mères. En France, la chanteuse et actrice Lorie Pester raconte son combat contre l'endométriose, une maladie gynécologique mal diagnostiquée et pouvant causer

1. « French actress Soko shares exclusive photos from the birth of her first child », *Garage magazine*, 15 février 2019.

des problèmes de fertilité, qui concerne une femme sur dix. En 2023, elle anime une série de documentaires intitulés « Post-Partum » sur RMC Story, où des mères lui racontent leurs difficultés. Les chanteuses disant ne pas vouloir d'enfant sont encore plus rares. Parmi elles, on peut citer Tove Lo. Dans « Surburbia » (2022), la Suédoise s'adresse à son époux, et s'interroge sur l'injonction à la parentalité :

*What if I change my mind and want one*
*But then I can't have one?*
*Would you leave me then?*
*What if I don't want the things I'm supposed to want?*
*What then?*
*But what if I do in the end?*

Et si je change d'avis et que j'en veux un
Mais que je ne peux plus en avoir un ?
Est-ce que tu me quitterais ?
Et si je ne veux pas les choses que je suis censée vouloir ?
Qu'est-ce qui se passerait ?
Et si finalement, je les voulais ?

En interview, la pop star regrette que la décision de ne pas avoir d'enfant soit encore mal vue : « Avoir des enfants est un choix personnel. […] Dès [que vous sortez de votre bulle progressiste, na], on vous juge quand vous décidez de ne pas en avoir[1]. »

Même si la maternité est toujours promue auprès des femmes, elle doit rester dans un certain cadre pour être célébrée. En mars 2023, des dizaines de milliers de masculinistes

1. Tomás Mier, « Tove Lo explores the intricacies of her femininity on upcoming fifth album "Dirt Femme" », *Rolling Stone*, 21 juin 2022.

s'indignent d'une couverture de *Vogue* où Rihanna marche sur la plage, fière. Derrière elle se tient son compagnon, ASAP Rocky, qui porte leur fils et l'embrasse sur le front. Dans un tweet liké par 20000 personnes[1], Rihanna est décrite comme une « femme forte, dominante et masculine », tandis que ASAP Rocky est qualifié « d'homme féminin maternant et soumis ». Un autre tweet viral estime même que ce cliché « émascule » le rappeur.

Au-delà des récits individuels vis-à-vis de la maternité, les stars se rappellent parfois qu'il s'agit aussi d'un sujet politique. En 2022, lorsque la Cour suprême des États-Unis invalide l'arrêt Roe v. Wade, qui garantissait depuis 1973 l'accès à l'IVG sur tout le territoire, de nombreuses stars s'y opposent. Parmi les pop stars prenant la parole, on retrouve Taylor Swift, Halsey, Selena Gomez, Lizzo ou Billie Eilish. Olivia Rodrigo rejoint Lily Allen sur scène au festival Glastonbury pour chanter « Fuck You », titre de la Britannique sorti en 2009, à l'attention des juges de la Cour suprême. À 19 ans, Olivia Rodrigo se dit « dévastée et terrifiée », et prévient: « De nombreuses femmes et jeunes filles vont mourir à cause de ça[2]. » À contre-courant de l'actualité, Riahnna sort un an plus tard un T-shirt pour femmes enceintes avec le slogan: « *Make more babies* », « Faites plus de bébés ».

---

1. « Dominant woman. Submissive man », Rivelino, Twitter, 17 février 2023.
2. Ben Beaumont-Thomas, « "So many women are going to die": Olivia Rodrigo lambasts Roe v. Wade decision at Glastonbury », *The Guardian*, 25 juin 2022.

# LA SANTÉ MENTALE DES STARS, UN ENJEU FÉMINISTE

## LA BASCULE DES ANNÉES DEUX MILLE DIX

À partir du tournant des années deux mille dix/deux mille vingt, les stars sont plus enclines à parler de leurs problèmes de santé mentale, ce qui était très rare auparavant. Mariah Carey, Selena Gomez ou Halsey révèlent être atteints de troubles bipolaires. Rihanna met sa carrière musicale en pause à cause d'un burn-out. Lady Gaga s'exprime sur les souffrances physiques et mentales dues à sa fibromyalgie. Lizzo raconte les risques à se mettre trop de pression en tant qu'artiste noire et grosse discriminée. Taylor Swift glisse au détour de « Anti-Hero » avoir souffert de dépression. Billie Eilish confie avoir eu des pensées suicidaires, et Ariana Grande affirme que la thérapie lui a plusieurs fois sauvé la vie après l'attentat de Manchester. En France, Yelle signe « Ici & Maintenant (Here & Now) » (2017), parabole pop sur la dépression. Pomme dédie une chanson à son anxiété, « invisible et sournoise ».

Comment expliquer ce revirement ? Les blogs et réseaux sociaux permettent de faire éclater le tabou de la santé mentale, et partager son expérience au plus grand nombre. Internet crée aussi un impératif de transparence et d'honnêteté, au moins sporadique. De nombreuses sources citent aussi l'impact sur le public du suicide de l'acteur Robin Williams, en 2014, à l'âge de 63 ans. Aimé de tous, connu pour ses rôles lumineux dans des films populaires, son suicide rappelle que les problèmes de santé mentale et addiction peuvent toucher n'importe qui. Rien qu'aux États-Unis, presque un adulte sur cinq souffrait d'une maladie mentale en 2021[1], un chiffre similaire à celui de la France[2]. Sur les 53 millions de personnes atteintes de maladie mentale aux États-Unis, seules 47 % d'entre elles ont bénéficié de soins dans l'année passée[3]. La prise de parole des célébrités sur leur santé mentale est donc un enjeu de santé publique, car elles illustrent une réalité méconnue. Mais si le sujet de la santé mentale est moins tabou qu'avant, le stigmate l'entourant n'a pas disparu pour autant, notamment lorsqu'il s'agit de femmes et minorités.

## PETITE HISTOIRE DE LA SANTÉ MENTALE DES FEMMES

Le fait que des artistes femmes osent révéler leurs problèmes de santé mentale défie notre tendance à hystériser les femmes. Comme le démontre Sady Doyle dans *Trainwreck: The Women We Love to Hate, Mock, Fear… And Why* (2016), des femmes comme Emilie Brontë ou Britney Spears fascinent et effraient, car elles ne suivent pas les critères de respectabilité féminine : être lisse, polie, élégante, une mère et épouse serviable, peu voire pas intéressée par le sexe, l'argent ou le pouvoir. Le XX^e^ siècle offre une ribambelle d'exemples funestes où le mal-être de stars femmes comme Marilyn Monroe, Diana Spencer, Whitney Houston ou Amy Winehouse, est exploité voire moqué sans vergogne. Ce voyeurisme sexiste est le résultat d'une fascination millénaire pour les femmes « folles ». Dès l'Égypte antique, on

---

1. « Mental illness », NIH.gov.
2. « Santé mentale et psychiatrie : répondre à la forte demande de soins des Français », vie-publique.fr, 1er octobre 2021.
3. *Ibid.*

pense que les femmes n'ayant pas assez d'activité sexuelle souffrent de « mouvements anormaux » de l'utérus, qui suscitent la folie. Au Vᵉ siècle avant JC, Hippocrate invente le terme « hystérie » à partir de la racine grecque du mot « utérus ». Aux XVIIIᵉ et XIXᵉ siècles, l'hystérie est décrite comme une maladie neurologique en lien avec des traumatismes sexuels, par le neurologue Jean-Marie Charcot. Les femmes dont personne ne veut remplissent les asiles : l'hystérique est la nouvelle sorcière[1]. La psychanalyse freudienne impose ensuite l'idée que l'hystérie découle de fantasmes sexuels refoulés envers les figures paternelles.

Dans les années cinquante, l'Association Américaine de Psychiatrie retire l'hystérie de son manuel, mais le mythe d'une hystérie féminine persiste. En 1972, *Les Femmes et la Folie* de la psychothérapeute féministe Phyllis Chester est le premier ouvrage à dénoncer le sexisme de la psychologie et de la psychiatrie. Ce best-seller vendu à plus de 2,5 millions d'exemplaires retrace des siècles de mythes, représentations culturelles et écrits académiques où la folie est associée au féminin. « La santé mentale des femmes est un enjeu féministe », résume la chercheuse féministe et lesbienne Hilary Haines dans le *Women's Studies Journal* en 1989. Les féministes affirment que la mauvaise santé mentale des femmes ne s'explique pas par leur genre, mais par les violences sexistes systémiques. Celles qui cumulent les discriminations sont encore plus à risque.

---

1. Ussher M. Jane, « Diagnosing difficult women and pathologising femininity: Gender bias in psychiatric nosology », *Feminism & Psychology*, février 2013.

## MARIAH CAREY, « DIVA » BIPOLAIRE

« Je ne voulais pas traîner le stigma d'une maladie incurable qui me définirait et qui pourrait ruiner ma carrière », explique Mariah Carey à *People*, le 11 avril 2018. En Une, la pop star révèle être atteinte de troubles bipolaires, comme 2,8 % de la population états-unienne[1]. Derrière ses 200 millions d'albums vendus, dix-huit singles n°1, et sa résidence réussie à Las Vegas, Mariah Carey a longtemps vécu dans le déni de ce diagnostic, craignant qu'il ne fuite, elle s'est isolée. C'est à l'été 2001 qu'elle se voit diagnostiquer ce trouble de l'humeur, lorsqu'elle est hospitalisée, puis placée en psychiatrie. Son hospitalisation fait alors les choux gras de la presse people, qui crie au caprice : « diva en détresse » selon *People*, « diva hors de contrôle et hystérique » pour le *New York Post*. Après avoir disparu pendant trois mois, la chanteuse évoque un épuisement. Cette image de diva lui collera à la peau, tantôt boulet, tantôt signe d'excentricité plébiscité par ses fans. La révélation des troubles bipolaires de Mariah Carey a l'effet d'une bombe. Le *New York Times* souligne qu'elle est l'une des premières grandes stars à reconnaître avoir des problèmes de santé mentale. Elle pousse les médias et le public à revoir leur image des personnes bipolaires, mais aussi, à voir le sexisme et le racisme qui ont mené à se moquer de son état, à la déshumaniser. « Il faut le dire, ça explique beaucoup de choses ! », reconnaît le site féministe Jezebel. « [Cela] va-t-il pousser les gens à réévaluer ce que l'on disait de son comportement ? », se demande *The Atlantic*. « Nous devons des excuses à Mariah Carey », tranche Buzzfeed, pour qui l'affaire symbolise un profond changement en cours : la santé mentale des femmes

1. « Bipolar disorder », NIH.gov.

commence à devenir un enjeu politique, et plus une question de ragots.

## BRITNEY SPEARS, LA PETITE CHÉRIE INDOCILE DE L'AMÉRIQUE

Lorsque Britney Spears devient mère en 2004, le moindre de ses faits et gestes de jeune maman est scruté par les paparazzis. Son corps, forcément changé après deux grossesses rapprochées, lui vaut moqueries et critiques. En parallèle, son mariage s'effrite et elle demande le divorce en 2006, et Kevin Federline réclame la garde exclusive de leurs fils. Britney écume alors les boîtes de nuit avec Paris Hilton et Lindsay Lohan, jugées « trash ». Les tabloïds la dépeignent en mauvaise mère, tout en se faisant de l'argent sur son dos. Le 16 février 2007, elle se rase la tête dans un salon de coiffure de Los Angeles. La photo-choc la montrant tondeuse à la main est vendue 500 000 dollars, et fait le tour du monde. « Folie à la tondeuse », titre le *New York Post*, « Aidez-moi », écrit le magazine *People*. Puis, Britney frappe la voiture d'un paparazzi avec un parapluie. Le *Daily Mirror* titre « l'effondrement », avec un gros plan sur le visage crispé de la chanteuse. À cet instant, Britney symbolise la fin de la jeunesse, la pureté corrompue, explique Sady Doyle. La chanteuse enchaîne les cures de désintoxication, reconnaît avoir un problème d'alcool et souffrir de dépression. La garde des garçons est confiée à leur père, une enquête pour maltraitance est lancée contre Spears. Malgré ces épreuves, elle sort un nouvel album, *Blackout*. Dans « Piece Of Me », elle reproche à la presse de l'exploiter : « *I'm Miss American Dream since I was seventeen/Don't matter if I step on the scene/Or sneak away to the Philippines/They still gon' put pictures of my derrière in the magazine* » [Je suis Miss Rêve Américain depuis mes dix-sept ans/Peu importe si je trébuche sur scène/Ou que je m'enfuie aux Philippines/Ils voudront toujours mettre une photo de mon derrière dans un magazine].

Début 2008, Britney est internée deux fois. C'est à partir de là qu'elle est dépeinte comme une femme malade et fragile, observe Jijian Voronka, chercheuse en sciences sociales[1]. Les tabloïds invitent à la prendre en empathie, après l'avoir poussée à bout pendant des années. Sa souffrance l'a purifiée, analyse Sady Doyle. Fêtarde vulgaire ou folle inquiétante, Britney est sanctionnée car elle ne respecte pas les règles propres au genre féminin. Les tabloïds l'érigent en cas d'école de bipolarité, avec « l'analyse » de thérapeutes. Son supposé diagnostic de bipolarité n'a pourtant jamais été officialisé. C'est dans ce contexte médiatique hallucinant que la star de 26 ans se retrouve, malgré ses protestations, sous la tutelle matérielle et morale de son père, et d'un avocat nommé par la justice. Alcoolique, Jamie Spears était très absent durant son enfance et qui a plusieurs fois fait faillite. Cette décision de justice est aussi très étonnante parce que la mise sous tutelle permanente est rare. Dans le documentaire *For the Record*, Britney dit ne pas se sentir entendue, et pleure. En janvier 2009, un fan publie sur le site Breathe Heavy: « Ouvrez les yeux! Libérez Britney! », la première occurrence connue de l'expression « Free Britney ». Pourtant, Britney poursuit sa carrière: elle empoche 15 millions de dollars pour être jurée de The X Factor, sa résidence à Las Vegas amasse 140 millions de dollars, elle assure des tour-

1. Dans un article de la revue *Radical Psychology* publié en 2008.

nées et sort trois nouveaux albums. Alors que la mode du développement personnel bat son plein, la star est érigée en exemple de résurrection pop : « Si Britney a réussi à survivre à 2007, tu peux survivre à cette journée. »

Mais en 2019, tout s'effondre. Britney annule sa nouvelle résidence à Las Vegas et annonce un « hiatus indéfini ». Un ancien membre de son équipe juridique affirme au podcast amateur Britney Gram que la star souhaite mettre fin à sa tutelle. Le mouvement #FreeBritney prend de l'ampleur pendant la pandémie de Covid-19. Le vent a tourné : #MeToo et la politique sexiste de Trump ont rappelé que les droits des femmes ne sont jamais acquis. En août 2020, la star demande la fin de sa tutelle, avec le soutien de Madonna, Rose McGowan ou Halsey. Des médias sérieux tel le *New York Times* s'emparent de l'affaire, désormais analysée comme un enjeu féministe, et plus une simple histoire people divertissante. « Britney Spears montre pourquoi nous devons urgemment protéger les droits des femmes », titre *Harper's Bazaaar*. « La pop culture a échoué à protéger une super star », estime le *Guardian*. Jamie Spears lance une procédure pour dissoudre la tutelle. En juin 2021, devant la justice, Britney accuse son père de la rabaisser, la contrôler, surveiller son entourage et dilapider son argent. Elle demande : pourquoi est-elle sous tutelle, alors qu'elle travaille et enrichit son entourage ? Elle révèle ne pas avoir le droit de se marier, ni faire retirer son stérilet pour tomber enceinte, avoir été médicamentée et internée de force. Jamie Spears nie tout en bloc. Le 12 novembre 2021, la tutelle est levée. « C'est le plus beau jour de ma vie », se réjouit la chanteuse, qui remercie le mouvement #FreeBritney. L'affaire fait jurisprudence : la loi californienne est modifiée pour permettre aux personnes sous tutelle d'avoir recours à l'aide juridique de leur choix, et le projet de loi « #FreeBritney » alourdit les sanctions contre les tuteurs légaux abusifs.

Depuis la fin de sa tutelle, Britney continue cependant d'inquiéter ses fans, à cause de ses posts Instagram confus, ou ses comportements erratiques en public. Retour à la case départ: Britney n'est pas crue, et épiée. Pourquoi? Probablement parce qu'elle n'est pas redevenue la Britney d'avant, une pop star fonctionnelle. Dans un post Instagram publié en août 2022, supprimé depuis, la chanteuse prévenait pourtant: « Je vais mieux, mais je serai à jamais traumatisée par mes expériences passées. »

## UNE TRANSPARENCE CONTRÔLÉE

Certaines stars font désormais preuve d'une transparence assumée sur leur santé mentale, quitte à démystifier leur image. En 2017, Katy Perry est filmée en direct sur YouTube 24h/24 pendant quatre jours, pour promouvoir son album *Witness* (« témoin »). La scène la plus commentée? Une séance d'une heure avec un psychologue, où la star révèle ses problèmes d'alcool et pensées suicidaires. « Regardez Katy Perry pleurer pendant sa session de thérapie », titre *Rolling Stone*.

Cette nouvelle transparence se retrouve dans la manne des documentaires « intimes » promettant de révéler les épreuves et fêlures des stars, souvent avant la sortie d'un album. Deux anciennes égéries Disney se prêtent au jeu: Demi Lovato et Selena Gomez. La première se confie sans fards sur ses addictions, troubles bipolaires et troubles du comportement alimentaire dans le film-documentaire *Demi Lovato: Simply Complicated*, mis en ligne sur YouTube en 2017. Sa tournée commune avec Nick Jonas offre des séances de conseil collectives gratuites, menées par des « personnalités inspirantes » et des thérapeutes issus des instituts où elle a été soignée. « La santé mentale est quelque chose dont nous devons tous parler », déclare-t-elle sur scène. Mais le 24 juillet 2018, Demi Lovato frôle la mort à cause d'une overdose, qui lui laisse des séquelles au cerveau. Elle et son entourage analysent le drame deux ans plus tard dans la série documentaire *Dancing With The Devil*, qui est aussi le titre de son nouvel album. La star rejoue même son overdose dans un clip. En 2022, elle chante avec ironie : « *Demi leaves rehab again/When is this shit gonna end?/Sounds like* the voice *in my head/I can't believe I'm not dead* » [Demi sort encore de cure de désintox/Mais quand est-ce que cette merde cessera ?/On dirait la voix dans ma tête/Je n'arrive pas à croire que je ne sois pas morte] (« Skin Of My Teeth »).

La même année, Selena Gomez fait sensation avec *My Mind and Me*, un film-documentaire consacré à ses problèmes de santé physique et mentale, réalisé par Alek Keshishian, à qui l'on doit *In Bed with Madonna*. La pop star souffre de troubles bipolaires et d'un lupus. Le début de *My Mind And Me* nous ramène en 2016, lorsqu'elle annule le reste d'une tournée mondiale, pour anxiété et dépression. Les années suivantes sont difficiles, entre une rupture très médiatisée avec Justin Bieber, la transplantation d'un rein, un passage en hôpital psychiatrique et un diagnostic de troubles bipolaires. Comme Demi Lovato, elle sort une chanson sur sa santé mentale, « My Mind And Me », espérant aider d'autres personnes en difficulté. Mais le documentaire laisse de nombreux médias perplexes, gênés par une mise en scène éloignée de la promesse initiale de spontanéité. Le *Guardian* estime que le film est « frustrant et incomplet[1] ». Il lui reproche notamment de ne pas évoquer la série Netflix *13 Reasons Why*, coproduite par Selena Gomez et sa mère. La série parle pourtant de santé mentale : le personnage principale est une adolescente victime de viol et harcèlement scolaire, qui se suicide. Cette série à succès avait inquiété parents et enseignants à cause de sa violence. Selena Gomez l'avait défendue comme une « représentation honnête du suicide adolescent ». Face au scandale, la scène de suicide en question avait été supprimée et Netflix avait dû développer plus d'outils pour accompagner le jeune public.

Il ne faut pas s'y méprendre : si ces documentaires-confessions lèvent des tabous, ils sont aussi devenus un outil comme un autre de « storytelling » et de promotion. Souvent, ils sont produits par l'entourage, voire l'artiste lui-même. Il faut donc les regarder avec un œil critique. *Demi Lovato: Simply Complicated* contient par exemple des placements de produits, ce qui est légal mais questionne sur le plan éthique. La santé mentale est devenue un business comme un autre : d'ici 2027, la valeur des start-ups visant la santé mentale des jeunes devrait atteindre 26 milliards de dollars[2]. Les stars veulent leur part du gâteau, notamment celles qui se présentent en « business women ». Demi Lovato a été un temps copropriétaire des centres de désintoxication où

1. Adrian Horton, « Selena Gomez: My Mind & Me review: a fascinating and frustrating pop doc », *The Guardian*, 3 novembre 2022.
2. Tori DeAngelis, « As funding cools, venture capitalists shift investments in mental health », apa.org, 1er janvier 2023.

elle a été soignée au milieu des années deux mille dix. Créée en 2019, la marque de maquillage de Selena Gomez, Rare Beauty, reverse quant à elle 1% des bénéfices de vente au Rare Beauty Impact Fund, qui vise à éduquer, indiquer des ressources et mener des actions en faveur de la santé mentale des jeunes, notamment des femmes, personnes racisées ou LGBTQ+. La marque est conseillée par le Rare Beauty Mental Health Council, réunissant de célèbres activistes pro-santé mentale. En 2021, Selena Gomez crée aussi avec sa mère et une autre associée, Daniella Pierson, une société proposant des contenus éditoriaux en ligne et produits autour de la santé mentale, intitulée Wondermind. « La santé mentale est un bon business! », titre le magazine *Entrepreneur* en les mettant en Une. « Nous avons hâte de construire un business lucratif », déclare Daniella Pierson. « Parce que le meilleur moyen d'attirer l'attention de la société sur une problématique est d'en tirer de l'argent. C'est comme ça que les vrais mouvements naissent. »

# CHAPITRE VI
# CHANTER UNE AUTRE VISION DES RELATIONS FEMMES-HOMMES

Il est impossible de parler de corps, de sexualité, et de santé mentale chez les femmes, sans s'intéresser à l'impact de l'hétérosexualité sur ces différents sujets. Les chanteuses n'ont bien sûr pas attendu #MeToo pour dénoncer les comportements toxiques des hommes. D'emblée, on pense à « Respect » (1967) de la grande Aretha Franklin, reprise d'un titre d'Otis Redding sorti deux ans plus tôt, où il exigeait le respect de sa femme parce qu'il subvenait aux besoins du ménage. Aretha Franklin modifie le texte pour en faire un hymne féministe, où une femme réclame le respect de son compagnon. Dans les années deux mille dix, la montée du féminisme pop, et sa diffusion en ligne, encouragent les femmes à parler. #MeToo fait office de catalyseur, même si son effet est lent et diffus dans la musique (voir le chapitre IV). Après #MeToo, il ne s'agit plus seulement de revendiquer son indépendance ou sa force de caractère dans un monde pensé pour les hommes. Il faut aussi lutter activement contre les violences et discriminations sexistes. De même que le couple est (re)devenu un enjeu politique.

# RÉPONDRE AUX HOMMES TOXIQUES

## CONFRONTER LES GOUJATS

En 2002, Christina Aguilera et Lil'Kim proposent « Can't Hold Us Down », une réponse féroce au sexisme qui se classe en 3e place des ventes, et qui encourage les femmes à tenir tête aux hommes :

*This is for my girls all around the world*
*(Around the world)*
*Who've come across a man that don't respect your worth*
*Thinkin' all women should be seen not heard*
*(What?)*
*So what do we do girls? Shout louder!*

Cette chanson est pour les filles
(Partout dans le monde)
Qui ont croisé la route d'un homme qui ne respecte pas votre valeur
Et pense que les femmes doivent être matées, pas écoutées
(Quoi ?)
Alors, qu'est-ce qu'on fait les filles ? On crie plus fort !

Cet hymne féministe est à la base une réponse à « The Real Slim Shady » (2000), single où Eminem présente Aguilera comme une « petite salope » qui donnerait des fellations à la chaîne, énième tentative de rabaisser une femme en suggérant qu'elle a une sexualité « débridée ». Le rappeur, certes talentueux mais aux propos misogynes notoires, l'attaquait ici parce qu'il n'avait pas apprécié qu'elle spécule publiquement sur sa vie privée. Le clip donne une dimension plus universelle à « Can't Hold Us Down » : Christina Aguilera confronte un homme qui l'a agressée dans la rue en lui agrippant les fesses. Des femmes aux profils différents la rejoignent pour la soutenir. Vêtue d'un minishort en soie violet et d'un crop top dévoilant son nombril, Christina réclame que toutes les femmes, peu importe leur tenue, ont droit au respect. Une dénonciation du harcèlement de rue, dix ans avant que cela ne devienne un sujet d'ampleur. Son album *Stripped* contient aussi « Fighter », autre chanson de résilience cette fois inspirée d'une relation amoureuse décevante, où la chanteuse a été trompée. Dans ce single vendu à plus d'un million d'exemplaires, elle remercie cet ancien compagnon, qui ne l'a pas détruite mais l'a au contraire rendue plus forte et sage. « Fighter » est citée comme l'une des chansons d'empowerment féminin les plus efficaces de son époque.

La « chanson de revanche » peut aussi être amusante et légère. C'est grâce à son esprit taquin que Lily Allen devient une star, avec son tube « Smile » (2006). Sur ce titre joyeux basé sur un sample de « Free Soul » (1966) des Soul Brothers, la Londonienne dit sourire face aux malheurs de son ex, infidèle. Dans le clip, elle sabote la vie du goujat avec un plaisir contagieux.

En 2008, Britney Spears se moque d'un coureur de jupons dans son single « Womanizer », tiré de l'album *Circus*: *« Look at you gettin' more than a re-up/Baby, you got all the puppets with their strings up/Fakin' like a good one but I call 'em like I see 'em/I know what you are, what you are, baby »* [Regarde-toi avec ton relooking/Bébé, tu tiens toutes les poupées par leurs fils/Tu fais semblant d'être quelqu'un de bien mais je dis ce que je vois/Je sais ce que tu es, ce que tu es, bébé]. Britney va jusqu'à qualifier « Womanizer » d'« hymne féministe ». Le blog féministe Feministing[1] se laisse séduire, même s'il se désole que le clip remplace la sexualisation habituelle des femmes par la sexualisation des hommes, avec les mêmes codes d'agressivité et de domination. Il est vrai que Spears y incarne différentes femmes sexy qui repoussent le même homme, tout en le malmenant comme une poupée. De quoi rappeler « Toxic », où elle fuit un amant compliqué. Le clip, là aussi réalisé par Joseph Kahn, finit peu ou prou de la même manière: Britney fait disparaître le goujat en question.

Fin 2017, Lizzo sort « Truth Hurts », single qui met deux ans à rencontrer le succès. C'est une « chanson de revanche » très addictive, où la chanteuse s'en prend à un prétendant qui lui a tourné le dos pour se remettre avec son ex. Une situation aussi banale que fédératrice. Elle demande au malotru d'assumer ses actes: « *Don't text me/Tell it straight to my face* » [Ne m'envoie pas de texto/Dis-le moi en face]. Lizzo revendique son indépendance, et se marie à elle-même dans le clip. En toute logique, « Truth Hurts » est son premier single à atteindre la première place des ventes, et s'écoule à plus de 7 millions d'exemplaires.

En 2019, Billie Eilish tient son premier tube sous major avec « Bad Guy », qui ouvre son premier album, *When We All Fall Asleep, Where Do We Go?* Dans ce single dark pop qu'elle a coécrit avec son frère, la jeune chanteuse âgée de 17 ans se moque d'un garçon qui joue au gros dur: « *I like it when you take control/Even if you know that you don't/Own me, I'll let you play the role* » [J'aime quand

1. Nettlesyrup, « Britney's "Womanizer" video », feministing.com, 2009.

tu prends le contrôle/Même quand tu sais que/Tu ne me possèdes pas, je te laisserai jouer ce rôle]. Dans le clip, qui dépasse le milliard de vues, elle persécute des hommes mis dans des situations ridicules. « Bad Guy » est tout de même critiqué parce que ses sous-entendus sexuels sont portés par une chanteuse encore mineure.

Les femmes racisées, quant à elles, sont non seulement victimes de sexisme, mais aussi de racisme, créant des situations uniques de manque de respect, discrimination ou violences. En 2020, la pop star nippo-britannique Rina Sawayama aborde cette problématique dans « STFU! » [« *shut the fuck up* », soit « ferme bien ta gueule »], premier single issu de son premier album, *Sawayama*. Née au Japon mais élevée à Londres, l'artiste a puisé l'inspiration dans les micro-agressions sexistes et racistes auxquelles elle est régulièrement confrontée. Elle s'autorise la colère qu'elle s'est souvent refusée: « *How come you don't respect me?/Expecting fantasies to be my reality* » [Pourquoi ne me respectes-tu pas ?/Tu t'attends à ce que tes fantasmes soient ma réalité]. Dans le clip, elle mange dans un restaurant japonais avec un homme blanc, qui ne la laisse pas parler. Il l'interroge sur ses origines, étale ses connaissances parfois erronées sur la culture nippone, et partage son attirance pour les femmes asiatiques. Bref, il incarne l'archétype de l'homme blanc raciste fétichisant les personnes asiatiques.

En France, le duo Brigitte propose une chanson de rupture en forme de bouée de sauvetage avec « Sauver ma peau », single issu de leur album *Nues* (2017). Sur un piano façon Michel Berger, elles encouragent à quitter un homme qui vous tient sous son « emprise »: « Je veux de l'amour qui rend fort/Je n'veux pas celui qui blesse/Celui qui vous jette à terre/Celui qui vous traîne en laisse ». Dans le clip, Aurélia Saada est celle qui s'en va, et Sylvie Hoarau, l'amie qui la soutient dans cette décision difficile. L'année suivante, Clara Luciani porte un message d'espoir avec le tube « On ne meurt pas d'amour », issu de son premier album, *Sainte-Victoire*. Un album en grande partie inspiré d'une douloureuse rupture. « On ne meurt pas d'amour » offre recul et perspective, et rappelle qu'on ne se résume pas, même en tant que femme, à sa vie amoureuse.

## DÉNONCER LES INÉGALITÉS DE POUVOIR DANS LES RELATIONS AMOUREUSES HÉTÉROS

#MeToo nous pousse à réfléchir aux dynamiques de pouvoir au sein des relations hétérosexuelles. Au début des années deux mille vingt émerge ainsi une micro-tendance chez les chanteuses pop : réfléchir à ce qui les a poussées à fréquenter des hommes plus âgés. Elles interrogent la motivation de ces derniers à sortir avec une femme beaucoup plus jeune, voire, mineure, et constatent que c'était une affaire de pouvoir et d'ascendant.

En 2021, Taylor Swift propose une version de dix minutes de « All Too Well » (2012) avec de nouveaux couplets, pour la réédition de son album *Red*. La chanson d'origine n'était déjà pas tendre envers l'intéressé, qui serait l'acteur Jake Gyllenhaal, de dix ans son aîné et qu'elle a fréquenté l'année de ses 20 ans, en 2009. Au bridge, elle entonne avec sarcasme : « *And I was never good at telling jokes, but the punchline goes/I'll get older but your lovers stay my age* »

[Et je n'ai jamais été douée pour raconter des blagues, mais voici ma punchline/"Je vieillirai, mais pas tes amantes"]. Dans l'album *Midnights* (2023), Taylor Swift signe avec Aaron Dessner (The National) le titre « Would've, Could've, Should've », qui parlerait de sa relation à John Mayer, de 12 ans son aîné et qu'elle a fréquenté à ses 19 ans. Swift explore une relation où l'asymétrie de pouvoir due à la différence d'âge a laissé des traces. Elle hurle : « *Give me back my girlhood, it was mine first/And I damn sure never would've danced with the devil/At nineteen/And the God's honest truth is that the pain was heaven* » [Rends-moi mon enfance, elle était à moi d'abord/Et je suis certaine que je n'aurais jamais dansé avec le diable/À 19 ans/Et la vérité c'est que cette douleur était divine].

Dans « Your Power », issu de son deuxième album, *Happier Than Ever* (2021), Billie Eilish évoque une relation abusive. Elle se serait notamment inspirée de sa liaison avec le rappeur états-unien Brandon "Q" Adams, qu'elle a fréquenté quand elle avait 16 ans, et lui, 22 ans. Pour Billie Eilish, son ex a profité de leur différence d'âge pour prendre le dessus, et « abusé de son pouvoir » : « *And you swear you didn't know/You said you thought she was your age* » [Et tu jures que tu ne savais pas/Tu dis que tu croyais qu'elle avait ton âge]. Quand ils se sont séparés en 2019, Billie Eilish a déclaré qu'elle avait arrêté « d'essayer de le réparer ». Dans « Happier Than Ever », la chanteuse lui reproche de l'avoir éloignée de ses proches : « *Shut 'em all out of you 'cause I was a kid* » [Je les ai tenus à l'écart pour toi, parce que j'étais une enfant]. Ce titre très populaire illustre sa libération par un pont explosif. En 2022, Billie Eilish balaie cependant les inquiétudes de ses fans lorsqu'elle fréquente Jesse Rutherford (chanteur de The Neighbourhood), de onze ans son aîné.

Demi Lovato a elle aussi connu ce type de relation. Elle partage sa colère sur le titre « 29 », présent sur son album *HOLY FVCK* (2022). Dans ce court morceau rock, elle revient sur sa relation à l'acteur Wilmer Valderrama. Il avait 29 ans, et elle, 17 ans, quand ils ont commencé à se fréquenter en 2010. Elle l'accuse de l'avoir mise sous sa coupe en profitant de ses fragilités. Âgée de 29 ans à son tour, elle prend conscience du déséquilibre de leur relation passée :

*Finally 29*
*17 would never cross my mind*
*Thought it was a teenage dream, a fantasy*
*But it was yours, it wasn't mine*
*17, 29*

J'ai enfin 29 ans
Sortir avec quelqu'un de 17 ans ne me traverserait même pas l'esprit
Je croyais que c'était un rêve d'ado, un fantasme
Mais c'était le tien, pas le mien
17, 29

Pour Demi Lovato, cette chanson illustre « la sagesse qui vient avec l'âge ». Alors qu'il n'est même pas un single, « 29 » est de loin le titre le plus streamé de *HOLY FVCK*, avec plus de 70 millions d'écoutes. En ligne, des milliers de fans témoignent d'un vécu similaire. Comme Demi Lovato, c'est en atteignant l'âge d'un ancien partenaire plus âgé que Rina Sawayama a perçu le déséquilibre de leur relation. Elle s'adresse à lui dans le titre « Your Age » (2022) :

*Decisions were not mine*
*You closed me off, a jail personified*
*Yeah, I survived social suicide*
*'Cause now that I'm your age, I just can't imagine*
*Why did you do it? What the hell were you thinking?*
*'Cause I'm not a secret and I'm not a problem*

Les décisions ne me revenaient pas
Tu m'as enfermée, dans une prison personnifiée
Oui, j'ai survécu au suicide social
À présent que j'ai ton âge, je ne peux juste pas imaginer
Pourquoi tu as fait ça ? Qu'est-ce qui t'as pris, bon sang ?
Parce que je ne suis pas un secret et je ne suis pas un problème

En France, la chanteuse Pomme revient sur sa relation avec un homme plus âgé quand elle avait 18 ans, dans la chanson en anglais « Very Bad » (*Consolation*, 2022). Elle demande à cet homme : « *Don't you find it strange/To like girls my age, or younger?* » [Ne trouves-tu cela pas bizarre/D'aimer des filles de mon âge, ou plus jeunes encore ?]. Elle remarque qu'il a mauvaise mine, et lui fait savoir qu'elle gagne mieux sa vie que lui. C'est elle qui a désormais l'avantage. Elle lui affirme même qu'elle n'a jamais été amoureuse de lui. Pomme souhaitait aborder une expérience spécifique, mais aussi, un problème systémique : les hommes qui entretiennent des « relations étranges » avec des femmes plus jeunes[1].

Sans même parler de différence d'âge, l'asymétrie inhérente aux relations hétérosexuelles est un sujet de plus en plus abordé dans la pop. Dans « Cool Girl » (2016), Tove Lo se

1. Michelle Dalarossa, « Pomme revisits "Consolation" with two stirring versions of "Very bad" », onestowatch.com, 19 novembre 2022.

met dans la peau d'une femme qui prétend ne pas vouloir de relation sérieuse, pour éviter de faire fuir son prétendant :

*Sure we can chill, try and keep it platonic*
*Now you can't tell if I'm being ironic*
*No, let's not put a label on it*
*Let's keep it fun*
*We don't put a label on it*
*So we can run free, yeah*
*I wanna be free like you*

Bien sûr, on peut faire ça tranquillement, essayer que ça reste platonique
Maintenant, tu n'arrives plus à savoir si je suis ironique
Non, ne nous collons pas une étiquette
Continuons à nous amuser
On ne se colle pas d'étiquette
Pour pouvoir s'enfuir et être libres, ouais
Je veux être libre comme toi

En se montrant aussi détachée que l'homme, Tove Lo le perturbe et le prend à son propre jeu. Pour écrire ce titre, la chanteuse suédoise s'est inspirée du « monologue de la *cool girl* » du film *Gone Girl* (2014), où la protagoniste témoigne de sa frustration à faire des efforts et concessions pour ne pas brusquer son compagnon immature. L'un des derniers exemples marquants en date est la chanson « Labour » de Paris Paloma. Dans ce morceau folk-pop, la jeune Britannique incarne une femme qui reproche à son compagnon de lui faire peser une lourde charge mentale :

*You make me do too much labour*
*All day, every day, therapist, mother, maid*

*Nymph, then a virgin, nurse, then a servant*
*Just an appendage, live to attend him*
*So that he never lifts a finger*
*Twenty-four hour seven-day baby machine*

Tu me fais faire trop de travail
Toute la journée, tous les jours, thérapeute, mère, femme de ménage
Nymphe, puis une vierge, infirmière, et une servante
Rien d'autre qu'un appendice, qui vit pour le servir
Pour qu'il n'ait jamais à lever le petit doigt
Un gros bébé 24h/24, 7j/7

En décrivant tout un tas de tâches quotidiennes avec un vocabulaire et une mélodie empruntant au Moyen Âge, Paris Paloma montre que le problème est millénaire. « Labour » devient virale sur TikTok : plus de 40 000 vidéos l'utilisent pour illustrer la pérennité du sexisme et le fait que les hommes prennent les femmes pour leur bonne-à-tout-faire.

## PROPOSER UNE AUTRE VISION DU COUPLE HÉTÉROSEXUEL

Au-delà de sa dénonciation des violences sexuelles, #MeToo démontre l'impératif de réfléchir à une autre manière d'aimer, plus saine, égalitaire et respectueuse. On encourage les femmes hétérosexuelles à moins se définir par leur vie amoureuse, et ne plus se contenter de relations où elles ne sont pas aimées et respectées à leur juste valeur. Sans pour autant omettre le fait que la dépendance économique pousse beaucoup de femmes hétéros à rester dans un couple qui ne leur convient pas. De nombreuses essayistes explorent le sujet depuis longtemps, comme bell hooks (*À propos d'amour*, 2022), Audre Lorde (*Sister Outsider*, 1984), ou plus récemment, Mona Chollet (*Réinventer l'amour*, 2021) ou Christelle Murhula (*Amours silenciées*, 2022). Les chanteuses essaient, à leur niveau, de rebattre les cartes. Bien sûr, il paraît un peu plus facile pour elles de quitter un homme grâce à leur indépendance financière. En 2018, Ariana Grande amuse avec son titre « Thank U, Next », où certains ex en prennent pour leur grade :

*Thought I'd end up with Sean*
*But it wasn't a match*
*Wrote some songs about Ricky*
*Now I listen and laugh*
*Even almost got married*
*And for Pete I'm so thankful*
*Wish I could say "Thank you" to Malcolm*
*'Cause he was an angel*

J'ai cru que je finirais avec Sean
Mais on ne se correspondait pas
J'ai écrit quelques chansons sur Ricky
Maintenant je les écoute et j'en ris
J'ai même failli me marier
Et je suis vraiment reconnaissante envers Pete[1]
J'aimerais pouvoir dire merci à Malcolm[2]
Parce qu'il était un ange

Pour la pop star, chacune de ses relations était vouée se terminer, et lui a apporté quelque chose. Dans « Suburbia » (2022), Tove Lo s'étonne d'avoir épousé son compagnon,

1. L'acteur Pete Davidson.
2. Le rappeur Mac Miller, décédé au moment de la sortie du titre.

car elle pensait ne jamais se marier. Elle lui rappelle qu'elle ne veut pas d'une vie rangée, même en ayant une alliance :

*I don't want suburbia*
*I don't need routines and lies*
*I hope you know that I know*
*You are the love of my life*
*But I can't be no Stepford wife*

Je ne veux pas d'une vie dans les banlieues résidentielles
Je n'ai pas besoin de routines ni de mensonges
J'espère que tu sais que je sais
Que tu es l'amour de ma vie
Mais je ne peux en aucun cas être une épouse à l'ancienne

En interview, Tove Lo s'exprime aussi sur les spécificités à être mariée à un homme en tant que femme bisexuelle. De son côté, Taylor Swift défend que le couple ne doit pas forcément mener au mariage dans « Lavender Haze » :

*No deal*
*The 1950s shit they want from me*
*I just wanna stay in that lavender haze*
*All they keep asking me*
*Is if I'm gonna be your bride*
*The only kinda girl they see*
*Is a one-night or a wife*

C'est mort
Ce qu'ils attendent de moi est digne des années cinquante
Moi, je veux juste rester dans mon cocon d'amour
Tout ce qu'ils me demandent
C'est si je vais devenir ta mariée

Ils n'envisagent une fille
Que comme un coup d'un soir, ou une épouse

Pour cette pop star moquée à cause de ses titres au romantisme conventionnel (« Love Story », « Ours » ou « Mine »), c'est un revirement inattendu.

Julie Budet, chanteuse de Yelle, détaille ce qu'elle attend d'un homme dans le single « J'veux un chien » (2020). Loin du cliché du prince charmant, elle veut qu'il soit généreux, obéissant, mais aussi, dominant au lit :

J'veux un chien
Quelqu'un qui déconne
Qui pense pas qu'à sa pomme
J'serai la chienne de cet homme
Prends-moi bien
Mais pas pour une conne
Si j'te laisse dans un coin
C'est la balle que tu m'donnes

Pour la chanteuse, assumer de vouloir être dominée au lit est un acte féministe[1]. Yelle multiplie les couches de lecture dans ce morceau electro pop entêtant, qui se termine par une montée orgasmique. Le clip érotise un torse d'homme nu, car Julie Budet souhaitait « voir des corps d'hommes sublimés ».

---

1. Apoline Bazin, « Yelle : "J'ai envie de voir des corps d'hommes sublimés" », *Manifesto.XXI*, 4 février 2021.

## S’ÉMANCIPER DES HOMMES

Alors que vouloir plaire aux hommes demeure le grand apanage des chanteuses pop, elles sont nombreuses à clamer, en parallèle, leur indépendance vis-à-vis d’eux. C’est ce que revendiquent les Pussycat Dolls en 2005 avec le limpide « I Don’t Need A Man », single entre autre coécrit par la chanteuse Nicole Scherzinger et VV Brown : « *I don’t need a man to make me feel good / I get off doing my thing / I don’t need a ring around my finger / To make me feel complete* » [Je n’ai pas besoin d’un homme pour me sentir bien / Je m’éclate toute seule / Je n’ai pas besoin d’une bague à mon doigt / Pour me sentir complète]. Alors qu’on pourrait les croire asservies au désir masculin, les Pussycat Dolls expliquent qu’elles n’en ont pas besoin pour vivre, ni se faire du bien. Même constat pour Kesha dans son single « Woman » (*Rainbow*, 2017), où elle dit ne pas avoir besoin d’un homme pour s’amuser ni s’offrir quoique ce soit. Dans « Flowers » (*Endless Summer Vacation*, 2023), Miley Cyrus se rappelle qu’elle peut très bien s’acheter des fleurs elle-même, sortir danser ou discuter pendant des heures, mieux que ne le faisait son ex. Hymne à l’indépendance, « Flowers » devient le titre atteignant le milliard d’écoutes le plus vite dans l’histoire de Spotify. Se consoler d’une rupture ou d’un divorce en se réjouissant de son indépendance économique n’est pas étonnant pour une femme. À la fin du XX^e^ siècle, l’indépendance économique des femmes devient enfin un sujet socio-politique, après avoir été soulevé par des féministes depuis des décennies. En France, les femmes mariées doivent attendre 1965 pour avoir le droit d’ouvrir un compte en banque et travailler sans l’autorisation de leur époux. Plus tard, les questions de parité, inégalités salariales genrées et plafond de verre font de l'indépendance économique le fer de lance du féminisme néolibéral, qui conquiert le grand public. En musique, les chanteuses pop et les rappeuses présentent l'argent comme le moyen ultime de ne pas dépendre des hommes. En contrepartie, elles ne questionnent pas ou très peu, le système capitaliste.

En 1996, Cher raconte ainsi à une journaliste que sa mère la pousse à « se trouver un riche mari ». Ce à quoi la star lui rétorque, « Mais maman, c'est moi l'homme riche ! » Du haut de sa fortune, Cher est une femme libre. Mais une partie des féministes met en garde contre cette vénération de l'argent comme outil de libération dans nos sociétés capitalistes, qui désavantagent les femmes et minorités. L'Américaine Nancy Fraser[1] est l'une des grandes voix d'opposition au féminisme (néo)libéral, qu'elle voit comme une continuité du système patriarco-capitaliste, créateur d'inégalités et de dominations.

Connue pour son regard acerbe et ses positionnements féministes, la Britannique MARINA se réapproprie les insultes sexistes de « salope » et « sorcière » dans son cinquième album, *Ancient Dreams In A Modern World* (2021). Avec une approche éco-féministe, dénonce la violence du système capitaliste et patriarcal blanc, qui détruit la planète, les femmes et minorités :

> *Mother Nature's dying, nobody's keeping score*
> *I don't wanna live in a man's world anymore*
> *If you have a mother*
> *Daughter or a friend*

---

1. Cinzia Arruzza, Tithi Bhattacharya, Nanacy Fraser, *Feminism for the 99%: A Manifesto*, Verso, 2019.

*Maybe it is time*
*Time you comprehend*
*The world that you live in*
*Ain't the same one as them*
*So don't punish me*
*For not being a man*

Mère Nature meurt
Et tout le monde s'en fout
Je ne veux plus vivre dans un monde dirigé par les hommes
Si tu as une mère
Une fille ou une amie
Il est peut-être temps que tu comprennes
Que le monde dans lequel tu vis
N'est pas le même que le leur
Alors ne me punis pas
Sous prétexte que je ne suis pas un homme

MARINA revendique une approche intersectionnelle dans « Purge The Poison » : « *Need to purge the poison, show us our humanity/All the bad and the good, racism and misogyny/Nothing's hidden anymore, capitalism made us poor/God, forgive America for every single war* » [ Il faut purger le poison, nous montrer notre humanité/Tout le mauvais et le bon, le racisme et la misogynie/Plus rien n'est caché, le capitalisme nous a rendus pauvres/Dieu, pardonne à l'Amérique pour toutes ses guerres].

Empruntant elle aussi un ton désabusé, Kesha imagine à quoi pourrait ressembler un monde qui ne serait pas dirigé par des hommes blancs, hétérosexuels et riches, dans son single « Rich, White, Straight Men » (2019) : tout le monde aurait accès aux soins médicaux, le corps des femmes leur appartiendrait, il n'y aurait plus d'homophobie ni d'inégalités salariales : « *What if life as we knew it was over? / Guess what, God is a woman, I know her* » [Et si la vie telle qu'on la connaît s'arrêtait ? / Vous savez quoi ? Dieu est une femme, et je la connais].

## S'ÉMANCIPER DE LA FIGURE DU PÈRE

Revendiquer son indépendance vis-à-vis des hommes peut aussi passer par le fait de s'émanciper d'une figure paternelle envahissante, voire maltraitante. Pour les chanteuses, le message est d'autant plus fort lorsqu'elles ont été poussées par leur père à se lancer dans la musique dès leur plus jeune âge, comme Janet Jackson ou Beyoncé.

Au milieu des années quatre-vingt, Janet Jackson vire son père de son rôle de manager, parce que ses deux derniers albums ont été un échec. En 1986, elle revendique son indépendance avec le single « Control », qui donne aussi son nom à son quatrième album : « *Got my own mind / I wanna make my own decisions / When it has to do with my life, my life / I wanna be the one in control* » [Je me suis fait mon propre avis / Je veux prendre mes propres décisions / Quand il s'agit de ma vie / Je veux avoir le contrôle]. Dans le clip, plébiscité par MTV, elle incarne une jeune chanteuse à succès dont les parents s'opposent à son départ du nid familial. Janet Jackson n'a alors que 19 ans quand elle signe cet album anti-patriarcal, qui contribue à faire d'elle une pop star, mais aussi, une icône féministe. En interview, elle propose sa définition du féminisme : « Si cela signifie que quelqu'un, *a fortiori* une femme, prend le contrôle de sa vie et de sa carrière, alors oui, je dirais que je suis féministe[1]. » Comme Janet Jackson, Beyoncé s'est délestée de son père, Matthew Knowles, qui l'a formée à devenir une star dès l'enfance, avant de manager les Destiny's Child. Elle le congédie en 2011, le soupçonnant d'avoir volé dans les caisses. En 2014, Beyoncé atteste qu'elle est une adulte libre de ses choix dans « Grown Woman », présent sur la réédition de son cinquième album. Sur des percussions africaines et une production signée Timbaland, la pop star réclame toutes les libertés, et sa capacité à se gérer seule. Elle s'affirme aussi en femme à l'aise dans son corps et sa sexualité. « Grown Woman » est un vrai hymne d'empowerment féminin. Malgré le scandale, Beyoncé a gardé de bonnes relations à son père. Dans le morceau « Daddy Lessons » (2016), aux sonorités sudistes, elle confie qu'il lui a appris à se méfier des hommes comme lui.

## L'ÉPINEUX CAS DE LANA DEL REY

Cette demande de nouveaux discours féministes sur les rapports aux hommes singularise les chanteuses qui semblent résister à ce changement d'époque. Lana Del Rey en est l'exemple le plus frappant. Dès son premier album, on lui reproche d'avoir créé une *persona* hyper-féminine soumise, attirée par des hommes très virils et maltraitants, qui l'entraînent dans des situations dangereuses (« Born To Die »). Lana Del Rey avoue sa fascination pour le roman *Lolita* de Nabokov dans les titres « Off To The Races », « Carmen », « Cola » ou « Lolita », où elle promet à son amant de ne plus flirter avec d'autres hommes. Son aura à

1. « Janet Jackson on Jacobs Stege 1986 », vidéo disponible sur YouTube.

la fois vénéneuse et fragile, son image mélancolique et rétro, en font une icône charismatique pour des millions de fans, qui se rendent à ses concerts comme à la messe. Son single « Ultraviolence », issu de son deuxième album homonyme sorti en 2012, cristallise les tensions. Lana Del Rey y prie un amant de ne pas contenir sa violence, d'une voix suave et plaintive: « *He hit me and it felt like a kiss/I can hear violins, violins/Give me all of that ultraviolence* » [Il m'a frappée, et on aurait dit un baiser/J'entends les violons, les violons/Donne-moi toute ton ultra-violence]. Une référence à la chanson « He Hit Me (And It Felt Like a Kiss) » (1962) de The Crystals et à la notion d' « ultra-violence » développée dans *Orange Mécanique*. Le single lui vaut les foudres de féministes, qui l'accusent de glamouriser les violences conjugales: « Si nous acceptons, en tant que société, la forme de féminité sans pouvoir qu'incarne Lana Del Rey, alors les jeunes femmes sont réellement en danger », estime ainsi *Ms. Magazine*[1]. Logiquement, Lana Del Rey déclare par la suite trouver le féminisme « ennuyeux », et estime « qu'une vraie féministe est une femme qui se sent suffisamment libre pour faire ce qu'elle veut[2] ». Au printemps 2020, la pop star se fend d'un long message Instagram où elle dit ne pas être « antiféministe » et ne plus supporter d'être accusée de « glamouriser les violences ». Elle soulève un point intéressant: « Je trouve ça pathétique que ma petite exploration en chanson des rôles parfois soumis ou passifs que j'ai pu avoir en couple me vaut d'être accusée de ramener les femmes des centaines d'années en arrière. Ça se passe comme ça pour

1. Emily Shugerman, « Lana Del Rey: Not a feminist », *MS. Magazine*, 6 décembre 2014.

2. Duncan Cooper, « Cover story: Lana Del Rey is anyone she wants to be », *The Fader*, 4 juin 2014.

beaucoup de femmes. » Sur ce point, Lana Del Rey a raison : le patriarcat et le sexisme poussent les femmes à courir après la validation des hommes, quitte à se soumettre. De même que les victimes de violences domestiques peuvent ressentir des sentiments ambivalents envers leur bourreau, car il alterne « amour » et maltraitances pour maintenir son emprise. La star rappelle qu'il n'y a pas de victime « parfaite », et que les femmes sont conditionnées à désirer les relations toxiques montrées comme « passionnelles ». « Il doit y avoir une place pour les femmes comme moi dans le féminisme », plaide la chanteuse. « Le genre de femmes qui dit *non*, mais que les hommes prennent comme un *oui* [...] le genre de femmes dont les histoires et les voix leur sont retirées par des femmes plus fortes ou par des hommes qui détestent les femmes ». Lana Del Rey critique le fait que « l'empowerment » s'est imposé comme la seule manière acceptable de représenter la condition féminine. Une remarque intéressante : une femme assez lucide pour percevoir ses réflexes empreints de patriarcat ne mérite-t-elle pas aussi d'être écoutée ? Mais dans son post, la chanteuse affirme aussi que d'autres stars comme Beyoncé, Ariana Grande ou Nicki Minaj abordent des thèmes similaires aux siens, sans être jamais inquiétées. Les artistes citées subissant sexisme et racisme, Lana Del Rey est à nouveau taxée d'incarner un féminisme blanc privilégié insupportable[1]. Même s'il est controversé, son post Instagram change la donne, car il montre que la chanteuse essaie de trouver sa place dans le féminisme. En 2021, la sociologue française Bérénice Hamidi avance même qu'il existerait un « Lana feminism », montrant les femmes dans leurs ambiguïtés, errements et erreurs : « Lana Del Rey

1. Brittney McNamara, « Lana Del Rey's instagram post is a classic white feminism trap », *TeenVogue*, 21 mai 2020.

chante sa difficulté à lâcher une vision tragique, fataliste de la féminité hétérosexuelle[1]. » Pour *Vogue*, Lana Del Rey est féministe parce qu'elle encourage les femmes à ne pas avoir honte d'être vulnérables[2].

# DÉNONCER LE SEXISME

## CHANSONS ET POLÉMIQUES SUR LE SEXISME DE L'INDUSTRIE MUSICALE

Le public n'en a pas conscience, mais l'industrie musicale repose en grande partie sur des contrats spoliant les artistes des fruits de leur travail, et sur une banalisation des violences et discriminations (voir le chapitre III et IV). Depuis les années deux mille dix, la parole commence à se libérer sur ces sujets.

En 2007, le duo de pop expérimentale britannique The Ting Tings devient célèbre avec son premier single, « That's Not My Name ». Il leur permet de décrocher un contrat avec Columbia, où ils sortent leur premier album, *We Started Nothing*, vendu à 2 millions d'exemplaires. Un succès inespéré vu le sujet de « That's Not My Name » : la frustration de la chanteuse, Katie White, envers l'industrie musicale. Dans le refrain, elle répond aux employés de label qui s'évertuent à l'appeler « enfer », « Stacey », « elle », ou « Jane », au lieu de son prénom. Elle clame sa ténacité face au mépris, son

1. Bérénice Hamidi, « Lana Feminism ou les rêves de Lana Del Rey – de "Video Games" à "Chemtrails over the Country Club" », AOC.media, 5 février 2021.
2. Rhiannon Lucy Cosslett, « The feminist politics behind Lana Del Rey's sad girl persona », *British Vogue*, 1er avril 2023.

esprit rebelle face à ces hommes qui l'imaginent docile. Il n'en faut pas plus pour que Katie White soit décrite comme une incarnation nouvelle du féminisme dans la pop. Elle-même se dit féministe : « Je pense que la plupart des femmes sont féministes. Il faudrait être assez stupide pour ne pas avoir l'impression qu'il faut faire ses preuves en tant que femme, surtout dans la musique, qui est un monde d'hommes[1]. » Son rôle dans l'écriture des chansons, avec son camarade Jules De Martino, de 14 ans son aîné, sera souvent mis en doute. Dix ans plus tard, Katie White attribue ce préjugé au sexisme[2].

Si elle a d'abord rejeté le terme « féminisme », Lily Allen a fini par se l'approprier. En 2013, elle conçoit le single « Hard Out Here » comme une « déclaration féministe » envers l'industrie musicale. La chanteuse britannique en dénonce la misogynie, entre hyper-sexualisation des femmes, injonction à la jeunesse et à la minceur, plafond de verre, disparités économiques et doubles standards. « *If I told you 'bout my sex life, you'd call me a slut/When boys be talking 'bout their biches, no one's making a fuss/There's a glass ceiling to break, there's money to make* » [Si je vous parlais de ma vie sexuelle, vous me traiteriez de traînée/Mais quand les garçons se vantent de leurs "salopes", personne n'y voit de problème/Il faut briser le plafond de verre, il y a de l'argent à se faire]. Avec le clip, la chanteuse pousse son message féministe plus loin. Un manager, reconnaissable à son costume gris et ses cheveux blancs, fait une mine écœurée alors qu'elle est sur le point d'avoir recours à de la chirurgie

1. « Ting Tings promise some ting special », *Stuff*, 29 septembre 2009.
2. Laetitia Duveau, « Interview with Katie White of The Ting Tings », Curated by girls.

esthétique : « Ce n'est pas possible de se laisser aller comme ça ! », critique-t-il. « Mais, j'ai eu deux bébés », réplique Lily Allen d'une petite voix. Dans le reste du clip, elle tente d'être aussi sexy que ses danseuses. Mais la focalisation sur des danseuses noires lui vaut des accusations d'appropriation culturelle et racisme. Lily Allen présente des excuses, dit avoir eu tort de croire qu'une seule vision du féminisme puisse englober toutes les femmes. Si on omet ses images maladroites, « Hard Out Here » dresse un portrait toujours valable du sexisme de l'industrie musicale. Son slut-shaming a cependant mal vieilli : « Don't need to shake my ass for you 'cause I've got a brain »[Je n'ai pas besoin de secouer mon cul pour toi, parce que j'ai un cerveau].

Conscientes de leur valeur, certaines chanteuses refusent de se plier aux demandes des labels, et savent qu'elles peuvent réussir sans eux. Dans la chanson « Sucker » (2014), Charli XCX se défoule contre un homme qui n'avait pas su reconnaître son talent, et qui lui coure après depuis qu'elle a du succès. Sa rage est une réponse féministe au fait que le talent des femmes soit sans cesse mis en doute. Sa confiance en soi fait office de résistance. Le morceau contient une référence à Dr. Luke : « *Invites, non-stop/Bleached out (fuck it), blue yachts/You joined my club/Luke loves (love it) your stuff (sick)* » [Des invitations, sans arrêt/Décolorée (tant pis), des yachts bleus/Tu as rejoint mon club/Luke adore (j'adore) ce que tu fais (c'est dément)]. À *Pitchfork*, Charli XCX confie son agacement : « Des gens venaient me voir en club pour me dire "Dr. Luke adore ce que tu fais, bravo", comme si ça voulait dire "Tu as réussi". Je trouve ça hyper bizarre[1]. » Son amie MARINA (ex-Marina and the Diamonds) a tracé sa

1. Jill Mapes, « Charli XCX », pitchfork.com, 12 novembre 2014.

route en refusant les écueils des labels. Avec une pop baroque et un imaginaire rétro-futuriste, cette chanteuse britannique à la voix de mezzo soprano se félicite du chemin parcouru dans son cinquième album, *Ancient Dreams In A Modern World* (2021), enregistré avec des femmes. MARINA clame être émancipée de l'industrie musicale et des fans (« Free Woman »), et reproche à ses détracteurs de la sous-estimer (« Venus Fly Trap »).

La libération de la parole est-elle forcément bénéfique ? #MeToo a été contesté aussi vite qu'il est apparu, et pour les victimes, parler est synonyme de mise en danger sur tous les plans, professionnel, personnel, financier, social. Comment parler de son vécu sans un violent retour de bâton et sans vous faire exploiter ? Ce sont les questionnements qui ont bouleversé Kesha dans son combat juridique face à Dr. Luke (voire chapitre IV). En mai 2023, elle sort *Gag Order*, son cinquième album, dont le titre fait référence aux décisions de justice interdisant de s'exprimer publiquement sur une affaire. Sur la pochette, Kesha est photographiée la tête dans un sac en plastique empli de buée, signe qu'elle arrive à bout de souffle. Cette fois, l'Américaine s'autorise des vérités pleines de nuances, loin des discours clichés sur la libération de la parole des femmes. Dans le titre « Fine Line », Kesha explore avec une voix désabusée l'ambivalence de sa situation : « *There's a fine line between what's entertaining/And what's just exploiting the pain/But, hey, look at all the money we made off me* » [Il n'y a qu'un pas entre ce qui divertit/Et ce qui exploite la souffrance/Mais, hey, regardez tout l'argent qu'on s'est fait sur mon dos]. Kesha souligne le cynisme désespérant de son sort, obligée de sortir des albums sur le label de l'homme qu'elle accuse de viol.

En France aussi, certaines osent critiquer l'industrie musicale. C'est le cas de Camélia Jordana, dont la liberté de ton et les réflexions sont rafraîchissantes. En 2018, son troisième album, *Lost*, le premier qu'elle écrit en anglais, ne rencontre pas son public. La chanteuse concède à écrire un successeur beaucoup plus pop et accessible : *Facile x Fragile* (2021). La gagnante de La Nouvelle Star, également détentrice d'un César, s'essaie au reggaeton et aux sons worldbeat. La formule marche : *Facile x Fragile* atteint la troisième place des ventes, et les clips cumulent des millions de vues. Elle n'en perd pas sa verve pour autant. Dans le single « Facile », elle s'adresse en filigrane à l'industrie musicale :

> Mais ne me regarde pas comme si c'était facile
> Tu sais bien que moi, je ne suis pas si docile
> Si tu savais comme ça me coûte
> De ne pas te montrer mes doutes
> J'en appelle à ma sagesse, S.O.S.

À *Cheek Magazine*, Camélia Jordana annonce « des années de combat » : « Mon label ne fera rien d'autre que de mettre 4 000 albums dans les bacs à chaque sortie tant que je ne ferai pas de la bonne grosse pop, qui sera diffusée en radio, passera à la télé et se vendra par caisses. J'essaie d'être plus accessible et populaire en espérant que le public finira par découvrir et écouter mon précédent album ! J'en suis à penser ainsi pour créer, c'est complètement surréaliste[1]. »

---

1. Sophie Rosemont, « Camélia Jordana: "C'est éprouvant d'être une femme dans n'importe quelle industrie" », *ChEEk*, 29 janvier 2021.

## CHANTER CONTRE LES VIOLENCES MASCULINES

De rares chanteuses pop s'autorisent à dénoncer les violences sexistes dans leurs chansons. En 2002, Christina Aguilera écrit « I'm OK », titre acoustique où elle raconte les violences de son père, ancien militaire, envers sa mère, elle-même et sa sœur. Une chanson de résilience, aux paroles sans détour : « *The echo of a broken child screaming, "Please, no more" / Daddy, don't you understand the damage you have done? / To you, it's just a memory, but for me, it still lives on* » [L'écho d'un enfant brisé qui crie "Arrête s'il te plaît" / Papa, ne comprends-tu pas les dégâts que tu as causés ? / Pour toi, ce n'est qu'un souvenir, mais moi, je le vis encore]. Christina Aguilera s'est tournée vers la musique pour fuir cette enfance marquée par la violence. Dix ans plus tard, Grimes voit sa carrière décoller grâce à « Oblivion », single issu de son troisième album, *Visions* (2012). La chanteuse canadienne y raconte son traumatisme à la suite d'une agression sexuelle qu'elle a subie en pleine rue :

*I never walk about after dark*
*It's my point of view*
*'Cause someone could break your neck*
*Coming up behind you*
*Always coming and you'd never have a clue*

Je ne me promène jamais seule après la nuit tombée
C'est mon choix
Parce que n'importe qui pourrait vous briser le cou
En apparaissant derrière vous
Se rapprochant, sans que vous en ayez conscience

Dans le clip, Claire Boucher, de son vrai nom, se réapproprie l'espace public en se rendant dans un lieu très masculin : un stade de football.

À la fin de la décennie, rien ne semble avoir changé à l'écoute « Boys Will Be Boys » (*Future Nostalgia*, 2020), chanson féministe de Dua Lipa où elle évoque la peur de l'agression en pleine rue, le poing fermé sur un trousseau de clés pour se rassurer.

En 2015, Lady Gaga coécrit et produit une chanson pour un documentaire consacré aux violences sexuelles sur les campus américains, plus élevées que la moyenne nationale. Un sujet important pour la star, car sa tante, Joanne, a subi un viol sur un campus, et la chanteuse a elle-même été violée par un producteur. Écrite du point de vue d'une victime, « Til It Happens To You » rappelle qu'une agression peut arriver à n'importe qui et qu'il ne faut pas préjuger de l'honnêteté ou du ressenti des victimes (« *Til it happens to you/You don't know how it feels* » [Jusqu'à ce que ça t'arrive/Tu ne sauras pas ce que ça fait]). Lady Gaga est invitée à l'interpréter aux Oscars, au piano. Elle est rejointe sur scène par 52 rescapés de violences sexuelles. Dans ce titre, la chanteuse s'inscrit par ailleurs à contre-courant du discours ambiant à l'encontre des victimes, encouragées unilatéralement à « être fortes » et « relever la tête » à la suite de l'agression subie. En effet, une majorité des chansons populaires parlant de ce sujet difficile portent un message parfois simpliste de résilience et de combativité, censé transcender les souffrances et traumatismes. On préfère montrer qu'on a transformé la douleur en pouvoir, en force, qu'on en est sortie grandie. C'est ce qu'affirme Kesha en 2017 dans

*Rainbow*, son troisième album, le premier sorti depuis ses accusations de viol et harcèlement contre Dr. Luke. Dans la balade piano-pop « Praying », elle souhaite à son agresseur présumé de trouver la paix, et affirme ne pas avoir besoin de lui pour poursuivre sa carrière. Le public est au rendez-vous : « Praying » dépasse à ce jour les 470 millions d'écoutes sur Spotify. Mais six ans plus tard, Kesha nuance son discours dans son cinquième album, *Gag Order* (2023). Être déboutée par la justice, puis attaquée en diffamation par Dr. Luke, l'a heurtée. Son message initial de résilience et d'empowerment face aux épreuves vacille dans le titre « Fine Line » :

*The years keep on draggin', I'm at the end of my rope*
*The noose gets tighter and tighter, I'm tastin' blood in my throat*
*Don't fuckin' call me a fighter, don't fuckin' call me a joke*
*You have no fuckin' idea, trust me, you'll never know*

Les années continuent à s'étirer, je suis à bout de forces
Le nœud serre de plus en plus fort, j'ai le goût du sang dans la gorge
Putain, ne dites pas que je suis une battante, ni que je suis ridicule
Vous n'avez aucune putain d'idée, croyez-moi, vous ne saurez jamais

Kesha exprime sa fatigue et son agacement à être vue comme une « battante », un terme qu'elle avait pourtant revendiqué. Elle montre la réalité complexe du statut de victime, le prix à payer quand on se tourne vers une justice mal équipée face aux violences sexuelles, l'épuisement à porter un combat universel. L'artiste dit même craindre de finir par mourir sur sa croix. Le symbole est fort : l'un des tenants de la culture du viol sont les préjugés envers l'attitude qu'une victime de violences sexuelles serait « censée » avoir pour être crue (être déprimée, apathique, isolée, etc.). En affirmant que personne ne peut savoir ce qui se passe dans la tête d'une victime, Lady Gaga et Kesha appellent au respect et à l'humilité : il n'y a pas qu'un seul type de victime, et une victime peut passer par différents états d'âme. En 2006, Virginie Despentes écrivait déjà, dans *King Kong théorie* : « Post-viol, la seule attitude tolérée consiste à retourner la violence contre soi. Prendre vingt kilos, par exemple. Sortir du marché sexuel, puisqu'on a été abîmée, se soustraire de soi-même au désir. En France, on ne tue pas les femmes à qui c'est arrivé, mais on attend d'elles qu'elles aient la décence de se signaler en tant que marchandise endommagée, polluée. »

En France, les chanteuses pop et variété dénoncent les violences envers les femmes en singeant les discours sexistes. Jeanne Cherhal écrit ainsi une réponse poétique à un agresseur avec le titre « Quand c'est non c'est non », inspiré de l'affaire DSK. Issu de l'album *Histoire de J.* (2014), le morceau devient une référence pour sa vision claire du consentement :

> Face à la princesse il se dit suis-je bête
> Entre haut et bas souvent femme varie
> Si elle se débat c'est pour mieux dire oui
> Mais quand c'est non c'est non
> Quand c'est non, dommage
> Range ton crayon, ta plume sauvage
> Quand c'est non c'est non
> Quand c'est non, mon vieux
> Range ton bâton et place aux adieux

Les affaires DSK et Weinstein, puis #MeToo, font du consentement un nouvel angle d'attaque féministe dans les années deux mille dix. Des chanteuses s'en emparent, comme Angèle avec « Balance ton quoi » (2019), disque de diamant en France et premier tube féministe francophone du XXI$^{e}$ siècle : « Ils parlent tous comme des animaux, de toutes les chattes ça parle mal/2018, j'sais pas c'qui t'faut mais je suis plus qu'un animal ». Inspirée par le mouvement #balancetonporc, la jeune artiste belge englobe toutes les formes de sexisme avec le mot « quoi ». Elle se veut optimiste : « Même si tu parles mal des filles, je sais qu'au fond, t'as compris ». Le clip, qui dépasse les 110 millions de vues, se déroule dans une « Académie Anti-Sexisme » imaginaire. Il est réalisé par Charlotte Abramow, grande collaboratrice d'Angèle à l'esthétique pop onirique et féministe. Au même moment, la chanteuse Suzane sort « SLT », single issu de son premier album, *Toï Toï*. Dans les couplets, elle incarne un harceleur de rue, un patron vicelard, ou un dragueur lourd, montrant plusieurs facettes des violences sexistes ordinaires. Le clip imagine cette fois une école où des jeunes filles sont formées à tolérer ces violences de tous les jours, sous la houlette d'une femme plus âgée. Les jeunes étudiantes décident de s'enfuir, montrant que cette nouvelle génération ne veut plus tolérer le sexisme. En 2020, la jeune chanteuse belgo-congolaise Lous and the Yakuza raconte un viol qu'elle a subi lorsqu'elle vivait dans la rue, avec le morceau « Quatre heures du matin », qu'elle interprète aux Victoires de la musique. Dans un couplet, Marie-Pierre Kakoma, de son vrai nom, se met dans la peau d'un des agresseurs : « On allait la souiller avec nos vieux machins/Elle qui joue si bien la sainte/On va la foutre enceinte ».

Après avoir révélé qu'elle a été victime de violences conjugales, Camille Lellouche dévoile une chanson poignante à ce sujet, « N'insiste pas » (2021), où elle s'adresse à cet ancien compagnon maltraitant. Parfois, sa voix tremble : « N'insiste pas quand je t'empêche de poser tes mains sales sur moi/N'insiste pas, t'es dangereux/Putain, tu cachais bien ton jeu/N'insiste pas, c'est terminé ». Sorti pour le 8 mars, le clip atteint la première place des tendances YouTube en France. Des statistiques et ressources sur les violences domestiques sont affichées à la fin de la vidéo. L'année suivante, Clara Luciani offre un rappel salutaire dans le single « Cœur » :

> L'amour ne cogne que le cœur
> Et ne laisse jamais personne
> Te faire croire le contraire
> L'amour, l'amour n'a jamais tué personne
> Et les seuls coups que l'amour pardonne
> Sont les coups de foudre

La même année, la Française Mai Lan délaisse son electro pop singulière pour dévoiler « Le Loup », une chanson sur l'inceste. Les paroles, pensées pour les enfants, sont doublées d'un livre et d'une vidéo de prévention, que l'artiste présente elle-même dans les écoles. Un engagement politique et personnel, car Mai Lan a elle-même été victime d'inceste dans son enfance : « Jusqu'ici j'étais en esquive. Un bout manquait, une partie de toi-même qui est en souffrance à qui tu dis de se taire toute la journée[1]. »

---

1. Laurent Carpentier, « Le combat de Mai Lan avec "le loup" incestueux », *Le Monde*, 9 septembre 2021.

# REMETTRE EN CAUSE L'HÉTÉRONORMATIVITÉ ET LA CISNORMATIVITÉ

## UNE LENTE SORTIE DU PLACARD

Longtemps, les célébrités out ont été très rares, par peur de la répression, des préjugés, violences et conséquences sur leur carrière. Les célébrités lesbiennes et bisexuelles se faisaient encore plus discrètes que leurs homologues gays et bisexuels. Le coming out ne fait d'ailleurs pas consensus au sein des communautés LGBTQ+. Certains estiment qu'il entretient l'hétéronormativité (puisque les hétérosexuels n'ont, eux, pas besoin d'annoncer leur orientation sexuelle), tandis que d'autres défendent le coming out comme un acte politique qui permet la normalisation des LGBTQ+. Durant les années vingt-trente, l'allégresse de l'après-guerre et des Années Folles offre une certaine permissivité en matière de mœurs. Parmi les premières chanteuses lesbiennes ou bi out, on peut compter Gertrude "Ma" Rainey, Billie Holiday ou Lesley Gore. Après la seconde guerre mondiale et une longue période conservatrice, à partir des années soixante-dix, on voit émerger des chanteurs masculins bousculant les normes de genre : David Bowie, Prince, Elton John, George Michael, Boy George et Freddie Mercury. Ces quatre derniers sont des icônes gays, alors qu'ils n'ont pas toujours été out. Le leader de Queen ne s'est quant à lui jamais exprimé sur sa sexualité. À la fin du XXᵉ siècle, les chanteuses out sont quasi inexistantes, hormis k.d. lang ou Tracy Chapman. Whitney Houston aurait quant à elle eu une relation avec une femme vue comme une amie proche, Robyn Crawford.

Le nombre de célébrités LGBTQ+ « out », y compris dans la musique, a fortement progressé. Durant les années deux mille, le coming out d'Ellen DeGeneres, le succès des séries *Will and Grace* et *The L World*, et du programme Queer Eye, dénotent de l'arrivée des cultures queer dans l'influente pop culture états-unienne. De nos jours, le public a accès à une palette d'artistes LGBTQ+ bien plus large. Par la diversité de leurs parcours, ces artistes montrent qu'il n'y a pas une seule manière de devenir, ou d'être, LGBTQ+. En 2011, Lady Gaga, qui est bisexuelle et s'est notamment engagée contre le tabou envers les LGBTQ+ dans l'armée, offre un hymne de fierté avec « Born This Way ». Il est brandi pour prouver une appartenance de naissance, et presque, de nature, aux communautés LGBTQ+. Mais ce message est aussi remis en question, parce qu'il exclut les nombreux parcours LGBTQ+ ne découlant pas d'une évidence, ou d'une linéarité[1]. Pour les labels, c'est aussi devenu un business à faire fructifier : c'est le public queer issu de la génération Z (née entre 1997 et 2010), favorisant la pop et le rock, qui dépense actuellement le plus d'argent pour la musique[2].

## LE QUEERBAITING, TRADITION DE LA POP

Tout comme le féminisme, les combats pro-LGBTQ+ ont mauvaise presse depuis toujours, et les stars ont longtemps évité d'en parler. Cela change à partir du XXe siècle, quand des femmes célèbres, hétéro et cisgenre, interrogeant parfois les

---

1. Gabrielle Kassel, « What the "Born this way" narrative gets wrong about being queer », *Shape*, 23 septembre 2021.
2. « Power of LGBTQ+ Music » , une étude réalisée par Luminate, Billboard et Queer Capita.

normes, deviennent des icônes et alliées des LGBTQ+. C'est le cas de Marlene Dietrich, Judy Garland, Anne Sylvestre, Madonna ou Beyoncé aujourd'hui. Mais entre l'hommage et la réappropriation, la frontière est parfois fine. On bascule alors dans le *queerbaiting*, le fait d'entretenir une tension érotique entre deux personnes du même genre, fictives ou réelles, alors qu'elles sont hétérosexuelles et ne passeront jamais à l'acte. En quoi cela pose-t-il problème ? Le queerbaiting participe à voir les relations LGBTQ+ comme sulfureuses, interdites ou « sales », et les maintient donc à la marge. Cela entretient une vision hétérocentrée du monde. Le queerbaiting est bien plus répandu chez les chanteuses que chez les chanteurs, pour deux raisons : dans le patriarcat, les lesbiennes sont depuis toujours réduites à un fantasme masculin, et sont instrumentalisées pour le male gaze, tandis que l'homosexualité masculine est encore associée à l'idée d'être un « sous-homme ». Côté musique, le queerbaiting est très répandu chez les chanteuses pop voulant appâter le male gaze. « I Kissed A Girl », tube qui fait connaître Katy Perry en 2008, est un cas d'école : le single raconte comment une femme hétéro en couple « s'encanaille » en embrassant une fille. La chanteuse, entre-temps devenue une icône LGBTQ+, s'excusera de cette chanson problématique[1]. En 2010, Rihanna flirte avec Laetitia Casta dans une ambiance BDSM pour le clip de « Te Amo », titre où la chanteuse éconduit une femme amoureuse d'elle. En 2014, elle caresse cette fois Shakira sur un lit, dans le clip de « Can't Remember To Forget You ». En 2018, Ariana Grande embrasse sa rivale à la toute fin du clip de « Break Up With Your Girlfriend ». En 2021, Billie Eilish est à son

1. Sandra Song, « Katy Perry finally admitted that "I Kissed A Girl" is problematic », nylon.com, 7 février 2018.

tour accusée de queerbaiting, parce qu'elle se prélasse avec de belles jeunes femmes en petite tenue, dans le clip de « Lost Cause ». Mais l'exemple de queerbaiting pop le plus emblématique demeure t.A.T.u., duo féminin russe du début des années deux mille qui s'est mis en scène dans ses clips comme un couple lesbien passionnel, alors qu'il n'en était rien. L'une d'elles tiendra même des propos homophobes. Cela illustre l'autre problème du queerbaiting : il offre une vision factice des LGBTQ+, souvent opportuniste voire malsaine quand elle est portée par des artistes LGBTophobes ou pas intéressés par les luttes LGBTQ+. Le queerbaiting prive les célébrités LGBTQ+ de représenter leurs communautés. Dans le cinéma et les séries TV, la demande de recourir en priorité à des acteurs et actrices LGBTQ+ pour des rôles LGBTQ+, est devenue plus fréquente, sans pour autant faire consensus. La pop n'est jamais à l'abri du queerbaiting, mais la multiplication des jeunes artistes out le rend d'autant plus anachronique et insupportable.

## DES POP STARS LGBTQ+ DÉFIANT LES NORMES

Parmi ces figures pop out modernes, l'une des plus importantes est sans conteste l'États-Unienne Janelle Monáe, au répertoire très large, entre art-pop, hip-hop, afrobeat ou soul. À la fin des années deux mille, elle détone d'emblée avec ses costumes blancs et noirs graphiques, qu'elle invoque comme un uniforme élargissant les standards de la féminité. Se voulant porte-parole des queers et de toutes les communautés opprimées, afro-féministe revendiquée, elle est engagée contre les conservateurs et les violences policières. Aux Grammy 2018, elle annonce : « C'est la fin des inégalités salariales, de la discrimination, du harcèlement, des abus de pouvoir. » Fan de Grace Jones, David Bowie et Prince, la chanteuse et actrice dit ressentir à la fois une énergie féminine et une énergie masculine, ainsi qu'une autre forme d'énergie qu'elle « ne peut pas expliquer[1] ». « *Categorize me, I defy every label* » [Essayez de me ranger dans une catégorie, je défie toutes les étiquettes] prévient-elle dans « Q.U.E.E.N. » (2013). Son exploration au-delà des normes, et sa revendication du plaisir sexuel comme outil de réparation post-colonialiste et féministe (« Make Me Feel », « I Like That », « Django Jane »), en font une icône comme nulle autre. Non-binaire, pansexuelle[2], monogame ou polyamoureuse : Janelle Monáe est la première pop star noire, assignée femme à la naissance, à être aussi fluide et anticonformiste. Le single « Pynk » (2018) célèbre la beauté des vulves, et le plaisir du sexe oral. Son quatrième album, *The Age Of Pleasure* (2023), offre une ode solidaire et sensuelle aux diasporas africaines. Dans le clip de « Lipstick Lover », elle clame son amour à une amante, et évolue dans une orgie noire hippie. Janelle Monáe troquant ses costumes pour une nudité libératrice. Pour la féministe Roxane Gay, la chanteuse ouvre les limites du féminin et de la sexualité avec une radicalité rare[3].

À la fin des années deux mille dix, Kim Petras, chanteuse trans allemande, commence à se faire connaître dans la scène club. Fan de Madonna et Cher, elle est repérée par

---

1. Roxane Gay, « Janelle Monáe's afrofuture "It looks like an orgasm and the big bang happening while skydiving as Grace Jones smiles." », *The Cut*, 3 février 2020.

2. Attirance sexuelle ou sentimentale, pour une autre personne sans considération de son genre, identité de genre ou sexe.

3. Roxane Gay, *art. cit.*

les grands médias grâce à son single « I Don't Want It All » (2017), où elle chante son envie d'être entretenue par son partenaire. Kim Petras ne fait pas dans la dentelle. En 2022, son EP *Slut Pop* (2022), « pop de salope », revendique le droit des chanteuses à parler de sexe, et est un hommage aux travailleuses du sexe. L'EP contient des chansons très crues, comme « Treat Me Like A Slut », (traite-moi comme une salope). Blonde, mince et sexy, avec des chansons quasi-pornographiques, Kim Petras incarne une féminité certes conventionnelle voire rétrograde pour certains, mais sa transidentité en fait une figure révolutionnaire. Son existence et sa visibilité sont primordiales dans un monde transphobe, où des pays comme les États-Unis et la Russie légifèrent contre leurs droits. Cependant, ses collaborations étroites avec Dr. Luke valent souvent des critiques à Kim Petras. C'est en étant invitée en duo sur « Unholy » (2022) par l'artiste britannique non-binaire Sam Smith, que Kim Petras devient une pop star, la première ouvertement trans de l'histoire de la musique. Viral sur TikTok, streamé plus d'un milliard de fois sur Spotify, « Unholy » lui permet aussi d'être la première artiste trans à atteindre le sommet du Billboard 100 et se produire aux MTV VMA. Après Wendy Carlos, Kim Petras est la deuxième artiste trans out à gagner un Grammy Award. Pourtant, le chemin ne fut pas de tout repos. À 16 ans, elle est présentée par les médias comme la personne trans la plus jeune au monde à avoir recours à une opération de changement de sexe. Plus tard, la jeune chanteuse est confrontée aux préjugés transphobes de maisons de disques américaines[1].

---

1. Devin Barrett, « Going platinum : Kim Petras », *VMagazine*, 11 septembre 2019.

En parallèle de Kim Petras émerge aussi SOPHIE, chanteuse, productrice et DJ trans écossaise bercée aux musiques electro et raves. Anonyme pendant plusieurs années, elle sort des compositions et produit des artistes très populaires comme Madonna, Vince Staples ou Charlie XCX. En 2017, elle révèle son visage et sa voix avec le single « It's Okay To Cry », où elle chante poitrine nue, face caméra et tout sourire. Le clip est vu comme son coming out trans féminin auprès du public. SOPHIE rejette une conception binaire du genre : « Être trans, c'est reprendre le contrôle de son corps pour qu'il soit aligné avec votre esprit et votre âme, pour qu'ils ne soient plus en conflit et vous empêchent de survivre. […] [Être] trans change tout, parce qu'il n'y a plus d'attente basée sur le corps dans lequel vous êtes né, ni d'idée préconçue sur la manière dont votre vie devrait se dérouler et se terminer. Les modèles familiaux traditionnels et les structures de contrôle disparaissent[1]. » Son unique album, *Oil Of Every Pearl's Un-Insides* (2018), est nommé aux Grammy. À travers sa pop expérimentale, ses percussions et synthé artificiels qu'elle crée, SOPHIE explore son rapport au genre et à la corporéité, les liens entre les deux et les mutations possibles. Dans « Faceshopping », l'artiste dit qu'elle existe quand elle « s'achète un visage », référence à son approche fluide du genre, et la popularité de la chirurgie esthétique, qui lui a permis de se façonner un corps plus « féminin » et hybride. À sa mort accidentelle en 2021, de nombreux artistes et fans LGBTQ+ lui rendent hommage, saluent son esprit d'innovation et son militantisme : une « visionnaire dont la vision inflexible a repoussé les limites de la musique pop et montré que l'acceptation de soi est possible[2] », « une figure clef de

1. Justin Moran, « SOPHIE's whole new world », *Paper*, 18 juin 2018.
2. Hannah Jocelyn, « SOPHIE showed us the way », *Them*, février 2016.

cette génération de musicien.nes qui intègrent la notion de flexibilité queer au sein de leur œuvre pour un monde plus inclusif[1]. » La chanteuse Rina Sawayama se bat aussi pour cette inclusivité. Pansexuelle, ses chansons parlent en général de relations avec des femmes, et des communautés LGBTQ+. Dans le single « Hell » (2022), elle console ses amis queers rejetés par leur entourage religieux :

> *Saw a poster on the corner opposite the motel*
> *Turns out I'm going to Hell if I keep on being myself*
> *Don't know what I did, but they seem pretty mad about it*
> *God hates us? Alright then*
> *Buckle up, at dawn we're ridin'*
>
> J'ai vu une affiche au coin de la rue, en face du motel
> À ce qui paraît, je vais finir en Enfer si je continue à être moi-même
> Je ne sais pas ce que j'ai fait, mais ils ont l'air pas mal en colère contre moi
> Dieu nous déteste ? Très bien
> Attache ta ceinture, à la tombée de la nuit, on part en virée

Rina Sawayama s'est aussi engagée contre les thérapies de conversion, encore légales au Royaume-Uni.

Les années deux mille dix assistent aussi à l'émergence de la première pop star lesbienne out, Hayley Kiyoko, connue dans des programmes Disney pour ados. En parallèle, l'Américaine d'origine japonaise enchaîne les soirées open-mic, espérant se faire repérer. En 2015, la ballade electro pop « Girls Like Girls », qu'elle a coécrite, bouleverse sa carrière en devenant son premier disque d'or. C'est son premier single racontant une histoire d'amour entre

---

1. Charles Wesley « Transvocalités (1/5) : L'élan sonique de SOPHIE », *Manifesto XXI*, 31 janvier 2022.

deux jeunes filles. Le message est limpide : « *Girls like girls/Like boys do/Nothing new* » [Les filles aiment les filles/Comme les garçons/Ce n'est pas nouveau]. Hayley Kiyoko co-réalise aussi le clip, où deux adolescentes, jouées par des actrices Disney, tombent amoureuses alors que l'une est en couple avec un garçon. Lorsqu'il les surprend en train de s'embrasser, il devient violent. « L'amante » reprend le dessus, et le frappe de toutes ses forces. La vidéo devient virale. C'est la première fois qu'un clip pop majeur invoque l'imaginaire états-unien adolescent classique, et y ajoute une histoire d'amour lesbienne authentique et organique. Le champ des représentations, et donc, des possibles, prend une dimension inédite. Hayley Kiyoko est adoubée « Lesbian Jesus », la « Jésus lesbienne » par son public : les jeunes lesbiennes ont enfin leur propre pop star mainstream, ce qui leur permet de gagner en visibilité. C'est profondément politique, puisque la société a encore beaucoup de mal à accepter que les enfants et adolescents LGBTQ+ existent. Dans son premier album, *Expectations* (2018), Hayley Kiyoko s'inspire de son parcours amoureux, et du fait qu'elle a longtemps culpabilisé d'être attirée par des filles. Dans ses clips, qu'elle réalise, elle revendique son existence en tant que femme racisée lesbienne, et se réapproprie certains codes pop en les plaçant dans un contexte lesbien. La star revendique filmer contre le male gaze, qui fétichise les lesbiennes, sans pour autant aseptiser sa vision du flirt et de la sexualité. En 2018, Hayley Kiyoko critique « Girls », chanson où Rita Ora se dit « 50-50 » en matière de sexualité, et qu'elle « aime embrasser des filles » quand elle a « bu du vin rouge et fumé des joints ». Pour Kiyoko, ce refrain est « à côté de la plaque » et fait « plus de mal que de bien aux communautés LGBTQ+ ». Rita Ora présente ses excuses, et fait son coming out bisexuel. Également bisexuelle, la Suédoise Tove Lo fait l'apologie de la sexualité entre femmes avec « Bitches » (2018), single en collaboration avec Icona Pop, Charli XCX, Elliphant et ALMA. Dans le clip hilarant, la bande d'artistes dirige une école où les hommes apprennent à faire un bon cunnilingus. Pour « Bad As The Boys », Tove Lo s'inspire cette fois de son premier « crush » lesbien, à l'adolescence, et le raconte depuis son point de vue de femme bisexuelle[1] : « *I met her in the summer, thinking life will get better/But she's gone now, took my heart and sunk with it/She was just as bad as the boys* » [Je l'avais rencontrée pendant l'été, et je pensais qu'elle allait rendre ma vie meilleure/Mais à présent elle est partie, elle a pris mon cœur et a coulé avec/Elle était aussi mauvaise que les garçons]. Son cinquième album, *Dirt Femme* (2022), fait aussi bien référence à la féminité, qu'au fait d'être une femme à l'allure féminine ayant des relations lesbiennes, surnommée « femme » par les LGBTQ+ anglophones.

En 2015, Demi Lovato dédiait le single « Cool For The Summer » à une autre célébrité femme qu'elle a fréquentée le temps d'un été : « *Tell me what you want, what you like, it's okay/I'm a little curious, too/Tell me if it's wrong, if it's right, I don't care/I can keep a secret, can you?* » [Dis-moi ce que tu veux, ce que tu aimes, pas de problème/Moi aussi, je suis un peu curieuse/Dis-moi si c'est mal, si c'est bien, je m'en fiche/Je peux garder un secret, et toi ?].

1. Gary Ryan, « The big read – Tove Lo : "Sexuality is a fluid thing – it's hard to be just one way" », *NME*, 4 octobre 2019.

## UNE SCÈNE LGBTQ+ FRANCOPHONE DE PLUS EN PLUS VASTE

Bien sûr, les chanteuses racontant des histoires d'amour entre femmes n'est pas un phénomène récent, y compris dans les pays francophones. On peut penser à « Une femme avec une femme » (1990) du groupe espagnol Mecano, ou « Ruisseau bleu » (1994) d'Anne Sylvestre. Des chanteuses lesbiennes ou bi ont aussi existé, mais elles ont été très rares jusqu'aux années deux mille dix. Parmi elles, il y a la controversée Suzy Solidor, icône du Paris gay des années trente, à qui l'on doit certaines des premières chansons lesbiennes connues (« Ouvre », « Obsession »). Bien plus tard, Catherine Lara fait son coming out avec son single « Autonome » en 1983. Dans les années quatre-vingt-dix/deux mille, Juliette Noureddine est l'une des rares chanteuses lesbiennes à ne jamais avoir caché son homosexualité. Cependant, elle estime « ne pas être une militante de la cause lesbienne », et que l'orientation sexuelle relève de la vie privée[1].

Dans les pays francophones, toute une scène LGBTQ+ pop à tendance féminine apparaît à partir des années deux mille dix. Cette nouvelle génération se distingue en étant souvent out d'emblée, même si certaines subissent un coming out forcé. Cette nouvelle génération se caractérise aussi par ses engagements pro-LGBTQ+, en général couplés à des combats féministes, anti-racistes, écologiques, etc. Cependant, le mot « militant » est encore souvent rejeté, et la peur d'être résumé à son orientation sexuelle est souvent citée comme raison de cette réticence. Cette nouvelle génération émerge d'abord au Québec. En 2012, la chanteuse pop Ariane Moffatt, 33 ans

1. Isabelle B. Price, « Interview de Juliette Nourreddine », univers-l.com, 1er janvier 2005.

et 10 ans de carrière au compteur, est la première femme populaire du pays à faire un coming out lesbien public. « Il m'a fallu du courage pour assumer [mes attirances sexuelles]. Du courage pour faire le deuil de l'hétérosexualité et d'une vie familiale plus conventionnelle. Et ce courage, je suis allée le chercher au fond de moi, par amour et aussi pour me défaire de la prison du non-dit », déclare Ariane Moffatt, qui dit s'être battue contre de l'homophobie internalisée[1]. Bien qu'elle craigne d'abord d'être « réduite à la chanteuse lesbienne de service », la chanteuse est devenue l'une des voix LGBTQ+ les plus fortes du Québec, « fière et prête à normaliser beaucoup, surtout l'homoparentalité[2] ». En 2013, elle accueille des jumeaux avec sa compagne de longue date, ce qui fait d'elles l'un des premiers couples lesbiens homoparentaux célèbres du Québec. Au même moment, la France s'enfonce dans les débats rances et destructeurs autour du Mariage pour tous.

En France, Christine and the Queens, aussi nommé Redcar, s'impose d'abord en 2013 en tant que chanteuse queer pansexuelle, qui détonne par son lyrisme et son allure androgyne. Normalien, formé au théâtre, son nom de scène est une référence aux drag-queens londoniennes qui lui ont remonté le moral, un soir de déprime. Redcar offre une pop sensuelle très imagée, presque surréaliste, intime et politique, nappée de colère et de passion. Chantée en anglais et en français, sa pop explore la performativité et la fluidité du genre, le désir et la réinvention incessante de soi. Son premier disque, *Chaleur humaine*, se vend à plus d'un

---

1. Nathalie Petrowski, « Le courage d'Ariane », *La Presse*, 29 mai 2013.
2. Sophie Durocher, « Ariane Moffatt et sa blonde », *Le journal de Montréal*, 26 février 2015.

million d'exemplaires, de la France aux États-Unis. « *Yes I've got it/I'm a man now* » [Ok j'ai compris/Je suis un homme à présent], proclame Christine dans « iT », où l'artiste se glisse dans la peau d'un homme pour mieux affronter le sexisme de l'industrie musicale. « Si je ne veux pas être une grande fille/Je serai un petit garçon/Pour chaque insulte lancée/Il pousse un grain de beauté », dit-il encore dans « Half Ladies », dédié aux femmes à l'allure androgyne. Bête de scène aux concerts très travaillés, Christine and the Queens devient une figure de la pop moderne. Il collabore avec Charli XCX, Caroline Polachek, Indochine et même, Madonna. Engagé, il s'exprime contre le sexisme, les LGBTophobies, le racisme, le consumérisme. Pour son deuxième album, le chanteur revient sous le nom Chris, qui représente son allure plus masculine. Il n'oublie pas pour autant le point de vue féminin : « La marcheuse » se met dans la peau d'une victime de violences domestiques, tandis que « Follarse » exprime le désir brûlant d'une femme. En 2022, Christine and the Queens fait son coming out transidentitaire, et demande à être genré au masculin. « Peu de gens savent à quel point il peut être douloureux d'être dissocié de qui on est vraiment. Cela fait dix ans que j'en parle dans mon art, mais une partie de ma vie restait un mensonge », explique-t-il au *Monde*[1]. Redcar ne veut pas recourir à des hormones ou opérations dans le cadre de sa transidentité, car il estime que cela revient à une conception binaire du genre, qui ne lui correspond pas[2].

1. Stéphane Davet, « Christine and the Queens: "Je me suis souvent senti guidé par une présence invisible lors de la conception de ce disque" », *Le Monde*, 10 juin 2023.
2. Miranda Sawyer, « "I'm changing and I don't think society helps at all": Christine and the Queens' journey to becoming Redcar », *The Guardian*, 6 novembre 2022.

Dans son sillage, Pomme apparaît à la fin des années deux mille dix, et trouve elle aussi le succès bien au-delà de la France avec sa pop douce infusée d'indie folk. Même si elle est lesbienne, ses chansons d'amour s'adressent tantôt à un homme, tantôt à une femme. En 2017, Pomme dédie le tube « On brûlera » à sa compagne de l'époque, la chanteuse québécoise Safia Nolin, autre jeune icône lesbienne. Son amour est aussi fort que l'interdit de l'homosexualité :

> On brûlera toutes les deux
> En Enfer, mon ange
> J'ai prévu nos adieux
> À la Terre, mon ange
> Et je veux partir avec toi
> Je veux mourir dans tes bras

Même si elle dit « ne pas avoir envie d'être engagée ou militante[1] », Pomme devient une icône lesbienne et féministe (voir le chapitre IV), parce que son point de vue est rare dans une société hétéronormée. « Ado, j'aurais aimé, moi aussi, pouvoir me reconnaître dans des chanteuses lesbiennes[2] », confie celle qui a été élevée dans une famille catholique pratiquante peu ouverte sur ces questions. Dans le morceau « Grandiose » (*Les Failles*, 2019), Pomme évoque ses envies de maternité, alors que la parentalité est encore vue sous un prisme hétérocentré :

> Depuis que je n'ai plus le droit
> Je veux un enfant dans le ventre

1. Julien Baldacchino, « Pomme : "Il y a des gens que ça agace que je ne sois pas qu'une boîte à musique" », France Inter, 14 octobre 2020.
2. Valérie Lehoux, « Pomme : "Ado, j'aurais aimé pouvoir me reconnaître dans des chanteuses lesbiennes" », *Télérama*, 28 janvier 2019.

J'aurais sûrement dû taire parfois
L'envie si grande et menaçante
Depuis que mes amis me mentent
Qu'ils disent que je suis comme les autres

Si elle continue à défendre diverses causes progressistes, Pomme ne parle plus de sa vie privée, pour tenir les médias people à l'écart. Angèle en a aussi fait les frais. Fin 2019, un magazine dévoile des photos la montrant en couple avec une femme. La pop star belge n'a alors jamais parlé de sa bisexualité publiquement, ni à certains proches. Elle subit un coming out forcé, considéré comme une violence par une bonne partie des communautés LGBTQ+. Angèle remporte un procès contre le magazine, et reverse l'argent à des associations. « J'ai trouvé ça extrêmement violent. [...] "Outer" quelqu'un contre son gré, c'est absolument pas une démarche pro-LGBT », dit-elle en 2022 à TF1. En 2018, son premier album, *Brol*, contenait le morceau « Ta reine », écrit pour une amie critiquant le manque de représentation lesbienne dans la pop : « Mais tu voudrais qu'elle soit ta reine ce soir/Même si deux reines, c'est pas trop accepté/Mais tu voudrais qu'elle soit ta reine ce soir/Toi, les rois, tu t'en fous, c'est pas c'qui t'plaît ». Avec 80 millions d'écoutes sur Spotify, « Ta reine » est devenu un hymne lesbien et l'un des titres les plus populaires d'Angèle. Comme elle, la chanteuse Hoshi, popularisée par son tube « Ta marinière » (2017), est victime d'un coming out forcé dans les médias. Les débats houleux sur l'ouverture de la PMA aux couples lesbiens la poussent à prendre position avec le titre « Amour Censure » (2019). Hoshi y revendique le droit des personnes gay à aimer qui elles veulent, et avoir des enfants.

Suzane est l'une des rares artistes francophones à dire d'emblée qu'elle est lesbienne. Dans son premier album aux textes engagés, *Toï Toï* (2020), le titre « P'tit gars » raconte le coming out d'un garçon dans une famille homophobe, et critique la Manif pour tous. Même si elle dit ne pas être militante[1], Suzane espère aider de jeunes LGBTQ+ à se sentir moins seuls, et plus armés face aux discours LGBTotophobes. Océane Collom, de son vrai nom, a fait son propre coming out vers ses 20 ans. À TMC, l'Avignonnaise confie qu'il lui a été « très dur d'assumer [son] homosexualité », mais la nouvelle a été bien accueillie par ses proches. Son premier disque raconte aussi un coup de foudre lesbien au lycée, avec la chanson « Anouchka », inspirée de son vécu. Tout en restant discrète sur sa vie privée, Vendredi sur Mer est une autre figure de cette vague pop francophone lesbienne avec son single, « La femme à la peau bleue » (2017). En tant que photographe de mode, elle réfléchissait déjà aux stéréotypes de genre. Ses chansons lascives disco pop parlent souvent d'amour et de désir envers des femmes, et cumulent des dizaines de millions d'écoutes. Dans « Les filles désir », elle raconte une histoire d'amour lesbienne qui tourne mal. « Écoute chérie » s'adresse à une amante impatiente, qu'elle surnomme « ma sirène ». Ses clips convoquent une esthétique bling-bling et un onirisme sensuel, tirés des années quatre-vingt. En interview, la chanteuse suisse élude les questions sur son orientation sexuelle, estimant qu'elles sont « honteuses » et « gênantes[2] ». Charline Mignot, de son vrai nom, explique qu'écrire sur les femmes lui est « venu

1. Gilles Renault, « Le portrait: Suzane, sur le pont, elle y danse », *Libération*, 12 février 2020.
2. Costanza Spina, « Vendredi sur Mer. Chansons sensuelles », *Manifesto XXI*, 5 mars 2017.

naturellement[1] », mais que Vendredi sur Mer demeure un personnage qui n'a « pas forcément de liens » avec sa vie privée. Si elle aime évoluer dans les milieux queer, elle dit cependant « ne pas avoir vocation à être une icône LGBT » : « Peu importe qui tu es, peu importe qui tu aimes. Ce qui m'intéresse, c'est que si tu aimes, tu peux te retrouver dans mes chansons[2]. »

Ce n'est pas parce que les artistes LGBTQ+ sont plus présents et visibles qu'ils sont davantage acceptés par le grand public. En 2016, la chanteuse québécoise Cœur de Pirate reçoit un torrent de haine et de moqueries lorsqu'elle fait son coming out pansexuel. Le fait qu'elle épouse une seconde fois le père de sa fille, et plus tard, qu'elle fasse un enfant avec un autre homme, lui vaut à chaque fois des remises en cause de sa pansexualité. « Je dois refaire mon coming out très régulièrement et réexpliquer car souvent, les gens associent la pansexualité au multipartenariat sexuel », déplore-t-elle[3].

Le 14 février 2020, Hoshi devient une cible parce qu'elle embrasse une danseuse sur la scène des Victoires de la Musique. Depuis, elle est victime d'un cyberharcèlement massif, sexiste, lesbophobe et grossophobe. Menacée de viol et de mort, la jeune chanteuse a été obligée de déménager, et n'ose plus sortir seule dans la rue. En 2023, six de ses harceleurs sont jugés. Le seul à être majeur, est condamné à deux mois de prison ferme et six avec sursis. « Derrière

1. Marine Neuilly, « L'interview de Vendredi sur Mer », *Please!*, 15 mars 2018.
2. Valentin Dantinne, « Un mercredi en ville avec Vendredi sur Mer », La vague parallèle, 3 mars 2019.
3. Catherine Rochon, « L'interview girl power de Cœur de pirate », terrafemina.com, 19 octobre 2020.

mon visage, il y a une artiste engagée mais surtout, il y a une jeune femme qui souffre et qui vit dans la peur depuis plus de trois ans », écrit Hoshi. Pour combien de temps encore ?

# CONCLUSION

Les pop stars contemporaines dressent un tableau assez homogène du féminisme : être féministe, c'est être une femme indépendante qui fait ses propres choix, qui exige le respect et l'égalité à tous points de vue. Cette femme s'émancipe par l'argent, et voit sa sexualité comme un levier d'émancipation, une réappropriation de son corps. À ce titre, les canons de beauté et stéréotypes de genres se voient dénoncés. Pourtant, la pop offre encore un panel très peu diversifié parmi ses artistes féminines de premier plan.

Depuis #MeToo, les pop stars sont plus nombreuses à dénoncer le sexisme comme un problème structurel, et non l'affaire d'individus isolés. On assiste ainsi à une re-politisation des discours sur les relations femmes-hommes, professionnelles ou personnelles. Elles sont perçues comme traversées par des dynamiques de pouvoir qui désavantagent les femmes, et qui sont inhérentes au patriarcat. En guise de solution, on pousse les femmes à être plus indépendantes des hommes. Dans un monde capitaliste, cela passe forcément par l'argent. Cette nouvelle génération peine ainsi à délaisser le discours individualiste du féminisme néolibéral, faisant l'apanage des « girl boss » et autres mantras simplistes affirmant que « quand on veut, on peut ». Aucune pop star ou presque ne remet en cause la quête infinie de richesse, vue comme une fin qui justifie tout, et son pendant, la surconsommation. Le féminisme n'y a pas échappé, et est devenu un marché comme un autre. Ce discours paraît de plus en plus décalé avec la réalité, alors que les inégalités économiques s'aggravent et que les limites mortifères de l'ultralibéralisme ne cessent d'être prouvées.

Néanmoins, certaines pop stars commencent à délaisser la rivalité féminine pour un appel à la sororité face à l'immuable adversité patriarcale. À ce titre, elles croisent le féminisme à d'autres combats, dans une perspective intersectionnelle : l'antiracisme, l'anti-grossophobie, l'anti-validisme, pro-LGBTQ+, pro-santé mentale, pro-environnement, et bien d'autres. De plus en plus de pop stars remettent aussi en cause une vision hétérocentrée et ciscentrée du monde, aidant à renverser les carcans.

Bien plus de chanteuses, presque toutes, se disent aujourd'hui féministes. Parce qu'elles se sont réapproprié ce concept, ses combats et son image. Elles l'ont dépoussiéré et adapté à la modernité, qui passe par la sexualité, la séduction et l'argent, au grand dam de nombreuses intellectuelles féministes. Cela donne parfois des situations pour le moins incongrues, avec des chanteuses érigées en icônes féministes alors qu'elles ne s'en revendiquent pas, comme les Spice Girls, et d'autres étrillées parce que leur vision du féminisme est très réduite, comme Taylor Swift. Sans oublier celles qui ont pu faire beaucoup pour la cause des femmes et minorités, mais se sont vues violemment critiquées par les intellectuelles féministes de leur époque, comme Beyoncé et Madonna. Peu leur importe : elles ont fait le deuil de leur validation pour bâtir leur propre vision du féminisme. C'est pour cela que l'on parle de « *Beyoncé feminism* », « *Lady Gaga feminism* », « *Lana Del Rey feminism* », etc. Chaque chanteuse pop peut incarner une facette de la condition féminine, qui est, au fond, multiple. Peut-être faudrait-il même parler des conditions féminines, tout comme on parle des féminismes.

Cette approche personnalisée du féminisme a l'avantage d'attirer des personnes qui s'en détournaient, parce qu'elles s'en sentaient exclues ou parce qu'elles en avaient une image négative. Cependant, le risque de cette approche est de se retrouver avec une vision très diluée et individualiste du féminisme, résumée dans des formules fourre-tout comme « être soi-même », « faire ses propres choix », « vivre sa vérité ». On en délaisse les luttes collectives et la réclamation de changements structurels face au patriarcat.

Il est primordial de s'en souvenir, parce que les droits des femmes sont régulièrement menacés partout dans le monde, y compris en Occident, comme l'accès à l'IVG aux États-Unis. L'autre raison est qu'on commence à voir que #MeToo n'a eu que très peu d'effets. Après un exil plus ou moins long, parfois inexistant, les agresseurs célèbres, présumés et même ceux condamnés, reviennent les uns après les autres, intouchables et inévitables. Ils continuent à jouir d'un métier prestigieux et privilégié, qui leur donne richesse et influence, et d'un sentiment d'impunité qui les rend invincibles. Néanmoins, #MeToo semble avoir mobilisé massivement et créé une prise de conscience chez une bonne partie des artistes femmes. En est-il de même chez les artistes hommes ? Rien n'est moins sûr, et sans cela, rien n'avancera, comme dans le reste de la société.

Bien sûr, les chanteuses ne représentent qu'une petite partie du féminisme pop. Il s'est trouvé des avatars dans toute la pop culture, avec un propos plus ou moins politique, surgissant souvent de l'intime. Le cinéma, avec les films de Greta Gerwig, Sofia Coppola, Céline Sciamma, Justine Triet, Rebecca Zlowtoski ou Alice Diop pour ne citer qu'elles, des longs-métrages de super-héroïnes comme *Wonder Woman*, *Captain Marvel*, *Harley Quinn*, des remakes féminins comme *Ocean's 8* ou *Ghostbusters*... Les séries comme *Buffy*, *GIRLS*, *Insecure*, *Broad City*, *The Handmaid's Tale*, *Fleabag*, *I May Destroy You*, *Shrill*, *SheHulk*, *Miss Marvel*, *Yellowjackets*, *GLOW*, *Big Little Lies*, *The Bold Type*, *M'entends-tu*... La littérature, avec les romans de Virginie Despentes, Lola Lafon, Chloé Delaume, Louise Mey, Alice Zeniter, Faïza Guène, Chimamanda Ngozi Adichie, Gillian Flynn, Megan Abbott, Sally Rooney, les essais de Mona Chollet ou Ovidie, BD et comics comme *Bitch Planet*, *Pretty Deadly*, *Tank Girl*, *Paper Girls*, les BDs de Liv Strömquist, Claire Bretécher, Pénélope Bagieu, Diglee, Mirion Malle, etc. Même si, à nouveau, le féminisme avait commencé à investir la culture il y a bien longtemps, à travers des figures comme Virginia Woolf, George Sand ou Joséphine Baker.

Mais la particularité des chanteuses est qu'elles incarnent pleinement leur art, là où une actrice, une réalisatrice ou une romancière mettent en avant une fiction (même si celle-ci peut être au moins en partie autobiographique). Le public ne fait pas la distinction entre la vie privée des chanteuses, leurs opinions personnelles, et ce qu'elles disent en chanson, dans leurs clips, sur scène, en interview... Elles forment un tout que les fans rechignent à dissocier. Ce sont des idoles absolues dont on boit les paroles, chantées ou non.

Est-ce grave si les pop stars se disant féministes sont parfois contradictoires ? Être une femme féministe, qui plus est quand on a des relations hétérosexuelles, est très compliqué. C'est un cheminement permanent, faits de questionnements et désillusions. Pour autant, il est sain et indispensable de questionner les discours et actions des stars femmes, à cause de leur pouvoir d'influence. Leurs convictions peuvent être sincères, mais il faut garder en tête qu'elles réfléchissent à la manière dont elles paraissent : rien ou presque n'est spontané. Il serait naïf, et assez irresponsable, de l'ignorer sciemment. Interroger, c'est aussi espérer mieux de la part de l'autre.

Dans le prochain tome de cette trilogie, nous nous intéresserons cette fois aux liens entre féminismes et musiques dites « urbaines », à défaut d'un qualificatif moins cliché. Nous y retrouverons des similarités, comme l'apologie de l'hyper-sexualité et de l'enrichissement en tant que vecteurs principaux d'émancipation des femmes. Mais la particularité des cultures hip-hop, R&B et consœurs, est qu'elles sont continuellement vues comme sexistes et dégradantes pour les femmes. Notamment parce qu'elles sont surtout portées par des artistes racisés, davantage suspectés d'être misogynes et violents. Comment les femmes ont-elles réussi à s'imposer dans ces milieux musicaux sexistes au même titre que n'importe quel autre, mais où le sexisme revêt des formes particulières à cause du racisme ? Entre réappropriation d'une virilité violente et émergence d'une hyper-sexualité vue comme intimidante et subversive, leurs stratégies ont été multiples, parfois polarisées. Mais face à l'histoire très blanche et bourgeoise du féminisme, elles sont nombreuses à s'en tenir à l'écart, et offrent leurs propres modèles d'émancipation féminine. Ainsi, rap et féminisme sont-ils réellement inconciliables ?

# BIBLIOGRAPHIE SÉLECTIVE

## Féminismes et pop culture


BELMEHDI Racha, *Rivalité, nom féminin, Une lecture féministe du mythe*, Favre, 2022

DOYLE Sady, *Trainwreck: The Women We Love to Hate, Mock, and Fear…and Why*, Melville House, 2017

GHIO Bettina, *Pas là pour plaire ! Portraits de rappeuses*, Le mot et le reste, 2020

MITCHELL Claudia et REID-WALSH Jacquline (sous la direction de), *Girl Culture: An Encyclopedia*, Greenwood Press, 2007

MORGAN Joan, *When Chickenheads Come Home to Roost: A Hip-Hop Feminist Breaks It Down*, Simon & Schuster, 1999

PADJEMI Jennifer, *Féminismes et pop culture*, Stock, 2021

TINSLEY Omise'eke Natasha, *Beyoncé in Formation: Remixing Black Feminism*, University of Texas Press, 2018

ZEISLER Andi (sous la direction de), *Bitchfest: Ten Years of Cultural Criticism from the Pages of Bitch Magazine*, Farrar, Straus & Giroux Inc, 2006

ZEISLER Andi, *Feminism and Pop Culture*, Seal Press, 2008

ZEISLER Andi, *We Were Feminists Once: From Riot Grrrl to CoverGirl®, the Buying and Selling of a Political Movement*, PublicAffairs, 2016

## Féminismes

ARRUZZA Cinzia, BHATTACHARYA Tithi et FRASER Nancy, *Féminisme pour les 99 %*, La Découverte, 2019

BAUMGARDNER Jennifer et RICHARDS Amy, *Manifesta: Young Women, Feminism, and the Future*, Farrar, Straus and Giroux, 2000

BIBIA Pavard, ROCHEFORT Florence, ZANCARINI-FOURNEL Michelle, *Ne nous libérez pas, on s'en charge, Une histoire des féminismes de 1789 à nos jours*, La Découverte, 2020

BUTLER Judith, *Troubles dans le genre, Le féminisme et la subversion de l'identité*, La Découverte, 2019 (publié à l'origine en 1990)

DE Beauvoir Simone, *Le Deuxième Sexe*, Folio, 1986 (publié à l'origine en 1949)

DESPENTES Virginie, *King Kong théorie*, Le Livre de Poche, 2007

FALUDI Susan, *Backlash, La guerre froide contre les femmes*, Éditions des femmes Antoinette Fouque, 1993 (publié à l'origine en 1991)

HOOKS bell, *De la marge au centre, Théorie féministe*, Cambourakis, 2021 (publié à l'origine en 1984)

HOOKS bell, *Ne suis-je pas une femme ? Femmes noires et féminismes*, Cambourakis, 2022 (publié à l'origine en 1981)

KIRSCHEN Marie, *Herstory, Histoire(s) des féminismes*, La Ville Brûle, 2021

LEJEUNE Léa, *Féminisme washing*, Seuil, 2020

NGOZI Adichie Chimamanda, *Nous sommes tous des féministes*, Folio, 2020

REY-ROBERT Valérie, *Le sexisme, une affaire d'hommes*, Libertalia, 2020

ROTTENBERG Catherine, *The Rise of NeoLiberal Feminism*, Oxford University Press, 2020

WITTIG Monique, *La pensée straight*, Éditions Amsterdam, 2018 (publié à l'origine en 1992)

## Féminisme pop

GALAND Sandrine, *Le Féminisme Pop, La défaillance de nos étoiles*, Les éditions du remue-ménage, 2021

GAY Roxane, *Bad Feminist*, POINTS, 2019

GAY Roxane, *Hunger*, POINTS, 2020

## Pop Culture

BERTOT Sylvain, *Ladies First, Une anthologie du rap au féminin*, Le mot et le reste, 2019

CARTON Mathilde, *Riot Grrrl, Revolution Girl Style Now*, Le mot et le reste, 2021

EWENS Hannah, *Fangirls: Scenes From Modern Music Culture*, Quadrille Publishing Ltd, 2019

FOUZ-HERNANDEZ Santiago et JARMEN-IVENS Freya (édité par), *Madonna's Drowned Worlds: New Approaches To Her Cultural Transformations 1983-2003*, Routledge, 2004

OTTER BICKERDIKE Jennifer, *Being Britney: Pieces of a Modern Icon*, Nine Eight Books, 2022

SHUKER Roy, *Understanding Popular Music Culture*, Routledge, 2016

SINCLAIR David, *Wannabe: How the Spice Girls Reinvented Pop Fame*, Omnibus Pr & Schirmer Trade Books, 2004

# REMERCIEMENTS

Même en rédigeant ces remerciements, je peine encore à réaliser que je m'apprête à être publiée dans une maison d'édition que j'admire depuis une dizaine d'années. Alors, un énorme merci à Yves Jolivet de m'avoir proposé ce superbe projet. Yves, merci pour ta confiance et ta disponibilité. Je suis honorée de rejoindre les auteurs et autrices des éditions Le mot et le reste, qui m'ont accueillie avec beaucoup de gentillesse. Alors, merci aussi à Théo pour son accompagnement efficace dans le sprint final, à Marisol pour son œil avisé, et à Pierre pour sa pédagogie.

Merci à mes parents, qui ont toujours cru en moi, même quand je me suis embarquée sur les routes incertaines et abruptes du journalisme. À ma mère, merci de m'avoir toujours encouragée à ne jamais arrêter d'écrire. À mon père, merci de m'avoir toujours encouragée à nourrir mes passions. Merci à mon frère et ma sœur, pour les rires et la complicité, d'hier et d'aujourd'hui. À mes grands-mères, merci pour votre amour inestimable.

Merci à mon compagnon, Baptiste, mon soutien indéfectible depuis des années, une source inépuisable de joie et d'amour. Merci de m'avoir permis de m'écouter, et de m'avoir épaulée à chaque instant de doute ou d'inquiétude. Je t'aime.

Merci à mes amis pour leur soutien, là aussi indéfectible, et leur enthousiasme, qui me sont si précieux.

À Lucie Ronfaut-Hazard (lisez ses livres et sa newsletter !), la première à qui j'ai parlé de ce projet : merci pour ton amitié en béton et tes encouragements.

À Clémence Michallon (lisez ses romans !), merci pour les appels qui ne seront jamais assez longs pour réussir à tout se dire, les fous rires et les heures à refaire le monde, chacune d'un côté de l'Atlantique ou autour d'une pizza à la truffe.

À Chloé : merci pour ta constance, ta générosité, ta bienveillance et ta positivité. Merci de me prêter ton salon pendant que j'écris ces mots.

À Alexandre Blomme : merci de m'avoir proposé d'écrire sur la musique alors que j'étais encore étudiante, et de n'avoir été ni condescendant ni lourd, contrairement à 90 % des hommes de ce milieu. Merci à vous, Sophie et Raphaël, d'être des présences lumineuses dans ma vie. Je vous dois beaucoup.

À Pierre, Caroline, Xavier, Camille, Inès, Jules, Florian, Swann, Geoffroy, Marjorie, Hannah, Alyx, Aymeric, Rémi, Martin, Cécile, Judith, Laura, Julien, Anna : merci d'être dans ma vie.

À Marine M. : merci de m'avoir encouragée à aller vers le journalisme musical, « même si peu de femmes y font carrière ».

À Carla et Clélia : merci de m'avoir aidée à réinventer ma vie.

Une pensée pour ce monsieur râlant dans une librairie à Metz, car il trouvait « qu'il y a trop de livres de féministes maintenant ».
En voici un de plus.

# TABLE DES MATIÈRES